O ACESSO À JUSTIÇA DE CRIANÇAS E ADOLESCENTES

ANNA KARINA O. V. TRENNEPOHL

Prefácio
Eduardo Dias de Souza Ferreira

Apresentação
Pedro Maia Souza Marques

O ACESSO À JUSTIÇA DE CRIANÇAS E ADOLESCENTES

Belo Horizonte
FÓRUM
CONHECIMENTO JURÍDICO
2025

FÓRUM
CONHECIMENTO JURÍDICO

Luís Cláudio Rodrigues Ferreira
Presidente e Editor

Coordenação editorial: Leonardo Eustáquio Siqueira Araújo
Thaynara Faleiro Malta
Revisão: Jacqueline Carvalho Barros
Capa e projeto gráfico: Walter Santos
Diagramação: Fernanda Buccelli

Rua Paulo Ribeiro Bastos, 211 – Jardim Atlântico – CEP 31710-430
Belo Horizonte – Minas Gerais – Tel.: (31) 99412.0131
www.editoraforum.com.br – editoraforum@editoraforum.com.br

Técnica. Empenho. Zelo. Esses foram alguns dos cuidados aplicados na edição desta obra. No entanto, podem ocorrer erros de impressão, digitação ou mesmo restar alguma dúvida conceitual. Caso se constate algo assim, solicitamos a gentileza de nos comunicar através do e-mail editorial@editoraforum.com.br, para que possamos esclarecer no que couber. A sua contribuição é muito importante para mantermos a excelência editorial. A Editora Fórum agradece a sua contribuição.

Dados Internacionais de Catalogação na Publicação (CIP) de acordo com ISBD

T794a Trennepohl, Anna Karina O. V.

O acesso à justiça de crianças e adolescentes / Anna Karina O. V. Trennepohl. Belo Horizonte: Fórum, 2025.

204 p. 14,5x21,5cm

ISBN impresso 978-85-450-0872-9

ISBN digital 978-85-450-0866-8

1. Acesso à justiça. 2. Crianças e adolescentes. 3. Efetividade. I. Título.

CDD: 341.27

CDU: 342.7

Ficha catalográfica elaborada por Lissandra Ruas Lima – CRB/6 – 2851

Informação bibliográfica deste livro, conforme a NBR 6023:2018 da Associação Brasileira de Normas Técnicas (ABNT):

TRENNEPOHL, Anna Karina O. V. *O acesso à justiça de crianças e adolescentes*. Belo Horizonte: Fórum, 2025. 204 p. ISBN 978-85-450-0872-9.

Dedico este trabalho a Terence, que é inspirador, e a Luís e Mariana, os quais são a inspiração.

Primeiramente, aos meus pais e irmãos, por sempre acreditarem em mim e vibrarem com todas as minhas conquistas.

Ao meu marido, Terence, por todo o amor e incentivo e por estar ao meu lado em todos os momentos.

Aos meus filhos, Luís Eduardo e Mariana, por serem a motivação para tudo que faço e entenderem a privação de convívio decorrente dos estudos e do meu trabalho.

Ao Ministério Público do Estado da Bahia, por ter me oportunizado esse período de dedicação ao mestrado, na pessoa do atual Procurador-Geral de Justiça, Dr. Pedro Maia Souza Marques.

Ao meu orientador do mestrado, prof. Dr. Eduardo Dias de Souza Ferreira, agradeço a oportunidade de ser sua orientanda e estagiária de docência e por compartilhar seus conhecimentos em sala de aula.

Aos professores Dr. Motauri Ciocchetti de Souza, Dra. Carolina Magnani Hiromoto e Dr. Fausto Junqueira de Paula, pela participação nas bancas de qualificação e defesa desta dissertação. Todas as considerações foram de extrema importância para a finalização deste livro.

Às amigas e aos amigos com quem compartilho o ideal de defesa dos direitos humanos como uma vocação, e não apenas como uma profissão.

Por fim, agradeço a disponibilidade de revisão de Terence, Sofia e Synthya.

Não é tarde demais para ser
o que você poderia ter sido.

George Eliot
(pseudônimo de Mary Ann Evans)

LISTA DE ABREVIATURAS E SIGLAS

ACP – Ação Civil Pública
Art. – Artigo
Arts. – Artigos
CF – Constituição da República Federativa do Brasil
CIDH – Corte Interamericana de Direitos Humanos
CMDCA – Conselhos Municipais de Direitos das Crianças e dos Adolescentes
CNJ – Conselho Nacional de Justiça
CNMP – Conselho Nacional do Ministério Público
CNPG – Conselho Nacional de Procuradores-Gerais de Justiça
CONANDA – Conselho Nacional dos Direitos da Criança e do Adolescente
DPE-GO – Defensoria Pública do Estado de Goiás
DUDH – Declaração Universal dos Direitos Humanos
ECA – Estatuto da Criança e do Adolescente
ESG – *Environmental, Social and Governance*
GNDH – Grupo Nacional de Direitos Humanos
LGBTQIA+ – Lésbicas, Gays, Bissexuais, Transexuais, Queer, Assexuais e demais orientações
MP – Ministério Público
MP-GO – Ministério Público de Goiás
OAB-GO – Ordem dos Advogados do Brasil – Seção Goiás
ODM – Objetivos do Milênio
ODS – Objetivos de Desenvolvimento Sustentável

ONG – Organização Não Governamental

ONU – Organização das Nações Unidas

PGE-GO – Procuradoria-Geral do Estado de Goiás

PIA – Plano Individual de Atendimento

PL – Projeto de Lei

PMASE – Plano Municipal de Atendimento Socioeducativo

SGD – Sistema de Garantia dos Direitos da Criança e do Adolescente

SINASE – Sistema Nacional de Atendimento Socioeducativo

SNA – Sistema Nacional de Adoção e Acolhimento

STF – Supremo Tribunal Federal

STJ – Superior Tribunal de Justiça

TAC – Termo de Ajustamento de Conduta

TJBA – Tribunal de Justiça do Estado da Bahia

UNICEF – Fundo das Nações Unidas para a Infância

SUMÁRIO

PREFÁCIO

O presente livro é fruto da pesquisa e dissertação de mestrado de Anna Karina Omena Vasconcellos Trennepohl, com quem tive o prazer de conviver e aprender, como seu orientador, sobre sua visão sensível e reflexiva a respeito do exercício profissional, pautado na vontade de dar efetividade aos direitos da criança. Isso já fica explicitado pelo título "O acesso à justiça de crianças e adolescentes".

É um mergulho profundo nas complexidades do acesso à justiça de crianças e adolescentes no Brasil, revelando a necessidade urgente de reflexões e ações que transcendam o campo teórico e impactem a prática jurídica. Este trabalho, ao mesmo tempo técnico e sensível, aborda um tema crucial e muitas vezes negligenciado: a efetivação dos direitos de uma das parcelas mais vulneráveis da sociedade.

Anna Karina, em sua análise, não se limita a revisar conceitos ou a explorar legislações e tratados. Ela vai além, demonstrando, com rigor acadêmico e humanismo, como a justiça pode ser um poderoso instrumento de transformação social quando aplicada de forma equitativa e acessível.

O estudo combina elementos de filosofia e sociologia, sem perder o eixo condutor no universo do Direito para iluminar caminhos possíveis que garantam uma justiça mais inclusiva e efetiva; no estudo específico, a efetividade da Convenção Internacional dos Direitos da Criança, de 1989.

O trabalho investiga o acesso à justiça de crianças e adolescentes no Brasil, explorando os desafios e os caminhos para a efetivação desse direito no sistema jurídico. Com base em uma abordagem dedutiva, qualitativa e exploratória, a pesquisa utiliza análise bibliográfica e documental de doutrina brasileira e estrangeira, além de documentos legislativos e decisões judiciais.

A pesquisa discute o conceito de justiça, acesso à justiça e dignidade da pessoa humana, abordando a relação entre esses elementos no contexto dos direitos de crianças e adolescentes. Também examina barreiras como a linguagem jurídica e a representatividade em juízo, correlacionando o tema com os Objetivos de Desenvolvimento Sustentável (ODS) e a Convenção Internacional sobre os Direitos da Criança.

O ponto de partida é a própria ideia de justiça, aliada à experiência prática de Anna Karina em seu dia a dia na vanguarda da atuação em Promotoria de Infância e Juventude, com visão ampla proporcionada por sua atuação plural e nas áreas criminais.

Resgatando perspectivas que vão de Aristóteles a Kant e situando os direitos de crianças e adolescentes como prioridade absoluta, conforme previsto na Constituição Federal e no Estatuto da Criança e do Adolescente (ECA), a autora revela, contudo, que a garantia desses direitos esbarra em barreiras linguísticas – em tempos em que o Conselho Nacional de Justiça (CNJ) se esforça para simplificar a linguagem forense –, institucionais e culturais, o que reforça a importância de um sistema de justiça que atenda às necessidades específicas desse público.

Ao longo do trabalho, são discutidos temas como o papel das instituições judiciais e extrajudiciais, os desafios da linguagem jurídica e os impactos das decisões judiciais no desenvolvimento das crianças e dos adolescentes. O livro também se destaca ao estabelecer uma conexão entre o acesso à justiça e os ODS, evidenciando como uma justiça acessível está alinhada a metas globais de equidade e bem-estar.

O trabalho apresenta uma análise do papel do sistema de justiça em âmbito judicial e extrajudicial, destacando a relevância de métodos alternativos para garantir o acesso à justiça e proteger direitos fundamentais. Inclui ainda uma discussão sobre a efetividade do acesso à justiça nas cortes internacionais, a proposta de Comentário Geral da Organização das Nações Unidas (ONU) sobre o tema e a conexão entre o acesso à justiça e o direito à felicidade.

O estudo conclui que é essencial aprimorar mecanismos jurídicos e institucionais para superar as barreiras enfrentadas por crianças e adolescentes e promover um sistema de justiça mais acessível e eficiente, alinhado aos princípios da dignidade humana e da proteção integral.

Uma alegria e uma honra em preparar este prefácio; por mais que eu escreva, ainda será pouco para expressar uma obra tão grande.

Este estudo é uma contribuição valiosa para a academia, para os operadores do Direito e para todos aqueles que acreditam na construção de uma sociedade mais justa e solidária. Ele nos convida a repensar o papel do sistema de justiça e a assumir um compromisso com a proteção e promoção dos direitos de crianças e adolescentes. Que este trabalho inspire mudanças significativas e continue a ecoar na prática jurídica e nas políticas públicas.

Eduardo Dias de Souza Ferreira

Procurador de Justiça Cível do Ministério Público de São Paulo (MP/SP). Doutor em Direito pela Pontifícia Universidade Católica de São Paulo (PUC-SP). Mestre em Direito pela Pontifícia Universidade Católica de São Paulo (PUC-SP). Especialista em Filosofia e Teoria Geral do Direito pela Universidade de São Paulo (USP). Professor de Direitos Humanos (graduação, mestrado e doutorado) com ênfase em Infância e Juventude da Pontifícia Universidade Católica de São Paulo (PUC-SP). Integrante do Corpo Docente dos Cursos de Especialização da Escola Superior do Ministério Público de São Paulo (MP/SP). Currículo Lattes: http://lattes.cnpq.br/8497057300721560. ORCID: https://orcid.org/0000-0002-0716-3131.

APRESENTAÇÃO

Anna Karina Omena Vasconcellos Trennepohl é uma colega admirável no Ministério Público, reconhecida por sua dedicação e competência ao enfrentar a árdua, mas recompensadora, missão de lutar por justiça. Promotora de Justiça do Ministério Público do Estado da Bahia, ela tem se destacado por sua dedicação incansável à defesa dos direitos de crianças e adolescentes, sempre aliando sensibilidade, competência técnica e um profundo senso de humanidade.

Graduada em Direito pela Universidade Federal de Alagoas e com especializações em Direito Tributário pela Escola Superior de Administração, Marketing e Comunicação (ESAMC), em Direito da Criança e do Adolescente pela Fundação Escola Superior do Ministério Público do Rio Grande do Sul e em Métodos Autocompositivos e Neurociência pela mesma instituição, além de um mestrado em Direitos Humanos pela Pontifícia Universidade Católica de São Paulo (PUC-SP), sua trajetória acadêmica reflete o compromisso com a busca pelo conhecimento como ferramenta de transformação social.

Ao longo de sua carreira, ocupou funções de grande relevância, como a coordenação do Centro de Apoio Operacional da Criança e do Adolescente (CAOCA) e a subcoordenação do Grupo de Trabalho de Enfrentamento à Violência contra Crianças e Adolescentes da Comissão da Infância, Juventude e Educação do Conselho Nacional do Ministério Público (CNMP).

Quem teve o privilégio de trabalhar com Anna Karina sabe que ela não apenas enxerga desafios – ela os transforma em oportunidades de aprendizado e mudança. Mas sua atuação vai muito além: em cada projeto, audiência ou articulação institucional, ela se entrega de corpo e alma, sempre buscando soluções que realmente façam a diferença na vida das pessoas mais vulneráveis.

Este livro, fruto de sua dissertação de mestrado pela PUC-SP, é mais uma prova de sua capacidade de aliar prática e teoria de forma brilhante. Intitulada "O acesso à justiça de crianças e adolescentes", a obra é um estudo profundo e essencial sobre os obstáculos que impedem o pleno acesso à justiça por crianças e adolescentes, oferecendo também propostas concretas para superá-los.

A importância dessa temática é inquestionável. A área da infância e adolescência ocupa um lugar central no sistema jurídico brasileiro, sendo tratada como prioridade absoluta pela Constituição Federal de 1988. Isso significa que garantir os direitos dessa população – desde o acesso à educação, saúde e convivência familiar até a proteção contra qualquer forma de violência – não é apenas uma obrigação legal, mas também uma responsabilidade ética que deve mobilizar todas as instituições. O livro reforça essa verdade de forma contundente, ao enfatizar que crianças e adolescentes não são apenas "o futuro da nação", mas sujeitos plenos de direitos no presente.

Além de sua relevância acadêmica, a obra dialoga diretamente com as práticas desenvolvidas pelo Ministério Público do Estado da Bahia (MPBA) nos últimos anos. Iniciativas como a ampliação do uso do depoimento especial, que proporciona um ambiente protegido e humanizado para crianças e adolescentes vítimas de violência, e o fortalecimento do Sistema de Garantia de Direitos, por meio da capacitação e articulação de Conselhos Tutelares, são exemplos concretos de como o MPBA tem buscado garantir a efetividade dos direitos desse público.

Projetos como o Raízes da Cidadania e o Tecendo o Amanhã são expressões desse compromisso. Enquanto o primeiro promove a integração de políticas públicas nas áreas de educação – em especial no combate à evasão escolar –, assistência social e saúde, o segundo foca o fortalecimento dos vínculos familiares e comunitários, contribuindo para a formação de redes de proteção robustas e inclusivas.

Ações de enfrentamento do trabalho infantil e da exploração sexual de crianças e adolescentes também destacam o empenho do Ministério Público em transformar o que está previsto na lei em realidade cotidiana. Essas iniciativas reforçam o papel estratégico do Ministério Público na área da infância e adolescência e, alinhadas aos princípios destacados na obra, demonstram como a prática ministerial pode impactar diretamente a vida daqueles que mais precisam de proteção.

Além deste livro, Anna Karina possui uma sólida produção acadêmica, que inclui publicações de relevância nacional e internacional. Entre os principais artigos, destacam-se: "Riscos de Revitimização de Crianças e Adolescentes e a Necessária Implantação do Depoimento Especial", publicado na revista *Ciência em Debate*, e "O Sistema de Justiça e o Enfrentamento da Violência Letal contra Crianças e Adolescentes no Brasil", veiculado na *Unisanta Law and Social Science*. Ambas as obras abordam diretamente temas correlatos ao acesso à justiça e à proteção dos direitos fundamentais de crianças e adolescentes, reforçando sua expertise na área.

A autora também contribuiu com livros e capítulos que discutem questões centrais do Direito e dos Direitos Humanos. Destaca-se a publicação de *Comentários à Lei Antibullying*, um guia essencial para compreender e implementar a legislação de proteção às vítimas de bullying no Brasil.

Na minha percepção, o que torna o livro especialmente significativo é sua capacidade de articular o papel do Ministério Público na promoção de soluções extrajudiciais, no fortalecimento do diálogo entre instituições e na busca por respostas ágeis e eficazes. Com uma abordagem que alia técnica e empatia, a autora evidencia que o sistema de justiça não pode ser apenas reativo, mas deve antecipar demandas, acolher vítimas e garantir que nenhuma criança ou adolescente fique para trás.

Tive a honra e a felicidade de ser convidado para fazer esta apresentação, uma tarefa que me enche de orgulho. Ao ler o livro antes de sua publicação, percebi o quanto ele é mais do que uma análise jurídica: é um manifesto por justiça, humanidade e transformação social. A autora nos lembra que trabalhar na área da infância e adolescência é mais do que uma função – é um chamado. É acreditar que a justiça só será plena quando alcançar aqueles que mais precisam dela, e isso começa com a proteção das nossas crianças e dos nossos adolescentes, os mais vulneráveis entre nós.

Parabéns por esta contribuição essencial. O livro nos inspira, e também desafia todos nós, membros do Ministério Público e da sociedade, a honrar o compromisso ético e constitucional com a infância e a adolescência. A obra reafirma que lutar por esses direitos é cuidar do presente e construir um futuro mais justo e inclusivo. Que sua voz ecoe longe e continue sendo um exemplo para todos nós.

Pedro Maia Souza Marques
Procurador-Geral de Justiça do
Ministério Público do Estado da Bahia

INTRODUÇÃO

Este trabalho tem como objeto o estudo e a análise da efetividade do acesso à justiça por crianças e adolescentes, abordando os percalços existentes e os caminhos que podem ser trilhados para superá-los.

O preâmbulo do Texto Constitucional dispõe sobre a instituição de um Estado Democrático, destinado a assegurar – além do exercício dos direitos sociais e individuais – a liberdade, a segurança, o bem-estar, o desenvolvimento, a igualdade e a justiça como valores supremos de uma sociedade fraterna, pluralista e sem preconceitos,[1] em que se destaca expressamente a justiça como um dos valores ali relacionados.

A disposição da justiça como um valor supremo, em sede constitucional, demonstra a intenção do legislador originário de ressaltar a importância da justiça na consecução do Estado Democrático.

As regras de direito, consigna Siches, "son instrumentos prácticos, elaborados y construidos por los hombres, para que, mediante su manejo, produzcan en la realidad social unos ciertos efectos, precisamente el cumplimiento de los propósitos concebidos".[2]

Contudo, o Texto Constitucional não garante que essas regras ou normas tenham eficácia social ou efetividade. Em diversos momentos, é necessária a atuação do sistema de justiça para ser imposta sua pronta efetivação. Isso decorre de que, quando o direito não alcança

---

1 BRASIL. [Constituição (1988)]. *Constituição da República Federativa do Brasil de 1988*. Brasília, DF: Presidência da República, [2023c].

2 SICHES, Luiz Recaséns. *Nueva filosofia de la interpretación del derecho*. 3. ed. Cidade do México: Editorial Porruá, 1980. p. 277: "são instrumentos práticos, elaborados e construídos pelos homens, para que, por intermédio da sua utilização, produzam determinados efeitos na realidade social, precisamente o cumprimento dos objetivos concebidos". Todas as passagens aqui citadas, caso não haja indicação de autoria, foram traduzidas por mim.

sua eficácia material ou efetividade por si só, devem existir os meios para que isso seja buscado.

Como dito por Barroso: "Todas estas normas, que ressoam preciosamente inócuas, padecem de um mesmo mal: não são eficazes na prática, não se realizam efetivamente no dia a dia das pessoas. O ideário constitucional torna-se, assim, vazio e vão".[3]

Nenhum direito, seja aquele dos indivíduos, seja aquele dos povos, está diretamente protegido de violação ou denegação, uma vez que contra o interesse do titular do direito coloca-se sempre o interesse do desrespeitador do direito.[4]

Ainda assim, não há nada que possa assegurar que as decisões do órgão aplicador das normas sejam executadas pelos seus destinatários.[5]

Surge dessa necessidade a importância do acesso à justiça, para proteção, defesa ou aplicação de um direito do qual não se obteve a efetividade de forma espontânea ou automática.

Ocorre que o acesso à justiça, para a busca pela efetivação de direitos violados, não está, na prática, ao alcance de todos.

Em verdade, para a maioria da população, o acesso ao sistema de justiça ainda é algo difícil ou inatingível, mesmo com a existência de Ministério Público, Defensoria Pública e Advocacia, em decorrência da falta de assistência e de representação jurídica em muitas situações.

Então, devem ser estudados os meios necessários para reduzir tais distorções, já que, nesses casos, tem-se que compreender que, se o interesse de todos não é atendido, também não o é o de alguém em particular. Achar-se a salvo de infortúnios em uma sociedade onde a maioria não tem seus direitos respeitados é uma ilusão.[6]

Além disso, em uma vertente mais delicada, encontram-se as crianças e os adolescentes que estão em situação de risco ou vulnerabilidade, ante o afastamento dos genitores ou responsáveis; adolescentes que cometem atos infracionais; crianças e adolescentes vítimas

---

[3] BARROSO, Luís Roberto. *O direito constitucional e a efetividade de suas normas*: limites e possibilidades da Constituição brasileira. 9. ed. Rio de Janeiro: Renovar, 2009. p. 64.

[4] IHERING, Rudolf Von. *A luta pelo Direito*. Tradução: Edson Bini. 2. ed. São Paulo: Edipro, 2019. p. 35.

[5] IHERING, Rudolf Von. *A luta pelo Direito*. Tradução: Edson Bini. 2. ed. São Paulo: Edipro, 2019. p. 316.

[6] ROCHA, Cármen Lúcia Antunes; SADEK, Maria Tereza Aina. Transparência do Poder Judiciário. *In*: SADEK, Maria Tereza *et al.* (org.). *O judiciário do nosso tempo*: grandes nomes escrevem sobre o desafio de fazer justiça no Brasil. Rio de Janeiro: Globo Livros, 2021. p. 21-36. p. 21.

e testemunhas de crimes; que sofrem violação por parte dos próprios genitores; crianças e adolescentes transexuais que almejam retificação de registro ou quando há a necessidade de serem pleiteados direitos difusos de crianças e adolescentes, entre outras inúmeras situações.

A Declaração dos Direitos da Criança diz que a criança, em razão da sua imaturidade física e intelectual, necessita de uma proteção particular e de cuidados especiais,[7] deixando-se claro que os direitos da criança são considerados *ius singulare* com relação a um *ius commune*.[8]

Sob esse enfoque, a prioridade absoluta do sistema de justiça é o atendimento de demandas envolvendo os direitos de crianças e adolescentes, em detrimento de qualquer outra demanda judicial.

Com base no princípio da prioridade absoluta, devem-se disciplinar regras especiais de acesso à justiça, que seria um sistema jurisdicional diferenciado, para uma prestação jurisdicional efetiva, como forma de facilitar o exercício dos direitos das crianças e dos adolescentes, resultando em um desenvolvimento saudável e integral.[9]

Barbosa[10] disse que os magistrados não devem jamais negar ao Erário, à Administração e à União os seus direitos, que são tão invioláveis como quaisquer outros.

Entretanto o direito dos mais miseráveis dos seres humanos, o direito da pessoa em situação de rua, do escravizado, do criminoso não é menos sagrado, perante a justiça, que o do mais alto dos poderes.

Ousamos sobrepor, a todos esses, os direitos de crianças e adolescentes, já que a justiça deve ser mais atenta e redobrar a atenção, porque eles são os mais vulneráveis.

Dessa forma, incumbe, pois, ao sistema de justiça analisar as situações em que crianças e adolescentes necessitam ter acesso à justiça ou outros meios extrajudiciais, para a efetivação dos seus direitos.

Além disso, considerando-se o princípio da absoluta prioridade, previsto no art. 4º do Estatuto da Criança e do Adolescente

---

7 BRASIL. *Lei n. 8.069, de 13 de julho de 1990*. Dispõe sobre o Estatuto da Criança e do Adolescente e dá outras providências. Brasília, DF: Presidência da República, 1990b.

8 BOBBIO, Norberto. *A era dos Direitos*. Tradução: Carlos Nelson Coutinho. Rio de Janeiro: Grupo Editora Nacional, 2022. p. 34.

9 FERREIRA, Eduardo Dias de Souza; HIROMOTO, Carolina Magnani. Convenções de Direitos Humanos sobre direitos das crianças. *In*: BALERA, Wagner; LIMA, Carolina de Souza (org.). *Enciclopédia Jurídica da PUC/SP* - Tomo XI DE DIREITOS Humanos. 1. ed. São Paulo: PUC-SP, v. 12, 2022. p. 1-19.

10 BARBOSA, Rui. *Oração aos moços*. 5. ed. Rio de Janeiro: Fundação Casa de Rui Barbosa, 1997. p. 42.

(ECA),[11] deve-se privilegiar o atendimento dessas demandas, seja na seara protetiva, socioeducativa ou criminal para a busca da efetividade dos seus direitos constitucionalmente previstos, que dependem do acesso à justiça, já que a mácula aos direitos ofendidos atinge a dignidade da pessoa humana.

Ihering[12] propõe que a luta pelo direito não ocorra em todos os casos, mas somente naqueles nos quais a agressão ao direito implica, igualmente, o desrespeito da pessoa humana, razão pela qual se deve entender que, quando essa luta envolve crianças e adolescentes, o sistema de justiça deve dar-lhe a máxima atenção.

Com este trabalho, almeja-se fazer a descrição das situações em que crianças e adolescentes que não se encontram representados por seus genitores ou responsáveis ou encontram-se em conflito com a lei precisam de respaldo do sistema de justiça a fim de que possam ter acesso à justiça, relacionando-se com a atuação dos integrantes do referido sistema, com ênfase no Poder Judiciário e no Ministério Público.

No afã de buscar as respostas para essas questões é que a presente pesquisa foi desenvolvida, tendo por objetivo geral a análise da efetividade do direito ao acesso à justiça de crianças e adolescentes e sua relação com a dignidade da pessoa com menos de 18 anos, visto que é inconteste sua vulnerabilidade ante qualquer outra classe de minorias vulneráveis, fazendo-se ainda a ligação com o Objetivos de Desenvolvimento Sustentável (ODS) atinente ao tema.

Como objetivos específicos, a pesquisa pretende:

a. arrolar os conceitos de justiça que servirão de fundamento metodológico para a pesquisa.
b. descrever o conceito de acesso à justiça, sua classificação como direito fundamental e suas diversas formas de aplicação com base na doutrina de referência no assunto.
c. analisar como surgiu e se desenvolveu o conceito de dignidade da pessoa humana, tomando como base a doutrina e a legislação, até o reconhecimento de crianças e adolescentes como sujeitos de direitos.
d. identificar qual dos ODS se encontra relacionado a este estudo e suas implicações.

---

11 BRASIL. *Decreto n. 99.710, de 21 de novembro de 1990.* Convenção Internacional sobre os direitos da criança de 1989. Brasília, DF: Presidência da República, 1990a.

12 IHERING, Rudolf Von. *A luta pelo Direito.* Tradução: Edson Bini. 2. ed. São Paulo: Edipro, 2019. p. 16.

e. diferenciar o acesso à justiça do acesso ao Poder Judiciário.
f. exemplificar as formas de atuação extrajudiciais para o acesso à justiça envolvendo o Ministério Público, a Defensoria Pública e o Conselho Tutelar.
g. tratar da tutela jurisdicional diferenciada quando envolver o acesso ao Judiciário de crianças e adolescentes e suas particularidades.
h. verificar a aplicação da linguagem utilizada no sistema de justiça com crianças e adolescentes.
i. relacionar algumas das principais situações em que crianças e adolescentes necessitam do acesso à justiça, sem a pretensão de exaurir todas as hipóteses, os problemas enfrentados e quais são as possíveis atuações no âmbito do sistema de justiça.
j. identificar a forma de acesso à justiça na Corte Interamericana de Direitos Humanos e seus empecilhos.
k. informar sobre a discussão de novo Comentário Geral da ONU, do Comitê dos direitos da criança, envolvendo o tema do acesso à justiça por crianças e adolescentes.
l. correlacionar o direito ao acesso à justiça e o direito à felicidade.

Em termos metodológicos, a pesquisa será de ordem qualitativa, com abordagem exploratória, em vertente abdutiva, aplicando a dedução para construção da hipótese, seguida da indução para testar as hipóteses e, após, promover a síntese entre aquilo que foi verificado e a própria construção do ordenamento jurídico; terá como técnica de pesquisa a análise documental.

A hipótese inicial a ser adotada é pela potencial aplicação de mecanismos já existentes, judiciais e extrajudiciais, que visem à efetivação do acesso à justiça de crianças e adolescentes e, em seguida, quais ações devem ser inseridas na atuação dos integrantes do sistema de justiça.

As fontes primárias de pesquisa são a legislação brasileira, com ênfase no ECA, na Constituição Federal, na legislação especial pertinente à temática, nos Tratados e nas Convenções internacionais e em outras legislações estrangeiras, além das decisões proferidas pelos tribunais superiores e os Comentários Gerais da ONU, do Comitê dos direitos da criança, que toquem a matéria.

Já a fonte secundária é a doutrina, manifestada por meio de textos acadêmicos, como livros, pesquisas monográficas e artigos publicados em periódicos especializados.

O segundo capítulo da pesquisa tratará das premissas propedêuticas do acesso à justiça por crianças e adolescentes, visando situar essa vertente teórica como uma lente metodológica para análise dos fenômenos jurídicos.

Nessa etapa, serão discutidos os conceitos de justiça, de acesso à justiça e de dignidade da pessoa humana e como esses elementos podem ser correlacionados com um direito fundamental de acesso à justiça.

O terceiro capítulo foi dividido em dois tópicos. Primeiramente, será identificado o ODS relacionado ao tema e delineado o problema a ser explorado no estudo. Após, será tratada a diferença entre o acesso à justiça e o acesso ao Poder Judiciário, fazendo-se referência ao acesso à justiça por meios extrajudiciais, o papel do sistema de justiça e a tutela jurisdicional diferenciada. No tópico seguinte, será discutido o uso da linguagem nas ações que envolvem crianças e adolescentes, seja na utilização da linguagem simples, na realização do depoimento especial ou na prática da comunicação não violenta.

No quarto capítulo, serão debatidas as funções do sistema de justiça no acesso à justiça por crianças e adolescentes, com descrição de algumas situações em que crianças e adolescentes precisam ter acesso à justiça para a proteção de seus direitos fundamentais, com identificação de problemas existentes e possíveis soluções.

A questão do justo acesso à justiça por crianças e adolescentes e sua repercussão internacional, especificamente na Corte Interamericana de Direitos Humanos, é analisada no quinto capítulo, com apontamentos acerca das dificuldades encontradas.

Em um sexto capítulo, tratamos da proposta de Comentário Geral da ONU n. 27, do Comitê dos direitos da criança, ainda em discussão, que tem por foco acesso à justiça e recursos mais eficazes para crianças e adolescentes.

No sétimo capítulo, ficará a compreensão e o enquadramento do acesso à justiça e sua relação com o direito à felicidade, sendo verificado o conceito deste último e sua aplicação na jurisprudência pátria.

No oitavo e último capítulo, serão feitas as considerações de todo o estudo e demonstrados os resultados alcançados, bem como as dificuldades encontradas ao longo do trabalho.

CAPÍTULO 2

PREMISSAS PROPEDÊUTICAS

Neste capítulo, abordaremos o referencial teórico que será utilizado neste trabalho. Inicialmente, vamos abordar o conceito de justiça, de acesso à justiça, com identificação deste nas constituições de outros países. Analisaremos também um direito fundamental ao acesso à justiça.

Em seguida, discorreremos sobre dignidade da pessoa humana, crianças e adolescentes como sujeitos de direitos e relação entre a dignidade humana e o acesso à justiça.

2.1 O conceito de justiça: da antiguidade a Kant

Inicialmente, faz-se necessário enveredarmos pela análise do conceito de justiça e no que consistia a sua aplicação.

Alguns filósofos, como Aristóteles em *A Política*, defendem que a justiça é própria dos seres humanos:

> A natureza, como gostamos de afirmar, não cria nada sem um propósito, e o homem é o único animal dotado de fala. [...] O objetivo da fala [...] é demonstrar vantagem e desvantagem e, portanto, justiça e injustiça também. Pois a característica que diferencia o homem de todos os outros animais é que só ele é capaz de discernir entre bem e mal, justiça e injustiça, e assim por diante.[13]

Corroborando esse entendimento, Hobbes, no século XVII, afirmava que a capacidade de senso de justiça era inerente ao ser humano e associada à linguagem.

---

13 ARISTÓTELES. *A política*. Tradução: Nestor Silveira Chaves. 2. ed. rev. Bauru: Edipro, 2009. I.ii, 1253a.

Alguns seres vivos, como abelhas e formigas, vivem socialmente entre si; no entanto, sua única orientação vem de suas opiniões e desejos particulares; nem fala, por meio da qual um deles possa expressar ao outro o que considera útil para o bem comum.[14] Da mesma forma, os outros animais irracionais não saberiam a distinção do que se considera justo ou injusto.

A origem do senso de justiça ainda é incerta. A hipótese provável é que nas sociedades hominídeas, à medida que se expandiram e tornaram-se mais complexas, a linguagem evoluiu em atenção à necessidade de existência de um modo de transmissão de regras de cuidado e confiabilidade.[15]

Antes mesmo do surgimento da filosofia, na Grécia, há registro de ideias acerca da justiça, que remontam à época pré-alfabética. No prólogo e no epílogo do Código de Hamurabi, encontram-se a palavra "justiça" (mi-sa-ra-am) e suas variantes.[16]

As ideias dos seres humanos sobre justiça, nos primeiros mil e quinhentos anos de história escrita, tinham como lastro a reciprocidade – o que foi refutado por Platão,[17] que buscou substituí-la por uma concepção de justiça nova, teleológica e voltada a um objetivo –ou a ideia de vingança, tal como também se extrai ao longo de toda a Ilíada, de Homero.[18]

Segundo Johnston:

> Da época de Platão em diante, a história das ideias acerca da justiça tem sido marcada por uma constante tensão entre interpretações baseadas na reciprocidade e teorias teleológicas que têm sido desenvolvidas com o propósito de derrotar essas interpretações.[19]

O caráter retributivo é um dos elementos norteadores do conceito de justiça e pode ser encontrado de forma predominante nas relações entre os hebreus, já que, segundo os ensinamentos transmitidos

---

14 HOBBES, T. *Leviatã*. Tradução: João Paulo Monteiro e Maria Beatriz Nizza da Silva. São Paulo: Martins Fontes, 2003. p. 94-95.

15 JOYCE, Richard. *The evolution of morality*. Cambridge: MIT, 2006. p. 89.

16 CÓDIGO de Hamurabi. *Boletim Informativo Jurídico*, [s. l.], [2024]. p. 7.

17 PLATÃO. *A justiça*. Tradução: Edson Bini. 4. ed. São Paulo: Edipro, 2016.

18 HOMERO. *Ilíada*. Tradução: Haroldo de Campos. São Paulo: Arx, 2002. VI, 55-65.

19 JOHNSTON, David. *A brief history of justice*. Nova Jersey: Wiley-Blackwell, 2011. p. 3.

a Moisés no Monte Sinai, faz-se justiça quando a vingança é infligida sobre os transgressores.[20]

Nos textos hebraicos ou mesopotâmicos mais antigos, quando os direitos das pessoas vulneráveis – que diferem daqueles atinentes aos poderosos – sofriam violação, a justiça deveria ser retributiva e vingativa.[21]

Note-se que, nessa época, o conceito de justiça era dissociado da igualdade. Assim, mulheres, crianças, estrangeiros e escravizados poderiam ter seus direitos mais violados do que a maioria, porque não se encontravam no mesmo patamar de igualdade. A justiça, nesse momento, referia-se a relações que envolvessem partes semelhantes, e não àquelas hierarquicamente superiores.

Tal como ocorria na Cidade Antiga, em Grécia e Roma,[22] os hebreus também tinham o direito de vender seus filhos e mulheres como escravizados, por serem estes tidos como seres inferiores. Atribuía-se aos pais um poder sobre os filhos, tal qual o status de Deus com relação ao conjunto do seu povo.[23]

Sob essa ótica, a justiça era aplicada de forma distinta consoante o poder, a posição social, a riqueza, as características de igualdade e o mérito. A reciprocidade equilibrada tinha por pressuposto tratar-se de uma relação entre iguais, o que não ocorreria em relação aos desiguais.

O filósofo Pitágoras, por sua vez, identificava a justiça como a relação numérica de igualdade entre a ofensa e sua reparação.[24]

Em *A República*, Platão expõe o conceito de justiça lastreada em uma visão hierárquica da ordem política, inserindo-a no centro do universo ético grego. O filósofo descreve os diálogos em que Sócrates, entre outras coisas, discorre sobre as diversas concepções de justiça que lhe são expostas. Para Sócrates, os interesses que são relevantes para a justiça são os fundamentais, excluindo-se os ordinários do dia a dia. Além disso, o objetivo central da justiça seria aprimorar a norma interna de cada ser humano, a fim de conter os impulsos e as emoções com base na racionalidade e no bom senso.

---

[20] BÍBLIA. *Antigo Testamento.* Ex 21, 12-17: "Quem ferir o outro, de tal forma que este morra, também será morto. [...]"

[21] JOHNSTON, David. *A brief history of justice*. Nova Jersey: Wiley-Blackwell, 2011. p. 23.

[22] COULANGES, Fustel de. *A cidade antiga.* Tradução: Roberto Leal Ferreira. São Paulo: Martin Claret, 2021.

[23] JOHNSTON, David. *A brief history of justice*. Nova Jersey: Wiley-Blackwell, 2011. p. 28.

[24] DE CICCO, Cláudio. *História do Direito e do pensamento jurídico.* 9. ed. São Paulo: SaraivaJur, 2023. p. 35.

Sócrates, ao se referir a Simônides, diz que este se expressou por enigmas quando definiu justiça, pensando ser justo dar a cada um o que lhe é apropriado, sendo isso o que qualificou dar-lhe o que lhe é devido.[25]

Ao contrário de Platão e Aristóteles, Sócrates entendia que a justiça não deveria ser aplicada em uma relação de reciprocidade equilibrada, e sim nas relações de obediência entre os desiguais,[26] mas qualquer malfeito a outrem jamais pode ser considerado justo.

Assim, a justiça permitiria que cada pessoa e cada classe se dedicasse aos seus afazeres sem interferir no trabalho de outrem. Para Sócrates a justiça seria, na verdade, uma espécie de princípio em que o indivíduo justo não permitirá que qualquer parte da alma execute o trabalho de seu vizinho, ou que as diversas aptidões existentes nele interfiram umas nas outras.[27]

Já a justiça para Platão serviria para impedir que qualquer pessoa se apropriasse do que pertence ao outro, ou seja, privando-o daquilo que lhe pertence, nem que para isso fosse necessária a aplicação da coerção. Para o filósofo grego, a justiça consiste em restituir a cada sujeito o que lhe é devido.[28]

Aristóteles entende que o ponto central da justiça é a relação entre desiguais. A justiça aplica-se às relações entre indivíduos livres e relativamente iguais entre si, quando então haveria reciprocidade, e, quando inexistente a igualdade, haveria hierarquia entre os desiguais.

Ainda para Aristóteles, justiça significa aquilo que produz e preserva a felicidade e as partes componentes da comunidade política.[29] Segundo ele, justiça é dar às pessoas o que elas merecem, e, para determinar o que é merecido, deve-se estabelecer quais virtudes são dignas de honra e recompensa.[30]

Não havia, portanto, injustiça na relação entre o superior e o escravizado, o pai e a criança, porque essas relações são distintas das relações entre pessoas livres e iguais.

---

25 PLATÃO. *República*. Tradução: Enrico Corvisieri. Rio de Janeiro: Editora Best Seller, 2002. p. 28.

26 JOHNSTON, David. *A brief history of justice*. Nova Jersey: Wiley-Blackwell, 2011. p. 43.

27 PLATÃO. *República*. Tradução: Enrico Corvisieri. Rio de Janeiro: Editora Best Seller, 2002. 443c-e.

28 PLATÃO. *República*. Tradução: Enrico Corvisieri. Rio de Janeiro: Editora Best Seller, 2002. 331-433e.

29 ARISTÓTELES. Ética a *Nicômaco*. Tradução: Edson Bini. 4. ed. São Paulo: Edipro, 2014. p. 181.

30 SANDEL, Michael J. *Justiça*: o que é fazer a coisa certa. Tradução: Heloísa Matias e Maria Alice Máximo. 27. ed. Rio de Janeiro: Civilização Brasileira, 2019. p. 17.

Aristóteles compreende que há a justiça total e a parcial, referindo-se à primeira como:

> Ora, todas as promulgações da lei objetivam ou o interesse comum de todos, ou os dos mais excelentes, ou os dos que detêm o poder, seja devido à sua virtude ou algo do gênero, de sorte que, em um dos seus sentidos, justo significa aquilo que produz e preserva a felicidade e as partes componentes desta da comunidade política.[31]

A justiça parcial, por sua vez, estaria relacionada à cota de benefícios que os indivíduos devem receber e os ônus a serem suportados.

Após a distinção entre justiça total e parcial, Aristóteles deteve-se na análise da justiça parcial e a diferenciou em suas duas formas, a distributiva e a corretiva, com base nas variações do conceito de reciprocidade.

A justiça distributiva se revela com a distribuição ou divisão igualitária entre sujeitos relativamente iguais. Há injustiça quando alguém está em posse do bem em excesso, enquanto a vítima injustiçada está em posse do bem de modo insuficiente.[32]

A justiça corretiva abrange as transações voluntárias – em que as partes envolvidas se encontram nela voluntariamente – e as involuntárias. Estas últimas envolvem atividades clandestinas, como um crime ou o uso da força.

No caso da justiça corretiva, o juiz é chamado para igualar as partes.

> Por conseguinte, como o injusto aqui é desigual, o juiz se empenha em torná-lo igual, porquanto alguém foi ferido, tendo o outro o ferido, ou alguém matou e o outro foi morto, sendo neste caso a distribuição do sofrer e do fazer desigual; nesta conjuntura o juiz se empenha em torná-los iguais mediante a punição.[33]

Assim, consoante o pensamento de Aristóteles, essa é a razão pela qual recorre-se ao juiz em disputas, já que essa seria a justiça dotada de alma.

---

[31] SANDEL, Michael J. *Justiça*: o que é fazer a coisa certa. Tradução: Heloísa Matias e Maria Alice Máximo. 27. ed. Rio de Janeiro: Civilização Brasileira, 2019. p. 17.

[32] SANDEL, Michael J. *Justiça*: o que é fazer a coisa certa. Tradução: Heloísa Matias e Maria Alice Máximo. 27. ed. Rio de Janeiro: Civilização Brasileira, 2019. p. 189.

[33] SANDEL, Michael J. *Justiça*: o que é fazer a coisa certa. Tradução: Heloísa Matias e Maria Alice Máximo. 27. ed. Rio de Janeiro: Civilização Brasileira, 2019. p. 190.

Ocorre que, inicialmente, é necessário apurar quem eram os destinatários da justiça referida pelos filósofos gregos, tendo em vista que crianças e adolescentes não eram vistos, à época, como sujeitos de direitos. Somente recentemente as pessoas com menos de 18 anos foram consideradas como detentoras de dignidade e sujeitos de direitos.

> Seus interesses confundiam-se com os interesses dos adultos, como se fossem elementos de uma simbiose onde os benefícios da união estavam contemplados pela proteção jurídica destinada aos últimos. Figuravam, em regra, como meros objetos da intervenção do mundo adulto, sendo exemplificativa a utilização da velha expressão pátrio poder, indicativa de uma gênese onde o Direito tinha como preocupação disciplinar exclusivamente as prerrogativas dos pais em relação aos filhos, suas crias.[34]

Naquela época, os indivíduos que eram escravizados e estrangeiros, além das mulheres e crianças, não eram considerados dignos.

Cícero defendeu conceito diverso de justiça. Para ele, a justiça advém daquela lei superior, que nasceu muito antes que qualquer lei tivesse sido escrita ou, na verdade, antes que qualquer Estado se estabelecesse, pois teria sua origem na natureza dos seres humanos,[35] sendo válida para todos os humanos, tendo em vista que não há diferença dentro da espécie.

Com base nesse raciocínio, entende-se que a justiça se aplica a todos dotados da capacidade de raciocínio, necessário para o conhecimento de preceitos de justiça, que é justamente o que distingue os humanos dos animais.

Para Cícero, haveria apenas uma justiça aplicável a todos os humanos, independentemente de suas instituições, que teria origem na natureza, ao contrário de leis específicas, que decorrem de juízo ou convenção.[36]

A partir de Cícero, mudou-se o paradigma de justiça, restrita a determinadas pessoas, para uma justiça universal para os seres racionais. Embora a ideia de origem da justiça a partir da natureza não tenha perdurado, a de que a sua aplicação deve ser universal permanece até os dias atuais.

---

34 PAULA, Paulo Afonso Garrido de. *Direito da criança e do adolescente e tutela jurisdicional diferenciada*. São Paulo: Editora Revista dos Tribunais, 2002. p. 11.

35 CÍCERO, Marco Túlio. *Sobre as leis (DeLegibus)*. Tradução: Bruno Amaro Lacerda e Charlene Martins Miotti. Juiz de Fora: Editora UFJF, 2021. p. 112-116.

36 JOHNSTON, David. *A brief history of justice*. Nova Jersey: Wiley-Blackwell, 2011. p. 95.

No início da era moderna, Hobbes sustenta que todo homem tem um direito natural que lhe é inerente e lhe dá a liberdade de utilizá-lo como bem entender.[37] Entretanto a única forma de existir um governo é mediante a abdicação de parte de seus direitos, em favor do Estado, por meio de um contrato.

> Assim como ouvi alguns dizerem que justiça não passa de uma palavra vazia e que qualquer coisa que o homem possa adquirir para si por meio da força ou do engenho [...] pertence a ele, o que já provei ser falso; assim também o é afirmar que não existem motivos nem princípios racionais para sustentar aqueles direitos fundamentais que criam a soberania absoluta [...] Onde eles afirmam ser tão pernicioso como o povo selvagem da América devesse negar a existência de quaisquer motivos ou princípios racionais para que se construa uma casa que dure tanto quanto os materiais porque eles não viram nenhuma tão bem construída assim.[38]

A mesma teoria foi seguida por diversos pensadores do século XVIII, como Montesquieu, Rousseau, Bentham, de que o mundo social é produto dos esforços humanos.[39]

Hume, como Cícero, também diverge do pensamento de Aristóteles sobre a inferioridade e distinção de uns seres humanos em detrimento de outros. Se todos os seres humanos são próximos em igualdade e capacidade, é ideal que as relações entre eles sejam conduzidas de forma justa. Em razão disso, Hume criticou a distinção entre europeus e indígenas, homens e mulheres.[40]

A visão utilitarista de justiça, que tem como expoente maior Bentham, diz que devemos definir a justiça e determinar "a coisa certa a fazer" perguntando-nos o que maximizará o bem-estar ou a felicidade da sociedade na totalidade,[41] entendimento esse severamente criticado por Kant.

Filósofos políticos modernos – de Immanuel Kant, no século XVIII, a John Rawls, no século XX – afirmam que uma sociedade justa

---

37 HOBBES, T. *Leviatã*. Tradução: João Paulo Monteiro e Maria Beatriz Nizza da Silva. São Paulo: Martins Fontes, 2003. p. 72.

38 HOBBES, T. *Leviatã*. Tradução: João Paulo Monteiro e Maria Beatriz Nizza da Silva. São Paulo: Martins Fontes, 2003. p. 170-171.

39 JOHNSTON, David. **A brief history of justice**. Nova Jersey: Wiley-Blackwell, 2011. p. 114.

40 HUME, David. *Investigações sobre o entendimento humano e sobre os princípios da moral*. Tradução: José Oscar de Almeida Marques. 1. ed. São Paulo: Unesp, 2004. p. 191.

41 BENTHAM, Jeremy. *Principles of morals and legislation*. Kitchener: Batoche Books, 2000.

respeita a liberdade de cada indivíduo para escolher a própria concepção do que seja uma vida boa.[42]

Kant defendeu verdadeiramente a tese de que todos os seres humanos detêm o mesmo valor, como pessoas livres, racionais e responsáveis, servindo de fundamento para ideias sobre justiça e moralidade. Ele parte da ideia de que somos seres racionais, merecedores de dignidade e respeito.[43]

> Daí decorre, como assinalou o filósofo, que todo homem tem dignidade e não um preço, como as coisas. A humanidade como espécie, e cada ser humano em sua individualidade, é propriamente insubstituível: não tem equivalente, não pode ser trocado por coisa alguma.[44]

Segundo Kant, até mesmo uma criança de tenra idade percebe como agir conforme o dever.[45] Para ele, o que dá ensejo à moralidade e à justiça é a liberdade, e ele enfaticamente rejeita que a felicidade seja o fundamento das ideias de justiça.

A teoria da justiça kantiana aduz que o homem é livre, mas não sob a ótica de que inexistem restrições, e sim que ele se submete apenas à legislação que lhe é aplicável, mas não de forma arbitrária.[46]

O imperativo categórico kantiano é a base para os comandos, os quais são as leis morais, que ensejam a construção das leis jurídicas, sendo a base para a teoria da justiça de Kant.[47]

A teoria da justiça de Kant é uma teoria das leis morais e das liberdades que estabelece limites às ações externas das pessoas, os quais podem ser impostos por meio de coerção,[48] pelas leis jurídicas para que os direitos dos outros sejam respeitados.

---

[42] SANDEL, Michael J. *Justiça*: o que é fazer a coisa certa. Tradução: Heloísa Matias e Maria Alice Máximo. 27. ed. Rio de Janeiro: Civilização Brasileira, 2019. p. 17.

[43] SANDEL, Michael J. *Justiça*: o que é fazer a coisa certa. Tradução: Heloísa Matias e Maria Alice Máximo. 27. ed. Rio de Janeiro: Civilização Brasileira, 2019. p. 136.

[44] COMPARATO, Fábio Konder. **A afirmação histórica dos direitos humanos**. São Paulo: Saraiva, 2017. p. 34.

[45] KANT, Immanuel. Theory and practice. *In:* KANT, Immanuel. *Kant*: political writings. Tradução: H. B. Nisbet. 2. ed. Cambridge: Cambridge University Press, 1991. p. 70.

[46] ROSENFELD, Anatol. O problema da paz universal: Kant e as Nações Unidas. *In*: GUINSBURG, J. (org.). *A paz perpétua*: um projeto para hoje. Tradução: J. Guinsburg. São Paulo: Perspectiva, 2004. p. 89-99. p. 99.

[47] KANT, Immanuel. *Fundamentação da metafísica dos costumes*. Tradução: Inês A. Lohbauer. São Paulo: Martin Claret, 2019.

[48] JOHNSTON, David. *A brief history of justice*. Nova Jersey: Wiley-Blackwell, 2011. p. 155.

> Qualquer ação é correta se puder coexistir com a liberdade de todos, de acordo com uma lei universal, ou se em sua máxima a liberdade de escolha de cada um puder coexistir com a liberdade de todos, de acordo com uma lei universal.[49]

Ainda segundo Kant, deve existir uma reciprocidade equilibrada como corolário da igualdade, a fim de que exista um equilíbrio entre as punições para pessoas hierarquicamente diferentes. Assim, a mesma punição, por exemplo, pecuniária pode ser aplicada em pessoas de classes sociais distintas, sob pena de incorrer em injustiça.

Kelsen, referindo-se à pedagogia penal de Platão, diz que a justiça é causa de bem para aquele que a pratica e causa de mal para aquele que a transgride.[50]

Já Perelman, em seu ensaio sobre justiça, inadmite que esta seja um valor absoluto; ao revés, é relativo e impassível de ser definido pelo conhecimento, em que o valor seria relativo e dependente da crença de cada um. Dessa forma, para esse filósofo, estudar a justiça seria o estudo de valores relativos, sociais, culturais e históricos.[51]

Como um valor relativo, a justiça é afeta a várias acepções, que podem variar conforme as tendências, culturas, ideologias, políticas, não havendo que se falar em um valor absoluto de justiça.[52]

Traçada a evolução do conceito e das teorias sobre justiça, podemos concluir que atualmente, em tese, prevalece a ideia de que a justiça deve alcançar a todos de forma igual, por inexistir distinção entre os seres humanos, e consiste em resguardar os direitos atribuídos a cada um, devendo ser reprimida a ofensa ao direito alheio.

Contudo, ao passarmos para a análise do direito ao acesso à justiça, veremos que o que é previsto de forma teórica pode não ser alcançado de forma fácil ou célere.

---

49 KANT, Immanuel. Theory and practice. *In:* KANT, Immanuel. **Kant**: political writings. Tradução: H. B. Nisbet. 2. ed. Cambridge: Cambridge University Press, 1991. p. 75.

50 KELSEN, Hans. *A ilusão da justiça*. São Paulo: Martins Fontes, 1995. p. 305-310.

51 PERELMAN, Chaïm. *De la justice*. Bruxelas: Office de publicité, 1945.

52 KELSEN, Hans. *O que é justiça?* A justiça, o direito e a política no espelho da ciência. Tradução: Luís Carlos Borges. São Paulo: Martins Fontes, 1998. p. 23-25.

2.2 Do acesso à justiça

2.2.1 A visão de Cappelletti e Garth

Cappelletti e Garth são autores de referência no tema do acesso à justiça, tratando desde sua origem até as suas ondas renovatórias para que esse acesso seja efetivo.

Sobre a evolução histórica do acesso à justiça, mencionam que:

> À medida que as sociedades do *laissez-faire* cresceram em tamanho e complexidade, o conceito de direitos humanos começou a sofrer uma transformação radical. A partir do momento em que as ações e os relacionamentos assumiram, cada vez mais, caráter mais coletivo que individual, as sociedades modernas necessariamente deixaram para trás a visão individualista dos direitos, refletida nas "declarações de direitos", típicas dos séculos dezoito e dezenove. O movimento fez-se no sentido de reconhecer os direitos e deveres sociais dos governos, comunidades, associações e indivíduos. Esses novos direitos humanos, exemplificados pelo preâmbulo da Constituição Francesa de 1946, são, antes de tudo, os necessários para tornar efetivos, quer dizer, realmente acessíveis a todos, os direitos antes proclamados. Entre esses direitos garantidos nas modernas constituições estão os direitos ao trabalho, à saúde, à segurança material e à educação. Tornou-se lugar comum observar que a atuação positiva do Estado é necessária para assegurar o gozo de todos esses direitos básicos. Não é surpreendente, portanto, que o direito ao acesso efetivo à justiça tenha ganho particular atenção na medida em que as reformas do *welfare state* têm procurado armar os indivíduos de novos direitos substantivos em sua qualidade de consumidores, locatários, empregados e, mesmo, cidadãos [...].[53]

A difícil definição da expressão "acesso à justiça" tem sido objeto de diversos estudos, dada a sua importância, já que o sistema de justiça deve ser igualmente acessível a todos e produzir resultados que sejam individual e socialmente justos.[54]

> Mesmo estando a ideia de Justiça distante dos olhos dos homens, sua presença se faz sentir desde o momento presente na vida de cada indivíduo. Existe, para além da ineficaz e relativa justiça humana (a mesma

---

[53] CAPPELLETTI, Mauro; GARTH, Bryant. *Acesso à justiça*. Tradução: Ellen Gracie Northfleet. Porto Alegre: S. A. Fabris, 1988. p. 10-11.

[54] CAPPELLETTI, Mauro; GARTH, Bryant. *Acesso à justiça*. Tradução: Ellen Gracie Northfleet. Porto Alegre: S. A. Fabris, 1988. p. 8.

que condenou Sócrates à morte!), uma Justiça infalível e absoluta, que governa o *kósmos*, e da qual não se pode furtar qualquer infrator.[55]

Não se trata apenas do acesso ao Poder Judiciário, e sim à obtenção de um resultado justo ao conflito de interesses para a efetivação de um direito.

A contradição entre o ideal teórico do acesso efetivo e os sistemas totalmente inadequados de assistência judiciária tornou-se cada vez mais intolerável.[56]

O direito ao acesso efetivo à justiça tem sido reconhecido como de importância capital entre os direitos sociais e individuais, uma vez que a titularidade de direitos é destituída de sentido na ausência de mecanismos para sua efetiva reivindicação.[57]

Contudo, nem sempre foi assim. Nos séculos XVIII e XIX, apesar de o direito ao acesso à justiça ser um direito natural, a falta de acesso das pessoas sem recursos financeiros não era uma preocupação do Estado.

Os mais otimistas dirão que essas barreiras de acesso foram derrubadas ao longo da história, com a criação de advocacias públicas e Defensorias Públicas; porém, mesmo com o êxito no ingresso à justiça, isso não é um preditivo de que o direito almejado será alcançado.

Há diversos outros obstáculos, tais como precariedade da representação judicial, morosidade do judiciário, custas judiciais, linguagem inadequada, que demonstram que aqueles devem ser superados um a um.

Com base nisso, Cappelletti e Garth identificaram três ondas renovatórias, a partir de 1965, para a superação desses obstáculos: a) assistência judiciária; b) reformas para propiciar representação jurídica para os interesses difusos; c) acesso à representação em juízo a uma concepção mais ampla de acesso à justiça.[58]

Em relação à primeira onda, como será demonstrado ao longo deste estudo, as melhorias são perceptíveis do que era oferecido anteriormente, em termos de assistência judiciária, e do que

---

55 BITTAR, Eduardo C. B; ALMEIDA, Guilherme Assis de. *Curso de filosofia do Direito*. 16. ed. Barueri: Atlas, 2022. p. 102.

56 CAPPELLETTI, Mauro; GARTH, Bryant. *Acesso à justiça*. Tradução: Ellen Gracie Northfleet. Porto Alegre: S. A. Fabris, 1988. p. 33.

57 CAPPELLETTI, Mauro; GARTH, Bryant. *Acesso à justiça*. Tradução: Ellen Gracie Northfleet. Porto Alegre: S. A. Fabris, 1988. p. 11-12.

58 CAPPELLETTI, Mauro; GARTH, Bryant. *Acesso à justiça*. Tradução: Ellen Gracie Northfleet. Porto Alegre: S. A. Fabris, 1988. p. 31.

há atualmente. Todavia, como também será exposto, ainda há uma carência de oferta de assistência jurídica.

Se tomarmos como exemplo o Brasil, a Defensoria Pública ainda não abrange a totalidade do território nacional e, em muitas localidades, faz-se necessária a utilização da designação de defensores dativos para haver o impulsionamento judicial.

De forma realística, não há como se vislumbrar como a Defensoria Pública poderá, em tempo mínimo, dispor de representantes suficientes para prestar assistência jurídica, tendo em vista que no Brasil há uma realidade, que tem se tornado marca da sociedade brasileira, quando a cada dia se avoluma a vulnerabilidade de milhares de pessoas, cuja renda não é suficiente para os mínimos essenciais que assegurem a sobrevivência, com situações de extrema pobreza, desamparo e violência.

No que diz respeito à segunda onda, essa foi a do enfrentamento do problema da representação dos interesses difusos.

> Uma vez que nem todos os titulares de um direito difuso podem comparecer em juízo – por exemplo, todos os interessados na manutenção da qualidade do ar, numa determinada região – é preciso que haja um "representante adequado" para agir em benefício da coletividade, mesmo que os membros dela não sejam citados individualmente.[59]

A segunda onda seria uma solução para a dificuldade de acesso à justiça quando há a falta de representação jurídica suficiente para todos ou quando as pessoas desconhecem os seus direitos, a ponto de não os pleitear, e é preciso que alguém o faça, ainda que de forma coletiva.

Todavia, a representação coletiva de direitos difusos não é garantia de uma resposta célere para as demandas que lhe são postas, podendo ocorrer o inverso. Em muitas demandas, que precisam de uma instrução envolvendo vários interessados, a resposta do sistema de justiça pode resultar em uma justiça tardia.

Uma das situações a seguir descritas neste estudo é justamente a atuação em defesa de direitos de crianças e adolescentes em sede de interesses difusos, em que o tempo de uma criança ou adolescente é distinto do tempo de um adulto.

---

[59] CAPPELLETTI, Mauro; GARTH, Bryant. *Acesso à justiça*. Tradução: Ellen Gracie Northfleet. Porto Alegre: S. A. Fabris, 1988. p. 50.

> Isso significa que a demora, por menor que seja, em situações nas quais crianças e adolescentes necessitam de atenção ou proteção de seus direitos, provocará danos em seu desenvolvimento. O dano ocorrerá. É certo, embora não se saiba sobre sua extensão (maior ou menor), percepção (quando surgirá nem se será percebido por terceiros) ou gravidade (mais ou menos comprometedora do desenvolvimento).[60]

Acerca dessa segunda onda, Sousa Santos entende que esse movimento transborda de interesses jurídicos das classes mais baixas e estende-se aos interesses jurídicos das classes médias, inclusive aos chamados interesses difusos, interesses protagonizados por grupos sociais emergentes cuja titularidade individual é problemática.[61]

A terceira onda vai além da representação judicial. Ela tem por mira alterações nas formas de procedimento, mudanças na estrutura dos tribunais e criação de novos tribunais, o uso da atuação judicial e extrajudicial, com pessoas leigas, com o fim de se evitar o litígio ou facilitar a sua resolução.[62]

> A finalidade não é fazer uma justiça "mais pobre", mas torná-la mais acessível a todos, inclusive aos pobres. E, se é verdade que a igualdade de todos perante a lei, igualdade efetiva – não apenas formal – é o ideal básico de nossa época, o enfoque do acesso à justiça só poderá conduzir a um produto jurídico de muito maior "beleza" – ou melhor qualidade – do que aquele de que dispomos atualmente.

Para Perelman, os conflitos em torno da justiça, e de seus possíveis enfoques, podem ser resolvidos por meio do método argumentativo, em que se oportuniza o diálogo e as discussões, para, com base nisso, emergir do diálogo uma razoabilidade de respostas.[63]

> Os procedimentos alternativos de resolução de litígios para determinadas questões civis e penais menores podem muitas vezes permitir aos participantes elaborar resultados que abordem melhor os seus problemas subjacentes do que processos contraditórios mais formais.[64]

---

[60] AMARAL, Cláudio do Prado. *Curso de direito da infância e da adolescência.* São Paulo: Editora da Universidade de São Paulo, 2020. p. 103.

[61] SOUSA SANTOS, Boaventura de. Introdução à Sociologia da Administração da Justiça. *Revista Crítica de Ciências Sociais,* [*s. l.*], n. 31, nov. 1986. p. 27.

[62] CAPPELLETTI, Mauro; GARTH, Bryant. *Acesso à justiça.* Tradução: Ellen Gracie Northfleet. Porto Alegre: S. A. Fabris, 1988. p. 71.

[63] PERELMAN, Chaïm. *Tratado da argumentação.* Tradução: Maria Ermantina Galvão G. Pereira. São Paulo: Martins Fontes, 1996.

[64] RHODE, Deborah L. *Access to justice.* New York: Oxford University Press, 2004. p. 21.

Sob esse aspecto, como formas extrajudiciais de resolução de conflitos, temos: a mediação, a arbitragem e a negociação. Em se tratando de direitos envolvendo crianças e adolescentes, estas podem ocorrer por intermédio da celebração de Termo de Ajustamento de Conduta, em sede de direitos difusos, ou oferta de remissão ao adolescente em conflito com a lei, quando do cometimento de ato infracional por adolescente, em que se pode lançar mão também das técnicas de justiça restaurativa.

Além disso, por meio dos procedimentos extrajudiciais, situações envolvendo crianças e adolescentes podem ser resolvidas, como será analisado neste estudo quando tratarmos da atuação extrajudicial do Ministério Público.

Os juizados especiais também são uma forma de dar dinamicidade ao acesso à justiça. Todavia, vê-se que a judicialização indiscriminada por causas de relevância ínfima assoberba esse meio de prestação jurisdicional mais célere. E, no que diz respeito a crianças e adolescentes, há a vedação na Lei nº 9.099/95, de incapazes serem autores de ações.[65]

Cappelletti e Garth concluem que para a efetivação do acesso à justiça os valores centrais do processo judiciário mais tradicional devem ser mantidos, mas precisam englobar outras formas de resolução de conflitos. Um sistema destinado a servir às pessoas comuns, tanto como autores quanto como réus, deve ser caracterizado por baixos custos, informalidade e rapidez, por julgadores ativos e pela utilização de conhecimento técnico e jurídico.[66]

2.2.2 A visão de Marc Galanter

Segundo Galanter, a expressão "acesso à justiça" anteriormente significava acesso às instituições judiciais governamentais e, somente no final dos anos 1970, adquiriu o significado de possibilidade de uso de instituições governamentais e não governamentais, judiciais e não judiciais, visando alcançar a justiça.[67]

Desse modo, o acesso à justiça deixou de ser restrito ao Poder Judiciário, já que pode ser o direito almejado alcançado mediante outras formas, que podem ser extrajudiciais. Entretanto, quando se trata

---

65 BRASIL. *Lei n. 9.099, de 26 de setembro de 1995*. Dispõe sobre os Juizados Especiais Cíveis e Criminais e dá outras providências. Brasília, DF: Presidência da República, 1995.

66 CAPPELLETTI, Mauro; GARTH, Bryant. *Acesso à justiça*. Tradução: Ellen Gracie Northfleet. Porto Alegre: S. A. Fabris, 1988. p. 94.

67 GALANTER, Marc. Acesso à justiça em um mundo de capacidade social em expansão. *Revista brasileira de Sociologia do Direito*, Porto Alegre, v. 2, n. 1, p. 37-49, jan./jun. 2015. p. 38.

de direitos de crianças e adolescentes, incomensuráveis vezes é necessária a chancela judicial, ainda mais porque crianças e adolescentes não possuem capacidade postulatória, devendo ser representados por seus genitores, representantes legais ou Ministério Público.[68]

Ocorre que, seja em sede judicial ou extrajudicial, há diversas barreiras a serem superadas para que as partes interessadas tenham acesso à justiça e, assim, vejam seu pleito ser analisado.

O acesso à justiça tem sido principalmente reconhecido com a remoção dessas barreiras para a promoção de demandas que já são tidas como direitos.[69]

Há inúmeros entraves para o acesso à justiça para a população em geral, mas, quando se trata de crianças e adolescentes, esse percalço é ainda maior, pois estes dependem de seus responsáveis ou, na falta destes, do sistema de justiça para obter seus direitos quando estes são violados.

Descendo do plano ideal para o real, uma coisa é falar de direitos dos seres humanos, nestes incluídos os direitos de crianças e adolescentes, direitos sempre novos e cada vez mais extensos, outra coisa é garantir-lhes proteção efetiva.[70]

Em sua obra *Por que "quem tem" sai na frente: especulações sobre os limites da transformação no direito*, escrito na década de 1970, Galanter descreve como as desigualdades sociais dificultam o acesso à justiça pelas pessoas que não dispõem de recursos para contratar advogado, pagar custas judiciais etc. As ideias ali postas continuam atuais, e sobre elas acrescentamos outras dificuldades correntes que as pessoas que "não têm" somam àquelas ali já descritas, tais como: barreiras tecnológicas, para os analfabetos digitais; dificuldade de acesso à internet; ausência de linguagem simples pelos integrantes do sistema de justiça; desconhecimento dos seus direitos.

Para Sousa Santos, a discriminação social no acesso à justiça é um fenômeno muito mais complexo do que à primeira vista possa parecer: "[...] para além das condicionantes econômicas, sempre mais óbvias, envolve condicionantes sociais e culturais resultantes de

---

[68] Vide art. 71 e art. 178, II, ambos do CPC. BRASIL. *Projeto de Lei n. 3.326, de 2021*. Altera o artigo 489 da Lei n. 13.105, de 16 de março de 2015 – Código de Processo Civil. Brasília, DF: Câmara dos Deputados, 2021b.

[69] GALANTER, Marc. Acesso à justiça em um mundo de capacidade social em expansão. *Revista brasileira de Sociologia do Direito*, Porto Alegre, v. 2, n. 1, p. 37-49, jan./jun. 2015. p. 43.

[70] BOBBIO, Norberto. *A era dos Direitos*. Tradução: Carlos Nelson Coutinho. Rio de Janeiro: Grupo Editora Nacional, 2022. p. 60.

processos de socialização e de interiorização de valores dominantes muito difíceis de transformar".[71]

Igualdade de justiça perante a lei é um princípio proclamado e constantemente violado de forma generalizada, não apenas no Brasil.

Milhões de estadunidenses não têm acesso à justiça – ou um acesso igualitário, o qual atinge cerca de quatro quintos das necessidades civis e jurídicas dos mais desafortunados –, já que os orçamentos governamentais tornam a assistência jurídica e a defesa eficaz por um advogado uma impossibilidade estatística.[72]

É necessário ter em mira que o modelo atual de funcionamento do sistema de justiça precisa de inúmeras mudanças para que a prestação jurisdicional seja efetiva e célere.

Não se deve ignorar que conseguir mudanças favoráveis de regras é um procedimento caro. Para a melhoria do acesso à justiça, não basta o aprimoramento da estrutura física e pessoal do sistema de justiça. O processo judicial em si merece uma reformulação.

Ainda há os críticos que aduzem que as "pessoas que não têm" possuem outras prioridades que não o acesso à justiça, como alimentos, medicamentos, moradia e educação, que devem ser priorizados em detrimento de uma assistência jurídica gratuita.[73]

Contudo, ignora-se com esse entendimento que muitos desses direitos apenas podem ser alcançados uma vez que sejam demandados em juízo ou pelas outras formas de acesso à justiça, em que é imprescindível uma assistência jurídica.

Nesse sentido, é cediço que a eliminação desses entraves não pode ocorrer um a um porque são inter-relacionados, e as mudanças tendentes a melhorar o acesso por um lado podem substituir uns percalços por outros.[74] A título exemplificativo, a informatização do processo judicial é benéfica para alguns, mas, de outro lado, é prejudicial para aqueles que não possuem acesso facilitado à rede mundial de internet.

Os vulneráveis socialmente também permanecerão os mais vulneráveis juridicamente porque os vários tipos possíveis de "quem não

---

[71] SOUSA SANTOS, Boaventura de. Introdução à Sociologia da Administração da Justiça. *Revista Crítica de Ciências Sociais*, [*s. l.*], n. 31, nov. 1986. p. 21-22.

[72] RHODE, Deborah L. *Access to justice*. New York: Oxford University Press, 2004. p. 3.

[73] RHODE, Deborah L. *Access to justice*. New York: Oxford University Press, 2004. 2004, p. 11.

[74] CAPPELLETTI, Mauro; GARTH, Bryant. *Acesso à justiça*. Tradução: Ellen Gracie Northfleet. Porto Alegre: S. A. Fabris, 1988. p. 8.

tem" dispõem de menos recursos para conquistar mudanças por meio da legislação ou da elaboração de políticas administrativas.[75]

Para se prover o acesso à justiça de forma igualitária, atingindo todas as comarcas do país, no máximo possível, essas políticas administrativas ou legislativas devem ser adotadas em âmbito nacional, quando devem ser capitaneadas pelo Conselho Nacional de Justiça (CNJ) e Conselho Nacional do Ministério Público (CNMP).

Todavia, quando se depara com complexidade, necessidade de elevados investimentos em serviços jurídicos e barreiras de custo, reforçadas por aparatos institucionais sobrecarregados, torna-se caro o questionamento das regras.[76]

Em outro exemplo, se os integrantes do sistema de justiça não detêm o número de juízes, promotores e defensores suficientes para a prestação jurisdicional adequada, não há como implementar a melhoria de aumento do quadro, quando não há recursos financeiros no orçamento para custeá-lo e estrutura física para absorvê-lo.

De um lado, falta essa estrutura e, do outro, falta conhecimento para os indivíduos. E, se fosse oportunizado o acesso à justiça para todos por meio do conhecimento dos seus direitos e o fomento à judicialização ou busca da resolução do conflito, ainda que de forma extrajudicial, atualmente o sistema de justiça brasileiro entraria em colapso.

A justiça, à qual deve ser buscado o acesso, é a negação ou a correção da injustiça, mas o que se tem visto é um acesso restrito à obtenção de justiça. Assim, justiça seria a possibilidade de o sistema de justiça analisar um caso concreto e dizer o que é justo, mas essa oportunidade é tolhida a partir do momento que se priva o ofendido de ter seu caso analisado. Essa dinâmica de injustiça seletiva vai contra o pensamento teórico do que é a justiça, de que essa seja igualmente acessível a todos.

Enquanto Cappelletti e Garth focam as formas de facilitar o acesso à justiça, por intermédio das ondas renovatórias de acesso à justiça, Galanter demonstra que, ainda com as melhorias que podem ser vistas com a implantação do que é descrito nas ondas, os que não detêm poder aquisitivo para ingressar na justiça ou não dispõem de acesso à representação jurídica adequada restam privados de, igualitariamente, defenderem seus direitos.

---

75 GALANTER, Marc. *Por que "quem tem" sai na frente*: especulações sobre os limites da transformação no direito. Tradução: Ana Carolina Chasin. São Paulo: FGV, 2018. p. 29.

76 GALANTER, Marc. *Por que "quem tem" sai na frente*: especulações sobre os limites da transformação no direito. Tradução: Ana Carolina Chasin. São Paulo: FGV, 2018. p. 106.

2.2.3 O acesso à justiça como um direito fundamental

Inicialmente, é necessário conceituar direitos humanos, direitos fundamentais e direitos da personalidade.

> Direitos humanos são uma combinação de conquistas históricas, valores morais e razão pública que, fundamentados na dignidade da pessoa humana, visam à proteção e ao desenvolvimento das pessoas, em esferas que incluem a vida, as liberdades, a igualdade e a justiça. E – por que não? – também a busca da felicidade.[77]

Segundo Cançado Trindade:

> Em uma sociedade democrática, a ordem jurídica só se realiza e justifica com a observância e garantia dos direitos humanos. A proteção destes é um propósito básico da ordem jurídica; neste sentido se pode conceber o direito à ordem jurídica ou constitucional, no âmbito do qual se realizam os direitos humanos.[78]

Os direitos humanos são orientados, primordialmente, à proteção das vítimas, reais (diretas e indiretas) e potenciais, regulando as relações entre desiguais.[79] Diz-se potencial porque visa evitar que as pessoas se tornem também vítimas e não apenas protege as que já o são.

Direitos humanos e direitos fundamentais já foram usados em diversas oportunidades como sinônimos. Contudo, o correto é considerar os direitos humanos como aqueles positivados nas declarações e convenções internacionais e os direitos fundamentais como os que são positivados em âmbito interno.[80]

Assim, os direitos fundamentais são os direitos humanos incorporados no ordenamento jurídico interno. Significam a positivação, pelo Estado, dos direitos humanos, que pode ocorrer de forma expressa ou implícita no Texto Constitucional, ou no chamado bloco de constitucionalidade.[81]

---

[77] BARROSO, Luís Roberto. *Curso de direito constitucional contemporâneo*: os preceitos fundamentais e a construção do novo modelo. 11. ed. São Paulo: SaraivaJur, 2023. p. 522.

[78] CANOTILHO , Antônio Augusto. *Tratado de Direito Internacional dos Direitos Humanos*: Volume 3. 2. ed. Porto Alegre: S. A. Fabris, 2003b. p. 248.

[79] CANÇADO TRINDADE, Antônio Augusto. *Tratado de Direito Internacional dos Direitos Humanos*: Volume 3. 2. ed. Porto Alegre: S. A. Fabris, 2003b. p. 250.

[80] PÉREZ LUÑO, A. E. *Los derechos fundamentales*. Madrid: Tecnos, 2004. p. 44.

[81] BARROSO, Luís Roberto. *Curso de direito constitucional contemporâneo*: os preceitos fundamentais e a construção do novo modelo. 11. ed. São Paulo: SaraivaJur, 2023. p. 523.

Pérez Luño faz a seguinte distinção:

> O termo *direitos humanos* aparece como um conceito de contornos mais amplos e imprecisos que a noção dos direitos fundamentais. Os direitos humanos podem ser compreendidos como um conjunto de faculdades e instituições que, em cada momento histórico, concretizam as exigências da dignidade, da liberdade e da igualdade humanas, as quais devem ser reconhecidas positivamente pelos ordenamentos jurídicos em nível nacional e internacional. Tanto que, com a noção de direitos fundamentais, tende-se a aludir àqueles direitos humanos garantidos pelo ordenamento jurídico positivo, na maior parte dos casos em sua normatividade constitucional, e gozam de uma tutela reforçada.
>
> [...]
>
> Os direitos fundamentais apresentam um sentido mais preciso e estrito, já que tão somente descrevem o conjunto de direitos e liberdades jurídica e institucionalmente reconhecidos e garantidos pelo direito positivo. Trata-se sempre, portanto, de direitos limitados espacial e temporalmente, cuja denominação responde a seu caráter básico ou fundamentador do sistema jurídico político do Estado de Direito.[82]

Os direitos humanos, a partir da segunda metade do século XX, passaram a ser considerados como direitos universais, indivisíveis e interdependentes.[83]

A partir do momento em que os direitos fundamentais são estudados e desenvolvidos na doutrina do direito privado, eles são chamados de direitos da personalidade.[84]

Sobre os direitos da personalidade, ensina Canotilho:

> Os direitos da personalidade abarcam certamente os direitos de estado (por ex. direitos da cidadania), os direitos sobre a própria pessoa (direito à vida, à integridade moral e física, direito à privacidade), os direitos distintivos da personalidade (direito à identidade pessoal, direito à informática) e muitos dos direitos de liberdade (liberdade de expressão).[85]

---

82 PÉREZ LUÑO, A. E. *Los derechos fundamentales*. Madrid: Tecnos, 2004. p. 46-47.

83 LIMA, Carolina Alves de Souza. A Relação Intrínseca entre Direitos Humanos, Dignidade e Cidadania no Mundo Contemporâneo. *APMP Revista*, v. 1, p. 82-89, 2011. p. 83.

84 FARIAS, Cristiano Chaves de; BRAGA NETTO, Felipe; ROSENVALD, Nelson. *Manual de direito civil*: volume único. 8. ed. Salvador: Juspodivm, 2023. p. 175.

85 CANOTILHO, José Joaquim Gomes. *Direito Constitucional e Teoria da Constituição*. 4. ed. Coimbra: Almedina, 2000. p. 390.

Feita essa distinção, é relevante lembrar que a Constituição de 1988 difere das demais constituições que a antecederam, tendo em vista que, passado o período de diversas restrições a direitos fundamentais, em decorrência do período de ditadura, o novo Texto Constitucional tinha por principal fundamento garantir aqueles direitos anteriormente reprimidos ou limitados.

> A Carta de 1988 institucionaliza a instauração de um regime político democrático no Brasil. Introduz também indiscutível avanço na consolidação legislativa das garantias e direitos fundamentais e na proteção de setores vulneráveis da sociedade brasileira. A partir dela, os direitos humanos ganham relevo extraordinário, situando-se a Carta de 1988 como o documento mais abrangente e pormenorizado sobre direitos humanos jamais adotado no Brasil.[86]

Conforme disposto no parágrafo 1º do art. 5º da Constituição Federal, as normas definidoras de direitos e garantias fundamentais têm aplicação imediata. Dizer que um direito é imediatamente aplicável é afirmar que tal preceito não reclama nada mais, ou seja, independe de qualquer ato legislativo ou administrativo que antecede a decisão na qual se consume sua efetividade.[87]

Ocorre que muitos direitos e garantias fundamentais previstos na Constituição, destituídos de mecanismos que fizessem impor o seu respeito, passariam a meras declarações políticas, de conteúdo e função mistificadores.[88]

Daí resultou a importância de elevar o direito ao acesso à justiça como um direito fundamental. Muito mais do que uma mera garantia de direitos, seria ele mesmo um direito autônomo, cuja denegação acarretaria a dos demais.[89]

> De fato, o direito ao acesso efetivo tem sido progressivamente reconhecido como sendo de importância capital entre os novos direitos

---

[86] PIOVESAN, Flávia. *Direitos Humanos e o Direito Constitucional Internacional.* 20. ed. São Paulo: SaraivaJur, 2022. p. 110.

[87] GRAU, Eros Roberto. *A ordem econômica na Constituição de 1988 (interpretação e crítica).* 19. ed. atual. São Paulo: Malheiros, 2018. p. 309.

[88] SOUSA SANTOS, Boaventura de. Introdução à Sociologia da Administração da Justiça. *Revista Crítica de Ciências Sociais,* [*s. l.*], n. 31, nov. 1986. p. 18.

[89] ROQUE, Nathaly Campitelli. O direito fundamental ao acesso à justiça: muito além da celeridade processual. *Revista Pensamento Jurídico,* São Paulo, v. 15, n. 1, p. 1-28, jan./abr. 2021. p. 3.

> individuais e sociais, uma vez que a titularidade de direitos é destituída de sentido, na ausência de mecanismos para sua efetiva reivindicação. O acesso à justiça pode, portanto, ser encarado como o requisito fundamental – o mais básico dos direitos fundamentais – de um sistema jurídico moderno e igualitário que pretenda garantir, e não apenas proclamar os direitos de todos.[90]

A efetivação do direito ao acesso à justiça seria então o meio para a eficácia material de outros direitos que não são efetivados espontaneamente.

> Assim, podemos concluir que o direito fundamental de acesso à justiça significa a popularização da Justiça não só na garantia de meios informais e baratos, mas também de assegurar que discussões complexas referentes aos direitos fundamentais sejam pauta do processo judicial estruturado, recebendo a mesma atenção das autoridades judiciais que temas já consolidados.[91]

Os direitos fundamentais podem ser classificados como: direitos individuais, políticos, sociais e difusos; o direito ao acesso à justiça estará implicitamente inserido entre os direitos individuais.

No art. 5º da Constituição de 1988, há um rol não exaustivo de direitos individuais, entre os quais destacamos: o direito de ir ao Judiciário, previsto no inciso XXXV, e o direito ao devido processo legal, do inciso LIV, que reforçam a tese do direito ao acesso à justiça como um direito fundamental.

2.2.4 Previsão do direito ao acesso à justiça no Direito Comparado

No Brasil, na Constituição de 1934, que vigorou por apenas três anos, havia no art. 113, inciso XXXII, a seguinte determinação: "32) A União e os Estados concederão aos necessitados assistência judiciária, criando, para esse efeito, órgãos especiais assegurando

---

[90] CAPPELLETTI, Mauro; GARTH, Bryant. *Acesso à justiça*. Tradução: Ellen Gracie Northfleet. Porto Alegre: S. A. Fabris, 1988. p. 11-12.

[91] ROQUE, Nathaly Campitelli. O direito fundamental ao acesso à justiça: muito além da celeridade processual. *Revista Pensamento Jurídico*, São Paulo, v. 15, n. 1, p. 1-28, jan./abr. 2021. p. 6.

a isenção de emolumentos, custas, taxas e selos".[92] Esse mandado constitucional deu ensejo à Lei nº 1.060/50,[93] que trata da assistência jurídica aos necessitados.

O acesso à justiça surgiu como direito fundamental pela primeira vez no direito constitucional brasileiro na Constituição de 1946, em seus arts. 141, parágrafos 4°, 25 e 35, permitindo ao indivíduo levar eventual pretensão ao Poder Judiciário, apreciada por um órgão imparcial, com a possibilidade de ampla defesa e assistência jurídica.[94]

Em que pese a Constituição de 1967 prever a existência de tribunais, o Poder Executivo ditatorial engessava os outros dois poderes.[95]

Nos anos seguintes, houve um período de regime militar com restrição a diversos direitos fundamentais, como os direitos à ampla defesa e ao contraditório, o que só deixou de existir com a Constituição de 1988.

O atual Texto Constitucional se preocupou em garantir direitos e criar mecanismos para a sua efetivação com a atuação do Ministério Público, Defensoria e outros entes, bem como em relação ao acesso à justiça através do Poder Judiciário, tal como está previsto no art. 5°, inciso XXXV, que dispõe que: "XXXV – a lei não excluirá da apreciação do Poder Judiciário lesão ou ameaça a direito".[96]

Em relação às Constituições em vigor em outros países, fizemos uma pesquisa para identificar a existência de previsão expressa ou não sobre o direito ao acesso à justiça e colher exemplos de disposição constitucional, claros e abrangentes, de acesso à justiça.

No preâmbulo da Constituição Argentina, de 1853, há a disposição acerca da justiça, mas inexiste referência expressa ao acesso àquela:

> Nós, os representantes do povo da Nação Argentina, reunidos em Congresso Geral Constituinte por vontade e eleição das províncias que a compõem, em cumprimento dos pactos preexistentes, com o objeto de constituir a união nacional, assegurar a *justiça*, preservar a paz interna,

---

92 BRASIL. [Constituição (1934)]. *Constituição da República dos Estados Unidos do Brasil de 1934*. Brasília, DF: Presidência da República, [2023a].

93 BRASIL. *Lei n. 1.060, de 5 de fevereiro de 1950*. Estabelece normas para a concessão de assistência judiciária aos necessitados. Brasília, DF: Presidência da República, 1950.

94 SOUZA, Roberta Kelly Silva. O direito ao acesso à justiça no Brasil: um estudo acerca de sua evolução nas constituições brasileiras. *Interfaces Científicas*, Aracaju, v. 9, n. 2, p. 319-332, 2023. p. 327.

95 BRASIL. [Constituição (1967)]. *Constituição da República Federativa do Brasil de 1967*. Brasília, DF: Presidência da República, [2023b].

96 BRASIL. [Constituição (1988)]. *Constituição da República Federativa do Brasil de 1988*. Brasília, DF: Presidência da República, [2023].

> prover a defesa comum, promover o bem-estar geral e garantir as bênçãos da liberdade para nós mesmos, para nossa posteridade e para todos os homens do mundo que desejem habitar o solo argentino: invocando a proteção de Deus, fonte de toda a razão e *justiça*, ordenam, decretam e estabelecem esta Constituição para a Nação Argentina (grifo nosso).[97]

A Constituição dos Estados Unidos, conhecida por ser sucinta, menciona apenas uma vez a justiça em seu texto, em seu preâmbulo:

> Nós, o Povo dos Estados Unidos da América, com o objetivo de formar uma União mais perfeita, estabelecer a *Justiça*, assegurar a tranquilidade interna, garantir a defesa comum, promover o bem-estar geral e assegurar as bênçãos da liberdade para nós próprios e para a nossa posteridade, ordenamos e estabelecemos a presente Constituição para os Estados Unidos da América.[98]

As primeiras constituições estaduais dos Estados Unidos normalmente incluíram a garantia de igualdade e o acesso à justiça, mas nenhuma dessas garantias se refere ao acesso à justiça gratuita àqueles que não poderiam pagar pela assistência jurídica.[99]

Em outro país da América do Norte, o Canadá, a Constituição de 1867 trata da justiça quando se refere aos direitos legais, ao estabelecer que:

> E. Direitos Legais
>
> 7. Vida, liberdade e segurança da pessoa
>
> Todas as pessoas têm direito à vida, à liberdade e à segurança da pessoa, e o direito de não serem privadas delas, *exceto em conformidade com os princípios da justiça fundamental*.[100]

No Texto Constitucional japonês, de 1946, não se prescreve expressamente o direito ao acesso à justiça, mas de forma implícita se trata do tema, quando assim menciona:

---

97 ARGENTINA. [Constituição (1853)]. Constituição da Argentina de 1853 (reinstaurada em 1983, revisada em 1994). *Jus*, [*s. l.*], 19 maio 2022.

98 ESTADOS UNIDOS DA AMÉRICA. [Constituição (1789)]. Constituição dos Estados Unidos da América de 1789 (Revisada em 1992). *Jusbrasil*, [*s. l.*], [2022].

99 RHODE, Deborah L. *Access to justice*. New York: Oxford University Press, 2004. p. 47.

100 CANADÁ. [Constituição (1867)]. Constituição do Canadá de 1867 (revisada em 2011). *Jus*, [*s. l.*], 19 maio 2022.

> Artigo 16. Todas as pessoas deverão ter o direito de petição pacífica para a reparação de danos, petição de remoção de servidores públicos, a promulgação e revogação de emendas de leis, ordenanças ou regulamentações e para outros assuntos; nenhuma pessoa deverá ser discriminada por dar apoio a qualquer petição.
>
> Artigo 17. Todas as pessoas poderão pedir reparação de acordo com a lei do Estado ou entidade pública, em caso de ter sofrido dano por ato ilegal de qualquer servidor público.[101]

Na Constituição do México, de 1917, há a seguinte determinação em seu art. 17, em que o acesso à justiça se encontra subentendido:

> Todas as pessoas têm o direito de beneficiar da justiça perante os tribunais, nos termos e condições previstos na lei. Os tribunais devem proferir as suas decisões de forma rápida, completa e imparcial. Os serviços do tribunal são gratuitos, sendo proibidas as taxas de justiça.[102]

Nenhuma dessas Constituições mencionadas trata explicitamente do acesso à justiça.

Já a Constituição da Costa do Marfim, de 2016, expressamente preceitua, em seu artigo 6º, que: "Artigo 6 – É protegido e garantido o direito de todos a um acesso livre e igual à justiça".[103]

A Constituição do Butão, de 2008, traz que:

> Artigo 21. O judiciário
>
> O poder judicial deve salvaguardar, defender e administrar a justiça de forma justa e independente, sem receios, favores ou atrasos indevidos, em conformidade com o Estado de Direito, *a fim de inspirar confiança e reforçar o acesso à justiça.*[104]

O texto da Constituição de Cabo Verde, de 1980, refere-se à igualdade do acesso à justiça:

---

101 JAPÃO. [Constituição (1946)]. *A Constituição do Japão*. Brasília, DF: Embaixada do Japão no Brasil, [2023].

102 MÉXICO. [Constituição (1917)]. Constituição do México de 1917 (revisada em 2015). *Jus*, [*s. l.*], 21 maio 2022.

103 COSTA DO MARFIM. [Constituição (2016)]. Constituição da Costa do Marfim (Côte d'Ivoire) de 2016. *Jus*, [*s. l.*], 19 maio 2022.

104 BUTÃO. [Constituição (2008)]. Constituição do Butão de 2008. *Jus*, [*s. l.*], 18 maio 2022.

> Artigo 20. Acesso aos tribunais
>
> É garantido a todas as pessoas, *independentemente da sua condição económica, o acesso à justiça* e, num prazo razoável, a proteção efetiva dos seus direitos e interesses legítimos em tribunal (grifo nosso).[105]

O art. 254, da Constituição da Colômbia, de 1991, que foi revisada em 2015, declaradamente diz que:

> Artigo 254
>
> O governo e a administração do Poder Judicial são da responsabilidade do Conselho do Governo Judicial e da Administração do Poder Judicial. Estes órgãos exercem as funções que lhes são atribuídas por lei com o objetivo de promover o *acesso à justiça*, a eficiência do Poder Judicial, a proteção judicial efetiva e a independência judicial (grifo nosso).[106]

Outro país da América Latina, o Equador, na atual Constituição, de 2008, possui duas previsões sobre o acesso à justiça, uma delas é muito semelhante à Defensoria Pública brasileira:

> Capítulo 8. Direitos de proteção
>
> Artigo 75.
>
> *Todas as pessoas têm direito ao livre acesso à justiça* e à proteção efetiva, imparcial e expedita dos seus direitos e interesses, sem prejuízo dos princípios da execução imediata e rápida, não podendo, em caso algum, deixar de ser devidamente defendidas. O incumprimento das decisões judiciais é punível por lei.
>
> [...]
>
> Artigo 191.
>
> A Procuradoria para a Defesa do Povo é um órgão autônomo do Poder Judicial, destinado a garantir *o acesso pleno e igualitário à justiça por parte das pessoas que, pela sua situação de indefesa ou pela sua condição económica, social ou cultural, não possam contratar serviços de defesa jurídica para a proteção dos seus direitos* (grifo nosso).[107]

---

[105] CABO VERDE. [Constituição (1980)]. Constituição da República de Cabo Verde. *Centro de I&D sobre Direito e Sociedade*, [*s. l.*], [2024].

[106] COLÔMBIA. [Constituição (1991)]. Constituição da Colômbia de 1991 (revisada em 2015). *Jus*, [*s. l.*], 19 maio 2024.

[107] EQUADOR. [Constituição (2008)]. Constituición del Ecuador. *Supremo Tribunal Federal*, Brasília, DF, [2023].

Na Constituição da Etiópia, de 1994, o direito ao acesso à justiça está definido como:

> Artigo 37. Direito de acesso à justiça
> Todas as pessoas têm o direito de apresentar uma questão suscetível de recurso e de obter uma decisão ou sentença de um tribunal ou de qualquer outro órgão competente com poder judicial.[108]

No texto da Constituição de Fiji, de 2013, há a ordenação de que: "15. [...] 11. Se for exigida qualquer taxa para ascender a um tribunal, esta deve ser razoável e não deve impedir o acesso à justiça".[109]

No país africano do Quênia, na Constituição de 2010, no art. 48, o acesso à justiça se encontra presente da seguinte forma: "48. Acesso à justiça. O Estado deve garantir o acesso à justiça a todas as pessoas e, se for exigida qualquer taxa, esta deve ser razoável e não deve impedir o acesso à justiça".[110]

A Constituição do Kosovo, de 2008, prevê que:

> Artigo 110. Conselho do Ministério Público do Kosovo
> O Conselho do Ministério Público do Kosovo é uma instituição totalmente independente no exercício das suas funções, em conformidade com a lei. *O Conselho do Ministério Público do Kosovo assegura a igualdade de acesso de todas as pessoas à justiça.* O Conselho do Ministério Público do Kosovo assegura que o Procurador do Estado seja independente, profissional e imparcial e reflita a natureza multiétnica do Kosovo e os princípios da igualdade entre homens e mulheres.
>
> [...]
>
> Artigo 31. Direito a um julgamento justo e imparcial
>
> [...]
>
> 6. É concedida assistência jurídica gratuita às pessoas sem recursos financeiros suficientes, se essa assistência for necessária *para garantir um acesso efetivo à justiça.*[111]

No Malawi, segundo a Constituição de 1994:

---

108 ETIÓPIA. [Constituição (1994)]. Constituição da Etiópia de 1994. *Jus*, [*s. l.*], 19 maio 2022.

109 FIJI. [Constituição (2013)]. Constituição de Fiji de 2013. *Jus*, [*s. l.*], 19 maio 2022.

110 QUÊNIA. [Constituição (2010)]. *Jus*, [*s. l.*], 19 maio 2022.

111 KOSOVO. [Constituição (2008)]. Constituição do Kosovo de 2008 (revisada em 2016). *Jus*, [*s. l.*], 21 maio 2022.

> Acesso à justiça e às vias de recurso
>
> 1.Todas as pessoas têm o direito de ser reconhecidas como pessoas perante a lei.
>
> 2. Qualquer pessoa tem o direito de recorrer a qualquer tribunal ou órgão jurisdicional competente para a resolução definitiva de questões jurídicas.
>
> 3. Todas as pessoas têm direito à reparação efetiva, por via judicial, dos atos que violem os direitos e liberdades que lhes são reconhecidos pela presente Constituição ou por qualquer outra lei.[112]

Na República da Moldávia, o Texto Constitucional de 1994 diz que:

> Artigo 20. Livre acesso à justiça
>
> Qualquer pessoa tem o direito de obter dos tribunais competentes uma reparação efetiva dos atos lesivos dos seus direitos, liberdades e interesses legítimos.
>
> Nenhuma lei pode restringir o acesso à justiça.[113]

No mesmo sentido, a Constituição do Marrocos, de 2011, claramente dispõe que: "Artigo 118 – É garantido a qualquer pessoa o acesso à justiça para a defesa dos seus direitos e interesses protegidos por lei".[114]

Na Nova Zelândia, a Constituição, de 1852, estabelece como um dos seus propósitos melhorar o acesso à justiça.[115]

Já na Nicarágua, o art. 160 da Constituição, de 1987, prevê que:

> Artigo 160
>
> A administração da justiça garante o princípio da legalidade, protege e salvaguarda os direitos humanos e *garante o acesso à justiça* através da aplicação da lei nos casos e processos da sua competência.
>
> A administração da justiça reconhece a participação dos cidadãos através dos líderes tradicionais das tribos originais da Costa das Caraíbas e dos Facilitadores Judiciais em todo o país *como meios alternativos de acesso à justiça e de resolução de litígios em conformidade com a lei* (grifo nosso).[116]

---

112 MALAWI. [Constituição (1994)]. Constituição do Malawi 1994 (revisada em 2017). *Jus*, [*s. l.*], 19 maio 2022.

113 MOLDÁVIA. [Constituição (1994)]. Constituição da República da Moldávia de 1994 (revisada em 2016). *Jus*, [*s. l.*], 21 maio 2022.

114 MARROCOS. [Constituição (2011)]. Constituição do Marrocos de 2011. *Jus*, [*s. l.*], 21 maio 2022.

115 NOVA ZELÂNDIA. [Constituição (1852)]. Constituição da Nova Zelândia de 1852 (rev. 2014). *Jus*, [*s. l.*], 22 maio 2022.

116 NICARÁGUA. [Constituição (1987)]. Constituição da Nicarágua de 1987 (revisada em 2014). *Jus*, [*s. l.*], 22 maio 2022.

No Paraguai, na Constituição, de 1992, a igualdade no acesso à justiça encontra resguardo no art. 47, quando este afirma que: "Artigo 47. Das garantias de igualdade. 1. O Estado garantirá a todos os habitantes da República: Igualdade no acesso à justiça, para o que nivelará [allanará] os obstáculos que o impeçam [...]".[117]

Já na Constituição da Romênia, de 1991, garante o acesso à justiça em seu texto, da seguinte forma:

> Artigo 21. Livre acesso à justiça
> 1. Qualquer pessoa pode recorrer aos órgãos de justiça para a proteção dos seus direitos, liberdades e interesses legítimos.
> 2. Nenhuma lei pode impedir o exercício deste direito.
> 3. Todas as partes têm direito a um processo equitativo e à resolução dos seus casos num prazo razoável.
> 4. As jurisdições administrativas especiais são eletivas e gratuitas.[118]

Na Rússia, há a previsão, no Texto Constitucional de 1993, de que:

> Artigo 52
> Os direitos das vítimas de crimes e de abuso de poder são protegidos por lei. O Estado assegura às vítimas o acesso à justiça e a indemnização dos danos sofridos.[119]

A Constituição Tailandesa, de 2017, estatui que:

> Secção 68
> O Estado deve organizar um sistema de gestão do processo judicial em todos os seus aspectos, de modo a garantir a eficiência, a equidade e a não discriminação, e deve assegurar que as pessoas tenham *acesso ao processo judicial* de forma conveniente e rápida, sem atrasos, e que não tenham de suportar despesas excessivas.
> Secção 258
> A reforma nacional em vários domínios deve ser levada a cabo para alcançar, pelo menos, os seguintes resultados

117 PARAGUAI. [Constituição (1992)]. Constituição do Paraguai de 1992 (revisada em 2011). *Jus*, [*s. l.*], 22 maio 2022.

118 ROMÊNIA. [Constituição (1991)]. Constituição da Romênia de 1991 (revisada em 2003). *Jus*, [*s. l.*], 22 maio 2022.

119 RÚSSIA. [Constituição (1993)]. Constituição da Federação Russa de 1993 (revisada em 2014). *Jus*, [*s. l.*], 15 maio 2022.

> d. Processo judicial:
>
> Assegurar que os prazos para o processo judicial em todas as fases sejam claramente especificados, de modo a que a *justiça* seja entregue ao povo sem demora, e que exista um mecanismo para ajudar as pessoas com meios insuficientes a terem *acesso ao processo judicial*, bem como o estabelecimento de um mecanismo de aplicação rigorosa da lei com vista a reduzir a disparidade e a injustiça na sociedade (grifo nosso).[120]

Na Tunísia, o Texto Constitucional de 2014, estabelece que:

> Artigo 108
>
> Todas as pessoas têm direito a um processo equitativo num prazo razoável. Os litigantes são iguais perante a lei.
>
> São garantidos o direito de litígio e o direito de defesa. A lei facilita o acesso à justiça e presta assistência jurídica às pessoas sem recursos econômicos. A lei garante o direito a uma segunda audiência.[121]

A Magna Carta do Reino Unido, muitas vezes referenciada como o sinônimo de Constituição, prometeu que "A ninguém venderemos, a ninguém recusaremos ou atrasaremos o direito ou a justiça".[122] Essas cláusulas vigoram até hoje e lastrearam importantes princípios do direito inglês desenvolvidos entre os séculos XIV e XVII, que foram exportados para a América e outros países de língua inglesa.

> Redigida em latim, em 1215 – o que explicita o seu caráter elitista –, a *Magna Charta Libertatum* consistia em disposições de proteção ao Baronato inglês, contra os abusos do monarca João Sem Terra (João da Inglaterra). Depois do reinado de João Sem Terra, a Carta Magna foi confirmada várias vezes pelos monarcas posteriores. Apesar de seu foco nos direitos da elite fundiária da Inglaterra, a Magna Carta traz em seu bojo a ideia de governo representativo e ainda direitos que, séculos depois, seriam universalizados, atingindo todos os indivíduos, entre eles o direito de ir e vir em situação de paz, direito de ser julgado pelos seus pares (*vide* Parte IV, item 23.4 sobre o Tribunal do Júri), *acesso à justiça* e proporcionalidade entre o crime e a pena (grifo nosso).[123]

---

120 TAILÂNDIA. [Constituição (2017)]. Constituição da Tailândia de 2017. *Jus*, [*s. l.*], 15 maio 2022.

121 TUNÍSIA. [Constituição (2014)]. Constituição da Tunísia de 2014. *Jus*, [*s. l.*], 22 maio 2022.

122 REINO UNIDO. Magna Carta de 1215. *The National Archives*, [*s. l.*], [2024].

123 RAMOS, André de Carvalho. *Curso de direitos humanos*. 4. ed. São Paulo: Saraiva, 2017. p. 32.

O Direito anglo-saxônico é composto de vários dispositivos legais, e não há uma Constituição formalmente escrita. Em relação ao tema de acesso à justiça, há o Ato sobre o Acesso à Justiça, de 1999.[124]

A Constituição do Chile em vigor, de 1981, seria substituída por um texto de novembro de 2023, que expressamente dispunha que sobre o direito ao acesso à justiça:

> Capítulo I – Fundamentos da Ordem Constitucional
> Artigo 1
>
> 1. A dignidade humana é inviolável e é a base da lei e da justiça. As pessoas nascem livres e iguais em dignidade e direitos. O seu respeito e garantia é o primeiro dever da comunidade política e da sua forma jurídica de organização.
>
> [...]
>
> 6. O Estado promoverá condições de justiça e solidariedade para alcançar a liberdade, os direitos e a igualdade das pessoas, eliminando os obstáculos que impeçam ou dificultem esse objetivo, com pleno respeito pelos direitos e garantias que esta Constituição reconhece.
>
> [...]
>
> Artigo 16. A Constituição garante a todas as pessoas:
>
> [...]
>
> 6. O acesso à justiça, para efetiva defesa dos seus direitos. Tal compreende a informação e os meios necessários ao seu exercício, a existência de serviços jurídicos e judiciários, de mecanismos alternativos de resolução de litígios e a adoção das medidas necessárias à sua efetivação.
>
> [...]
>
> Art. 165
>
> 1. A lei institucional estabelecerá o procedimento a seguir pelos magistrados do Ministério Público, bem como a forma como será constituído o Tribunal de Conduta para a resolução das suas acusações, assegurando que a atuação dos juízes e magistrados do Ministério Público garanta o acesso à justiça e o devido processo legal. Em todo o caso, não podem ser instaurados processos disciplinares relativamente a decisões contidas em decisões judiciais proferidas em matéria jurisdicional.
>
> [...]
>
> Capítulo XI. Serviço nacional de acesso à justiça e provedoria da vítima
>
> Artigo 174.

[124] REINO UNIDO. Access to Justice Act 1999. *Legislation*, [*s. l.*], [2024].

> 1. O Serviço Nacional de Acesso à Justiça e Provedoria da Vítima é um órgão dotado de personalidade jurídica, funcionalmente descentralizado e territorialmente desconcentrado, que se articula com o Presidente da República através do ministério responsável pelas relações com a justiça.
>
> 2. O seu objetivo é garantir o direito de acesso à justiça. No seu funcionamento, procura dar a conhecer os seus direitos, bem como os meios para os exercer.
>
> [...]
>
> Artigo 175.
>
> [...]
>
> 1.Existe um Conselho Superior que assegura o bom funcionamento do serviço e aconselha o Diretor Nacional nos assuntos da sua competência. A lei determina a sua composição, forma de designação, organização, funcionamento e competências. Este Conselho propõe ao Presidente da República um Plano Nacional de Acesso à Justiça.
>
> [...]
>
> Artigo 208.
>
> A Constituição garante o direito de acesso à justiça, à informação e à participação dos cidadãos em matéria de ambiente, nos termos da lei.
>
> [...]
>
> Disposições transitórias
>
> [...]
>
> Quinquagésimo segundo
>
> No prazo de um ano, a partir da entrada em vigor desta Constituição, o Presidente da República encaminhará ao Congresso Nacional projeto de lei que crie o Serviço Nacional de Acesso à Justiça e a Ouvidoria da Vítima, reunindo nesse único serviço todos os programas estatais que incorporem a assessoria jurídica e a defesa da vítima, bem como o apoio psicológico e social.[125]

De todas as constituições analisadas, o texto chileno era o que melhor garantia o acesso à justiça, mencionando, inclusive, um plano nacional de acesso à justiça. Contudo, o projeto de novo texto constitucional foi rejeitado em plebiscito realizado em dezembro de 2023, razão pela qual remanesce o texto anterior, da época da ditadura chilena, que nada diz expressamente sobre o direito de acesso à justiça.

---

[125] COMPARATIVE CONSTITUTIONS PROJECT. *Constitute Project*, [s. l.], [2024].

As outras constituições pesquisadas, de todos os outros países, como a Constituição da Bélgica,[126] de 1831, não mencionam expressamente o acesso à justiça.

2.3 A intersecção do acesso à justiça com a dignidade da pessoa humana

2.3.1 O surgimento do conceito de dignidade

Na Grécia antiga, as leis gregas autorizavam ao pai o direito de reconhecer uma criança ao nascimento ou de rejeitá-la. A filiação, mesmo que não fosse contestável, não garantia o direito ao círculo familiar. Vê-se no direito romano e na lei de Atenas que o pai poderia, inclusive, vender o próprio filho, já que este era considerado uma propriedade.[127]

A dignidade humana hoje é um princípio jurídico e que se aplica a todos: homens, mulheres, crianças etc. Porém, um ponto digno de atenção é que apenas recentemente crianças e adolescentes foram considerados detentores de dignidade.

O estudo sobre o que é a dignidade da pessoa humana não é recente e passou por diversas interpretações. O conceito de dignidade hoje existente é distinto da noção inicial registrada na história, e durante muitos séculos vários filósofos e juristas estiveram em busca do seu significado e da sua abrangência.

Dignidade não tem fórmula, por isso não há distinção humanamente possível entre as pessoas.[128]

Apesar de os gregos não discorrerem expressamente sobre a noção de dignidade, havia a preocupação com diversos aspectos do ser humano, seu comportamento e seus valores, que permearam essa noção.[129]

Na Grécia antiga, Sócrates entendia que o homem era um ser diferenciado porque era o único que possuía *psyché,* uma alma que o tornava capaz de pensar e de querer.[130]

---

126 COMPARATIVE CONSTITUTIONS PROJECT. *Constitute Project*, [s. l.], [2024].

127 COULANGES, Fustel de. *A cidade antiga*. Tradução: Roberto Leal Ferreira. São Paulo: Martin Claret, 2021. p. 113-114.

128 ROCHA, Cármen Lúcia Antunes. *Direitos de/para todos*. Rio de Janeiro: Bazar do tempo, 2024. p. 23.

129 SILVA JUNIOR, Walter; HOSSNE, William Saad; SILVA, Franklin Leopoldo e. Dignidade humana e bioética: uma abordagem filosófica. *Bioethikos,* [s. l.], v. 2, n. 1, p. 50-64, 2008. p. 53.

130 LACERDA, Bruno Amaro. A dignidade humana em Giovanni Pico Della Mirandola. *Legis Augustus,* Rio de Janeiro, v. 1, n. 1, p. 13-20, ago. 2010. p. 15.

Para os estoicos, algumas coisas "eram dignas de ser escolhidas porque possuíam importância digna de consideração [...]".[131]

Sêneca escreveu a respeito da concepção do homem e relacionou a consciência à dignidade quando dizia que nada faria em virtude da opinião dos outros, e sim devido à própria consciência. Assim, se uma pessoa fere a dignidade do outro, será julgada por sua consciência, mesmo que se esquive do julgamento das leis.[132]

Já para os romanos, a dignidade era um conceito mais social que religioso, pois era atribuído às pessoas em razão dos seus méritos e de sua personalidade jurídica, motivo pelo qual estrangeiros e escravizados não tinham dignidade e estes últimos eram considerados como coisas.[133]

Na Idade Média, com o crescimento da religião cristã, esta trouxe uma enorme contribuição para o início do reconhecimento de direitos para crianças e adolescentes, já que houve a defesa da dignidade para todos, inclusive para pessoas com menos de 18 anos.[134]

São Tomás de Aquino foi o primeiro a expressamente utilizar, do ponto de vista filosófico, o termo "dignidade humana", em uma síntese do pensamento aristotélico com a filosofia cristã, já que, para ele, a nobreza de qualquer coisa pertence em razão do seu ser, sendo medida pelo grau de perfeição espiritual de um ser pessoal; mas, simultaneamente, ele aponta a dificuldade de se apontar um conceito de dignidade.[135]

Segundo Pico della Mirandola, o homem foi colocado no centro do mundo e cabia ao seu livre arbítrio decidir se estaria próximo dos seres celestes ou dos seres inferiores, porque, ao contrário dos outros seres vivos, o homem não nasceu predestinado a uma ação determinada.[136]

A ideia de dignidade não surgiu por uma criação em determinado período histórico, passando repetidamente a ser o ponto cérnico de uma sociedade. Ela decorre de um processo evolutivo, pelo qual

---

131 REALE, Giovanni. *História da filosofia antiga*. São Paulo: Loyola, 1994. p. 64.

132 SILVA JUNIOR, Walter; HOSSNE, William Saad; SILVA, Franklin Leopoldo e. Dignidade humana e bioética: uma abordagem filosófica. *Bioethikos*, [s. l.], v. 2, n. 1, p. 50-64, 2008. p. 52.

133 LEPARGNEUR, Hubert. A dignidade da pessoa no desenrolar cultural. *Revista Bioética*, [s. l.], v. 12, n. 1, p. 33-38, 2004. p. 34.

134 AMIN, Andréa Rodrigues. Evolução histórica do direito da criança e do adolescente. *In:* MACIEL, Kátia Regina Ferreira Lobo Andrade (coord.). *Curso da criança e do adolescente*: aspectos teóricos e práticos. 14. ed. atual. São Paulo: Saraiva, 2022. p. 51-61. p. 53.

135 SILVA JUNIOR, Walter; HOSSNE, William Saad; SILVA, Franklin Leopoldo e. Dignidade humana e bioética: uma abordagem filosófica. *Bioethikos*, [s. l.], v. 2, n. 1, p. 50-64, 2008. p. 54.

136 PICO DELLA MIRANDOLA, Giovanni. *Discurso sobre a dignidade do homem*. Tradução: Maria de Lurdes Sirgado Ganho. Lisboa: Edições 70, 1998. p. 53.

passaram os seres humanos, distinguindo-os dos objetos imateriais e animais e detendo uma importância que lhe é própria.

Nesse sentido:

> No pensamento filosófico e político da antiguidade clássica, verifica-se que a dignidade (dignitas) da pessoa humana dizia, em regra, com a posição social ocupada pelo indivíduo e o seu grau de reconhecimento pelos demais membros da comunidade, daí poder falar-se em uma quantificação e modulação da dignidade, no sentido de se admitir pessoas mais dignas ou menos dignas.[137]

Para que o ser humano tenha uma vida digna, devem coexistir diversos direitos humanos.[138]

Logo após a Segunda Guerra, o conceito de dignidade foi inserido em diversos documentos internacionais, como a Carta das Nações Unidas, a Declaração Universal dos Direitos dos Homens, bem como em tratados e pactos.[139]

É indiscutível que a dignidade é mais que um princípio constitucional portador dos valores sociais e dos direitos de defesa da humanidade, que proíbe, por conseguinte, a pessoa ser tratada como mero objeto do poder do Estado.

> La dignidad no sólo es un valor y principio constitucional; como derecho objetivo también es un dínamo de los derechos fundamentales; por ello, sirve de parámetro fundamental de la actividad del Estado y de la sociedad y también de fuente de los derechos fundamentales de los ciudadanos. De esta forma, la dignidad de la persona humana se proyecta no sólo defensiva o negativamente ante las autoridades y los particulares, sino también como un principio de actuaciones positivas para el libre desarrollo del hombre, razón por la que sólo puede ser entendida a cabalidad en el marco de la teoría institucional.[140]

---

137 SARLET, Ingo. *Dignidade da pessoa humana e Direitos Fundamentais na Constituição Federal de 1988*. 9. ed. Porto Alegre: Livraria do Advogado, 2012. p. 34.

138 LIMA, Carolina Alves de Souza. A Relação Intrínseca entre Direitos Humanos, Dignidade e Cidadania no Mundo Contemporâneo. *APMP Revista*, v. 1, p. 82-89, 2011. p. 83.

139 BARROSO, Luís Roberto. *Curso de direito constitucional contemporâneo*: os preceitos fundamentais e a construção do novo modelo. 11. ed. São Paulo: SaraivaJur, 2023. p. 521.

140 LANDA, César. Dignidad de la persona humana. *In*: CANÇADO TRINDADE, Antônio Augusto; LEAL, César Barros (coord.). *El respeto a la dignidad de la persona humana*. Fortaleza: 2015. p. 109: "A dignidade não é apenas um valor e um princípio constitucional; como direito objetivo, é também um dínamo dos direitos fundamentais. Constitui, portanto, um parâmetro fundamental para a atividade do Estado e da sociedade e também a fonte dos direitos fundamentais dos cidadãos. Desta forma, a dignidade da pessoa humana projeta-se,

No entanto, não basta deter o direito a uma vida digna. É necessário que seja garantido um mínimo para a existência e ter preservadas sua identidade e integridade, física e espiritual, para se caracterizar a efetividade dessa vida como digna e, consequentemente, feliz.[141] Daí a importância da interconexão entre os direitos humanos e a dignidade da pessoa humana.

> Ora, a dignidade da pessoa não consiste apenas no fato de ser ela, diferentemente das coisas, um ser considerado e tratado, em si mesmo, como um fim em si e nunca como um meio para a consecução de determinado resultado. Ela resulta também do fato de que, pela sua vontade racional, só a pessoa vive em condições de autonomia, isto é, como ser capaz de guiar-se pelas leis que ele próprio edita.[142]

Somente esse vínculo interno entre a dignidade humana e os direitos humanos produz aquela fusão explosiva da moral no *medium* do direito, no interior do qual deve ser efetuada a construção das ordens políticas justas.[143]

2.3.2 O reconhecimento de crianças e adolescentes como sujeitos de direito dignos e a Convenção Internacional sobre os direitos da criança

Durante a Idade Média, as crianças eram tratadas como adultos assim que fossem capazes de sobreviver sem o auxílio materno ou das amas, o que geralmente ocorria a partir dos 7 anos.[144] Assim, não frequentavam a escola, vestiam-se e trabalhavam como se já fossem adultos.

Nos primórdios da Era Moderna, não havia qualquer reconhecimento do que seria infância, predominando-se a indiferença do que

---

assim, não só de forma defensiva ou negativa em relação às autoridades e aos particulares, mas também como princípio de ação positiva para o livre desenvolvimento da pessoa humana. Por isso, só pode ser plenamente compreendido no quadro da teoria institucional".

141 ÁVILA, Humberto. *Constituição, liberdade e interpretação*. 3. ed. São Paulo: Malheiros, 2022. p. 13.

142 COMPARATO, Fábio Konder. *A afirmação histórica dos direitos humanos*. São Paulo: Saraiva, 2017. p. 34.

143 HABERMAS, Jürgen. *Sobre a Constituição da Europa*: um ensaio. Tradução: Denilson Luis Werle, Luiz Repa e Rúrion Melo. São Paulo: Editora Unesp, 2012. p. 37.

144 LIMA, Carolina Alves de Souza; SANTARÉM, Vivian Netto Machado. A proteção integral à criança no Sistema Internacional de Direitos Humanos e seu Impacto no Direito brasileiro. *Revista Brasileira de Direitos Humanos*, [*s. l.*], n. 33, p. 32-56, 2020. p. 34.

era uma criança,[145] normalizando-se a utilização de crianças para trabalhos, exploração sexual ou casamentos infantis. Crianças foram escravizadas, tais como os adultos, durante o período da colonização de outros continentes.

Obviamente que os interesses das crianças e dos adolescentes sempre existiram e, também por imperativo humanístico, muitos deles essencialmente deveriam subordinar aos interesses do mundo adulto.[146]

Bobbio bem explica que os direitos nascem quando devem ou quando podem nascer.[147] Foi apenas com o fim do Absolutismo e o advento do Iluminismo que surgiu, mesmo que de forma incipiente, a ideia de direitos individuais do homem em relação ao Estado, incluindo, também, as crianças e os adolescentes, mas de forma embrionária.[148]

A Declaração dos Direitos do Homem, no fim do século XVIII, foi um marco decisivo na história. Significava que doravante o homem, e não o comando de Deus nem os costumes da história, seria a fonte da Lei.[149]

Afirma-se então que os direitos do homem eram inalienáveis, irredutíveis e indedutíveis de outros direitos ou leis, em que o próprio homem seria a sua origem e seu objetivo último. Entretanto, nesse período ainda perduraram discriminações e as crianças nem sequer foram cogitadas como possíveis titulares de direitos.

Todavia, a mudança da perspectiva clássica liberal dos direitos fundamentais, com os ideais defendidos pela Revolução Francesa – liberdade, igualdade e fraternidade –, influenciou o prenúncio da mudança de entendimento sobre a posição da criança na sociedade.[150]

---

145 LIMA, Carolina Alves de Souza; SANTARÉM, Vivian Netto Machado. A proteção integral à criança no Sistema Internacional de Direitos Humanos e seu Impacto no Direito brasileiro. *Revista Brasileira de Direitos Humanos*, [*s. l.*], n. 33, p. 32-56, 2020. p. 35.

146 PAULA, Paulo Afonso Garrido de. *Direito da criança e do adolescente e tutela jurisdicional diferenciada*. São Paulo: Editora Revista dos Tribunais, 2002. p. 11.

147 BOBBIO, Norberto. *A era dos Direitos*. Tradução: Carlos Nelson Coutinho. Rio de Janeiro: Grupo Editora Nacional, 2022. p. 6.

148 FERREIRA, Eduardo Dias de Souza; HIROMOTO, Carolina Magnani. Convenções de Direitos Humanos sobre direitos das crianças. *In*: BALERA, Wagner; LIMA, Carolina de Souza (org.). *Enciclopédia Jurídica da PUC/SP* – Tomo XI DE DIREITOS Humanos. 1. ed. São Paulo: PUC-SP, v. 12, 2022. p. 1-19.

149 ARENDT, Hannah. *Origens do totalitarismo*. Tradução: Roberto Raposo. São Paulo: Companhia das Letras, 2012. p. 252.

150 LIMA, Carolina Alves de Souza; SANTARÉM, Vivian Netto Machado. A proteção integral à criança no Sistema Internacional de Direitos Humanos e seu Impacto no Direito brasileiro. *Revista Brasileira de Direitos Humanos*, [*s. l.*], n. 33, p. 32-56, 2020. p. 39.

Rousseau, com a obra *Emílio, ou da Educação*, exerceu enorme influência para uma nova concepção de infância, categorizando a criança como um ser ainda em formação, distinto do adulto, e que o processo educativo deveria ser concebido em atenção a essas peculiaridades do ser humano em desenvolvimento.[151] Ainda para o filósofo: "A humanidade tem seu lugar na ordem das coisas, e a infância tem o seu na ordem da vida humana: é preciso considerar o homem no homem e a criança na criança".[152]

Finda a Primeira Guerra Mundial, deu-se início o reconhecimento de direitos de crianças em âmbito internacional efetivamente, quando a Liga das Nações adotou a Declaração sobre os Direitos da Criança, conhecida como Declaração de Genebra, em 1924, reconhecendo que a humanidade deveria dar à criança o melhor que tem, afirmando seus deveres, independentemente de qualquer consideração de raça, nacionalidade ou credo.[153]

Após a Segunda Guerra Mundial, os direitos fundamentais dos homens passaram a ter protagonismo. A dignidade do indivíduo e os seus direitos humanos tornaram-se a espinha dorsal da nova forma de organização democrática da sociedade.

> Nesse contexto, desenha-se o esforço de reconstrução dos direitos humanos, como paradigma referencial ético a orientar a ordem internacional contemporânea. Se a Segunda Guerra significou a ruptura com os direitos humanos, o pós-guerra deveria significar sua reconstrução.[154]

O Estado assumiu prestações positivas em relação às pessoas, em suas necessidades básicas, merecendo destaque as situações especiais de crianças, deficientes e idosos.[155]

Passou-se então à defesa dos direitos humanos, enquanto uma conquista histórica e política, para a solução de problemas de

---

[151] ROUSSEAU, Jean-Jacques. *Emílio, ou da educação*. 3. ed. Tradução: Roberto Leal Ferreira. São Paulo: Martins Fontes, 2004. p. 8-9.

[152] ROUSSEAU, Jean-Jacques. *Emílio, ou da educação*. 3. ed. Tradução: Roberto Leal Ferreira. São Paulo: Martins Fontes, 2004. p. 73-74.

[153] LIGA DAS NAÇÕES. *Declaração sobre os Direitos da Criança*. Genebra: Liga das Nações, 1924.

[154] PIOVESAN, Flávia. *Direitos Humanos e o Direito Constitucional Internacional*. 20. ed. São Paulo: SaraivaJur, 2022. p. 220.

[155] FERREIRA, Eduardo Dias de Souza. *Liberdade assistida no Estatuto da Criança e do Adolescente*: aspectos da luta na implementação de direitos fundamentais. São Paulo: FABESP: EDUC, 2010. p. 33.

convivência coletiva numa comunidade política,[156] e à defesa dos direitos inerentes ao ser humano.

A Declaração Universal dos Direitos Humanos (DUDH) dispõe em seu preâmbulo que se considera o reconhecimento da dignidade inerente a todos os membros da família humana e de seus direitos iguais e inalienáveis, e que isso é o fundamento da liberdade, da justiça e da paz no mundo.[157]

> A dignidade humana como fundamento dos direitos humanos e valor intrínseco à condição humana é concepção que, posteriormente, viria a ser incorporada por todos os tratados e declarações de direitos humanos, que passaram a integrar o chamado Direito Internacional dos Direitos Humanos.[158]

Os Estados que firmaram a DUDH incorporaram-na em suas leis internas ou até mesmo mediante tratados internacionais, como foi o caso do Brasil, onde foram incorporados e ratificados juridicamente com poder de lei.

Na mesma linha, o preâmbulo do Pacto Internacional sobre Direitos Econômicos, Sociais e Culturais – ratificado pelo Brasil em julho de 1992, por meio do Decreto nº 591 – diz que, consoante os princípios proclamados na Carta das Nações Unidas, o reconhecimento da dignidade inerente a todos os membros da família humana e dos seus direitos iguais e inalienáveis constitui o fundamento da liberdade, da justiça e da paz no mundo.[159]

No texto da CF/88, há a previsão de proteção dessa universalidade: dos direitos sociais (art. 6º), da família, da criança, do adolescente, do jovem e do idoso (Capítulo VII),[160] todos esses previstos no art. XXV da DUDH.

Confirma-se nesse ponto o defendido por Bobbio de que:

---

[156] LAFER, Celso. *A Reconstrução dos Direitos Humanos*: um diálogo com o pensamento de Hannah Arendt. São Paulo: Companhia das Letras, 1988. p. 147.

[157] ORGANIZAÇÃO DAS NAÇÕES UNIDAS. *Declaração Universal dos Direitos Humanos*. Paris: ONU, 1948.

[158] PIOVESAN, Flávia. *Direitos Humanos e o Direito Constitucional Internaciona*l. 20. ed. São Paulo: SaraivaJur, 2022. p. 241.

[159] BRASIL. *Decreto n. 591, de 6 de julho de 1992*. Atos Internacionais. Pacto Internacional sobre Direitos Econômicos, Sociais e Culturais. Promulgação. Brasília, DF: Presidência da República, 1992a.

[160] BRASIL. [Constituição (1988)]. *Constituição da República Federativa do Brasil de 1988*. Brasília, DF: Presidência da República, [2023c].

> [...] o próprio homem não é mais considerado como ente genérico, ou homem em abstrato, mas é visto na especificidade ou na concreticidade de suas diversas maneiras de ser em sociedade, como criança, velho, doente, etc. [...] a passagem ocorreu do homem genérico – homem enquanto homem – para o homem específico, ou tomado na diversidade de seus diversos *status* sociais, com base em diferentes critérios de diferenciação (o sexo, a idade, as condições físicas), cada um dos quais revela diferenças específicas, que não permitem igual tratamento e igual proteção.[161]

Na verdade, segundo Bobbio, o grave problema do nosso tempo, em relação aos direitos do homem, não era mais o de fundamentá-los, e sim de protegê-los, impedindo que sejam violados.[162]

Ao ser humano, em sentido amplo, em que se inserem crianças e adolescentes, já são garantidos os direitos humanos, que inseridos no Texto Constitucional são erigidos a direitos fundamentais e, quando relacionados à esfera privada, são denominados direitos da personalidade, como os direitos à vida, integridade física e psíquica; nome, honra, imagem, liberdade etc., a fim de que detenham uma existência digna.

Segundo Beviláqua, a personalidade civil do ser humano começa com a concepção, sob a condição de nascer com vida.[163] E isso se encontra expresso no art. 2º do Código Civil brasileiro: "A personalidade civil da pessoa começa do nascimento com vida; mas a lei põe a salvo, desde a concepção, os direitos do nascituro".[164]

Em arremate, Duguit preleciona que são seres com personalidade todos os seres suscetíveis de adquirir direitos. A pessoa é o sujeito de direito, quer dizer, é o titular de direitos.[165]

Em defesa da garantia dos direitos de crianças e adolescentes, além da DUDH, o instrumento normativo de maior destaque em âmbito internacional é a Convenção Internacional sobre os Direitos da Criança.

A Convenção Internacional sobre os Direitos da Criança,[166] que foi ratificada por 196 países, é o instrumento de direitos humanos mais

---

161 BOBBIO, Norberto. *A era dos Direitos*. Tradução: Carlos Nelson Coutinho. Rio de Janeiro: Grupo Editora Nacional, 2022. p. 63-64.

162 BOBBIO, Norberto. *A era dos Direitos*. Tradução: Carlos Nelson Coutinho. Rio de Janeiro: Grupo Editora Nacional, 2022. p. 25.

163 BEVILÁQUA, Clovis. *Teoria geral do Direito Civil*. 2. ed. Rio de Janeiro: Editora Rio, 1980. p. 75.

164 BRASIL. *Lei n. 10.406, de 10 de janeiro de 2002*. Código Civil. Brasília, DF: Presidência da República, 2002.

165 DUGUIT, León. *Las transformaciones generales del derecho privado desde el código de Napoleón*. Ciudad de México: Ediciones Coyoacán, 2007. p. 72.

166 BRASIL. *Decreto n. 99.710, de 21 de novembro de 1990*. Convenção Internacional sobre os direitos da criança de 1989. Brasília, DF: Presidência da República, 1990a.

aceito na história universal, na defesa específica de crianças. É importante destacar que, nessa Convenção, é criança todo ser humano com menos de 18 anos, salvo se antecipadamente emancipado.

Essa Convenção dispõe no preâmbulo que, conforme os princípios proclamados na Carta das Nações Unidas, a liberdade, a justiça e a paz no mundo fundamentam-se no reconhecimento da dignidade inerente e dos direitos iguais e inalienáveis de todos os membros da família humana, ou seja, verifica-se que o reconhecimento da dignidade como inerente a todos os membros da família, inclusive crianças e adolescentes, surgiu a partir do momento em que se verificou dignidade a todos os membros da família, constando expressamente a partir de um esforço internacional pela DUDH.

A Convenção acolhe a concepção do desenvolvimento integral da criança, reconhecendo-a como verdadeiro sujeito de direito, a exigir proteção especial e prioridade absoluta.[167]

Esse reconhecimento de crianças e adolescentes como sujeitos de direitos foi uma mudança de paradigma na proteção e defesa dos seus direitos:

> Para que o indivíduo possa autonomamente desenhar sua própria vida e livremente determinar seu curso, sendo tratado como um sujeito de direitos, e não como objeto de interesses alheios, as regras, para além de tudo quanto se disse aqui, precisam reconhecê-los como tal, tratando-o com a mesma dignidade de seus compatriotas, sem distinções injustificadas, sobretudo as que dizem respeito ao modo como ele autodetermina sua vida [...]. É indispensável, nesse tocante, que o direito seja igual para todos se aquilo que prevê em abstrato não é aplicado de maneira uniforme a todos que se encontram na mesma situação concreta.[168]

Entre os direitos previstos na Convenção, incluem-se, com destaque para este estudo: o direito à vida e à proteção contra a pena capital; a proteção ante a separação dos pais; a proteção dos seus interesses no caso de adoção; a liberdade de pensamento, consciência e religião e a proteção contra a exploração e o abuso sexual.

Em âmbito interno, a dignidade garantida à criança e ao adolescente encontra resguardo no Texto Constitucional e no Estatuto da Criança e do Adolescente:

---

[167] PIOVESAN, Flávia. *Direitos Humanos e o Direito Constitucional Internacional*. 20. ed. São Paulo: SaraivaJur, 2022. p. 317.

[168] ÁVILA, Humberto. *Constituição, liberdade e interpretação*. 3. ed. São Paulo: Malheiros, 2022. p. 18.

> Art. 227. É dever da família, da sociedade e do Estado assegurar à criança, ao adolescente e ao jovem, com absoluta prioridade, o direito à vida, à saúde, à alimentação, à educação, ao lazer, à profissionalização, à cultura, à dignidade, ao respeito, à liberdade e à convivência familiar e comunitária, além de colocá-los a salvo de toda forma de negligência, discriminação, exploração, violência, crueldade e opressão.[169]
>
> Art. 3º A criança e o adolescente gozam de todos os direitos fundamentais inerentes à pessoa humana, sem prejuízo da proteção integral de que trata esta Lei, assegurando-se lhes, por lei ou por outros meios, todas as oportunidades e facilidades, a fim de lhes facultar o desenvolvimento físico, mental, moral, espiritual e social, em condições de liberdade e de dignidade.[170]

Assim, crianças e adolescentes possuem o inato direito à personalidade, no sentido do direito que nasce com o indivíduo, irradiando do fato jurídico da personalidade.[171] E nada obsta que, se o poder público lhe nega a efetividade de um direito da personalidade, seja o Judiciário instado a se manifestar, mas, para isso, faz-se necessária a concretização de outro direito, o de acesso à justiça.

Para que um direito fundamental seja efetivo, é preciso que ele cumpra suas funções. Como dito por Ávila, a primeira delas é funcionar como um mecanismo de defesa do indivíduo diante de intervenções estatais que injustificadamente restringem seu âmbito de proteção, qual um escudo de aço que serve de anteparo contra a espada dos detentores de poder.[172]

> Ao reconhecimento de direitos individuais deve corresponder a capacidade processual de vindicá-los, nos planos tanto nacional como internacional. É mediante a consolidação da plena capacidade processual dos indivíduos que a proteção dos direitos humanos se torna realidade. Mas ainda que, pelas circunstâncias da vida, certos indivíduos (e.g. crianças, enfermos mentais, idosos, dentre outros) não possam exercitar plenamente sua capacidade (e.g., no direito civil), nem por isso deixam de ser titulares de direitos, oponíveis ao Estado.[173]

---

169 BRASIL. [Constituição (1988)]. *Constituição da República Federativa do Brasil de 1988*. Brasília, DF: Presidência da República, [2023c].

170 BRASIL. *Lei n. 8.069, de 13 de julho de 1990*. Dispõe sobre o Estatuto da Criança e do Adolescente e dá outras providências. Brasília, DF: Presidência da República, 1990b.

171 PONTES DE MIRANDA. *Tratado de Direito Privado*. Rio de Janeiro: Borsoi, t. 7, 1955.

172 ÁVILA, Humberto. *Constituição, liberdade e interpretação*. 3. ed. São Paulo: Malheiros, 2022. p. 29.

173 CANÇADO TRINDADE, Antônio Augusto. *Tratado de Direito Internacional dos Direitos Humanos*: Volume 3. 2. ed. Porto Alegre: S. A. Fabris, 2003b. p. 461.

Por consequência, quando esses direitos não conseguem ser protegidos ou resguardados extrajudicialmente, mediante políticas públicas, a via buscada é o sistema de justiça. E, no caso de crianças e adolescentes, que não podem vindicá-los diretamente, carece-se de representação judicial por meio de terceiros.

2.4 A identificação do problema

Analisando os conceitos justiça, acesso à justiça e de dignidade, findando-se na confirmação da garantia de sua aplicação a crianças e adolescentes, pretende-se fazer agora sua intersecção com o valor próprio do Direito, a qual é a justiça e o seu acesso.

A justiça não é entendida como simples relação extrínseca ou formal, aritmética ou geométrica, dos atos humanos, mas sim como a unidade concreta desses atos, de modo a constituírem um bem intersubjetivo, ou melhor, o bem comum.[174]

É indubitável que crianças e adolescentes passaram por uma evolução: de pessoas consideradas inicialmente como objetos, depois como miniadultos, para serem sujeitos de direitos que se encontram resguardados em tratados e convenções internacionais e na legislação interna, principalmente em sede constitucional.

Contudo, na prática, como se garante a efetividade desses direitos quando for necessário o acesso à justiça?

Como dito por Bobbio:

> Com efeito, o problema que temos diante de nós não é filosófico, mas é jurídico e, num sentido amplo, político. Não se trata de saber quais e quantos são esses direitos, qual é a sua natureza e seu fundamento, se são direitos naturais ou históricos, absolutos ou relativos, mas sim qual é o modo mais seguro para garanti-los, para impedir que, apesar das solenes declarações, eles sejam continuamente violados.[175]

Com base na experiência prática de atuação no Ministério Público, identificamos diversas situações em que se faz necessário que direitos de crianças e adolescentes sejam destinatários de uma atuação extrajudicial e, não se logrando êxito na efetiva proteção, sejam

---

[174] REALE, Miguel. *Filosofia do Direito*. 20. ed. São Paulo: SaraivaJur, 2022. p. 267.

[175] BOBBIO, Norberto. *A era dos Direitos*. Tradução: Carlos Nelson Coutinho. Rio de Janeiro: Grupo Editora Nacional, 2022. p. 25.

levados à justiça, quando são identificados inúmeros entraves para que aqueles sejam resguardados.

Crianças e adolescentes detêm os mesmos direitos que os outros seres humanos e mais alguns, que lhe são próprios em decorrência de sua condição peculiar de pessoa em desenvolvimento.

> A concretude do interesse juridicamente protegido da criança ou do adolescente está em primeiro lugar, devendo ocupar espaço primordial na escala de realizações do mundo jurídico. Antecedem quaisquer outros interesses do mundo adulto, de vez que a rapidez das transformações que lhe são próprias impõe a realização imediata de seus direitos.[176]

Lembrando-se de que a infância e a adolescência são períodos da vida marcados por muitas mudanças e particularidades, mas que foi apenas na modernidade que se passou a fazer tais distinções em relação aos adultos, uma vez que anteriormente aqueles eram considerados como miniadultos e tratados como tais.

> Além disso, as pessoas com menos de 18 anos possuem a particularidade de não possuírem capacidade de, por si só, postular em juízo. Dessa forma, ainda que detentores de personalidade jurídica a falta de capacidade de fato ou de exercício importava não conferir direitos a crianças e adolescentes, porquanto materialmente impedidos de exercitá-los, de modo que os chamados direitos personalíssimos ordinariamente escapavam da lógica da construção jurídica.[177]

Segundo Ferreira e Hiromoto, toda e qualquer relação jurídica que figurar uma criança e adolescente como sujeito de direito, seja na situação subordinante ou subordinada, em face do Estado, família e sociedade, devem ser aplicados os princípios da teoria da proteção integral.[178]

Assim, para que os princípios específicos da infância e adolescência – como prioridade absoluta, proteção integral e maior interesse

---

[176] PAULA, Paulo Afonso Garrido de. *Direito da criança e do adolescente e tutela jurisdicional diferenciada.* São Paulo: Editora Revista dos Tribunais, 2002. p. 39.

[177] PAULA, Paulo Afonso Garrido de. *Direito da criança e do adolescente e tutela jurisdicional diferenciada.* São Paulo: Editora Revista dos Tribunais, 2002. p. 14.

[178] FERREIRA, Eduardo Dias de Souza; HIROMOTO, Carolina Magnani. Convenções de Direitos Humanos sobre direitos das crianças. *In*: BALERA, Wagner; LIMA, Carolina de Souza (org.). *Enciclopédia Jurídica da PUC/SP* – Tomo XI DE DIREITOS Humanos. 1. ed. São Paulo: PUC-SP, v. 12, 2022. p. 1-19.

de fato – se concretizem, o acesso à justiça de crianças e adolescentes deve ser diferenciado.

Ao longo deste estudo, serão vistos os problemas e quais soluções poderiam ser utilizadas para que os óbices existentes sejam suprimidos ou amenizados.

Para isso, uma vez identificados esses problemas, passamos a discorrer sobre quais condutas devem ser adotadas, extrajudicial ou judicialmente, pelo sistema de justiça para a efetividade da Convenção Internacional sobre os Direitos da Criança, dos Objetivos do Desenvolvimento Sustentável e do disposto na Constituição Federal e no Estatuto da Criança e do Adolescente.

CAPÍTULO 3

O ACESSO À JUSTIÇA POR CRIANÇAS E ADOLESCENTES

3.1 Dos Objetivos do Desenvolvimento Sustentável e a meta 16: paz, justiça e instituições eficazes

No ano de 2000, 189 países participaram do encontro das Nações Unidas, em Nova York, quando aprovaram a Declaração do Milênio, que era um compromisso para trabalharem juntos na construção de um mundo mais seguro, próspero e justo com os Objetivos do Milênio (ODMs).[179]

Esses Objetivos incluíam poucas referências definitivas ao direito internacional dos direitos humanos, além de outras exortativas e não vinculantes relativas aos direitos humanos em nome da democracia e da boa governança,[180] e resumiam-se em oito metas, quais sejam: 1) Erradicar a pobreza extrema e a fome; 2) Promover educação Básica Universal; 3) Promover igualdade de gênero e empoderar as mulheres; 4) Reduzir a Mortalidade Infantil; 5) Melhorar a Saúde Materna; 6) Combater HIV/AIDS, a Malária e outras doenças; 7) Garantir Sustentabilidade Ambiental e 8) Desenvolver parceria global pelo desenvolvimento. Alguns países alcançaram todos ou a maioria dos ODMs, enquanto outros alcançaram muito poucos. Até 2015, a maioria dos países fez progressos significativos em direção à maioria das metas.

A fim de dar seguimento aos oito ODMs, em 2015, foi firmado um compromisso com os 193 países que integraram a Cúpula das

---

[179] ORGANIZAÇÃO DAS NAÇÕES UNIDAS. *Declaração do Milênio.* Lisboa: United Nations Information Centre, 2000.

[180] PARK, Stephen Kim. Social Bonds for Sustainable Development: A Human Rights Perspective on Impact Investing. *Business and human rights journal*, Cambridge, v. 3, p. 233-255, 2018.

Nações Unidas sobre o Desenvolvimento Sustentável, promovida pela Organização das Nações Unidas (ONU), naqueles incluído o Brasil, resultando na principal referência na formulação e implementação de políticas públicas para governos em todo o mundo, ao qual se deu o nome de Agenda 2030.[181]

Os ODMs eram metas principalmente para os países pobres, aos quais os países ricos deveriam somar sua solidariedade e assistência por meio de finanças e tecnologia. Os ODS tiveram, necessariamente, uma percepção diferente sobre eles, já que apresentaram metas e desafios para todos os países – não o que os ricos devem fazer pelos pobres, mas o que todos os países juntos devem fazer pelo bem-estar global desta geração e das que virão.[182]

Os ODS integram a Agenda 2030, que consiste em um apanhado de metas, norteadores e perspectivas definidos pela ONU para ser alcançada a dignidade e a qualidade de vida para todos os seres humanos do planeta, sem prejudicar o meio ambiente e, consequentemente, as gerações futuras.[183]

Comprometeram-se os países signatários a fazer mudanças fundamentais a fim de que fossem alcançadas as 17 metas até o ano de 2030, e, entre esses objetivos, figura a meta 16: paz, justiça e instituições eficazes. Assim, certas questões de justiça, como o acesso, foram priorizadas em nível global.

Segundo Balera, a ideia de justiça se entrelaça com o conceito de Estado de Direito, isso é, com as regras estabelecidas de modo legítimo no – e pelo – ordenamento jurídico, e se concretiza em favor do cidadão que busca proteção do aparato judiciário e, igualmente, as medidas que amparam coletividades inteiras carentes de providências.[184]

É importante fazer referência ao objetivo previsto nessa meta, qual seja: promover sociedades pacíficas e inclusivas para o desenvolvimento sustentável, proporcionar o acesso à justiça para todos e construir instituições eficazes, responsáveis e inclusivas em todos os níveis.

---

181 ORGANIZAÇÃO DAS NAÇÕES UNIDAS. *The 2030 Agenda for Sustainable Development*. Nova York: ONU, 2015.

182 SACHS, Jeffrey D. From Millennium Development Goals to Sustainable Development Goals. *The Lancet*, [*s. l.*], v. 379, p. 2206-2211, jun. 2012. p. 2208.

183 TRENNEPOHL, Anna Karina O. V. ODS e sua repercussão no ESG: Uma Perspectiva Pós-Pandemia. *In*: TRENNEPOHL, Terence; TRENNEPOHL, Natascha (org.). *ESG e Compliance*: Interfaces, Desafios e Oportunidades. São Paulo: SaraivaJur, 2023a. p. 115-134. p. 117.

184 BALERA, Wagner. ODS 16: Paz e Justiça. *In*: BALERA, Wagner; SILVA, Roberta Soares da (org.). *Comentários aos Objetivos do Desenvolvimento Sustentável*. São Paulo: Verbatim, 2018. p. 251-265. p. 254-255.

Para tanto, foram elencados 10 objetivos, decorrentes dessa meta, a serem alcançados:

> 16.1. Reduzir significativamente todas as formas de violência e as taxas de mortalidade relacionada em todos os lugares;
>
> 16.2. Acabar com abuso, exploração, tráfico e todas as formas de violência e tortura contra crianças;
>
> 16.3. Promover o Estado de Direito, ao nível (inter)nacional, e garantir a igualdade de acesso à justiça para todos;
>
> 16.4. Até 2030, reduzir significativamente os fluxos financeiros e de armas ilegais, reforçar a recuperação e devolução de recursos roubados e combater todas as formas de crime organizado;
>
> 16.5. Reduzir substancialmente a corrupção e o suborno em todas as suas formas;
>
> 16.6. Desenvolver instituições eficazes, responsáveis e transparentes em todos os níveis;
>
> 16.7. Garantir a tomada de decisão responsiva, inclusiva, participativa e representativa em todos os níveis;
>
> 16.8. Ampliar e fortalecer a participação dos países em desenvolvimento nas instituições de governança global;
>
> 16.9. Até 2030, fornecer identidade legal para todos, incluindo o registro de nascimento;
>
> 16.10 Assegurar o acesso público à informação e proteger as liberdades fundamentais, segundo a legislação nacional e os acordos internacionais;
>
> 16.a Fortalecer as instituições nacionais relevantes, inclusive por meio da cooperação internacional, para a construção de capacidades em todos os níveis, em particular nos países em desenvolvimento, para a prevenção da violência e o combate ao terrorismo e ao crime;
>
> 16.b Promover e fazer cumprir leis e políticas não discriminatórias para o desenvolvimento sustentável.[185]

A consolidação de instituições eficazes é um dos itens basilares do ODS 16.

> As instituições referidas são os organismos e/ou estruturas construídas no âmago do Estado, vocacionadas ao desempenho de funções e/ou atividades determinadas, dentre o plexo de competências prestacionais ou organizativas constitucionalmente cometidas ao Poder Público.[186]

---

[185] ORGANIZAÇÃO DAS NAÇÕES UNIDAS. *The 2030 Agenda for Sustainable Development*. Nova York: ONU, 2015.

[186] SOUZA, Motauri Ciocchetti de; PUOSSO, Desiree Garção. O Objetivo de Desenvolvimento Sustentável n. 16 e a garantia dos Direitos Fundamentais. *Revista do Instituto Brasileiro de*

Cançado Trindade ressalta que o fortalecimento do direito de participação política há de se fazer acompanhar da necessária construção de um Poder Judiciário verdadeiramente independente e eficiente, acessível a todos os segmentos da população.[187]

Ressalta-se que a instituição deve ser eficiente e eficaz, efetivamente logrando êxito no cumprimento de seus misteres, ponto indispensável para o concreto desenvolvimento.[188]

No presente estudo, analisamos o objetivo relacionado à promoção do Estado de Direito, ao nível nacional e internacional, para garantir a igualdade de acesso à justiça, com ênfase em crianças e adolescentes.

Há, contudo, de se observar que crianças e adolescentes, mesmo que detivessem alfabetização jurídica, não poderiam, como as pessoas maiores de 18 anos e capazes, resolver suas demandas jurídicas apenas com uma representação jurídica, razão pela qual é tão diferenciado o cumprimento da meta 16 dos ODS em relação àqueles, por não se restringir à representação jurídica, já que precisam dos responsáveis legais ou contar com aqueles que detêm legitimidade para propor ações em defesa dos seus interesses.

Além disso, podem, em diversas situações, não estar sob a guarda de seus genitores, dos representantes legais ou serem as demandas judiciais propostas em face desses, o que resulta em uma questão ainda mais complexa para alcançar o acesso igualitário à justiça.

O acesso à representação jurídica previne não só uma defesa equivocada de direitos, bem como reafirma o respeito à dignidade humana, à justiça social e aos ideais democráticos fundamentais.

3.2 A distinção entre o acesso à justiça e o acesso ao Poder Judiciário

É importante deixar clara a distinção entre acesso à justiça e acesso ao Poder Judiciário. Este último é uma das formas de se obter a efetividade de direitos, mas a justiça pode ser alcançada independentemente da utilização do Poder Judiciário.

Segurança Pública, v. 3, n. 7, p. 1-20, 2020. p. 161.

[187] CANÇADO TRINDADE, Antônio Augusto. *Tratado de Direito Internacional dos Direitos Humanos*: Volume 3. 2. ed. Porto Alegre: S. A. Fabris, 2003b. p. 238.

[188] SOUZA, Motauri Ciocchetti de; PUOSSO, Desiree Garção. O Objetivo de Desenvolvimento Sustentável n. 16 e a garantia dos Direitos Fundamentais. *Revista do Instituto Brasileiro de Segurança Pública*, v. 3, n. 7, p. 1-20, 2020. p. 162.

Para tanto há ações preventivas ou protetivas que podem ser obtidas pelo cumprimento dos direitos que se encontram postos ou pela atuação extrajudicial das instituições.

Como dito por Dallari:

> Um direito só existe realmente quando pode ser usado. Há muitos casos de direitos que constam na lei, mas que, pelos mais diversos motivos, grande número de pessoas não conhece ou não consegue pôr em prática. Outras vezes, as pessoas percebem que um direito seu está sendo desrespeitado e, por falta de meios de defesa, perdem o direito sem possibilidade de reagir. Em todas as situações, aquele que não soube ou não pôde usar o direito e que, por isso, o perdeu sofre um prejuízo injusto.[189]

Dessa feita, antes de buscar-se a efetividade de direitos de crianças e adolescentes pela via judicial, tem-se a possibilidade de fazer a justiça por outros meios, entre eles os extrajudiciais e conciliatórios.

Se quisermos elencar entre as instituições que integram o sistema de justiça, temos o Ministério Público e a Defensoria Pública, aos quais podemos dar maior destaque.

Há inúmeras medidas extrajudiciais que antecedem a judicialização para a efetivação dos direitos fundamentais de crianças e adolescentes e é essa atuação proativa e extrajudicial que deve ser priorizada, já que o Poder Judiciário deve ser acionado quando não houver outros meios de satisfação de direitos.

A judicialização deve ser a *ultima ratio* para a efetivação dos direitos quando estes não os são por meio da atuação preventiva ou protetiva.

Cabe à Defensoria Pública, segundo o art. 134 da Constituição Federal de 1988, a orientação jurídica, a promoção dos direitos humanos e a defesa, em todos os graus, judicial e extrajudicial, dos direitos individuais e coletivos, de forma integral e gratuita, aos necessitados.[190]

Há previsão no ECA, no art. 88, VI, da atuação extrajudicial da Defensoria Pública, no trabalho em rede e de forma articulada.[191]

---

189 DALLARI, Dalmo de Abreu. *Direitos humanos e cidadania.* 2. ed., São Paulo: Moderna, 2004. p. 96.

190 BRASIL. [Constituição (1988)]. *Constituição da República Federativa do Brasil de 1988.* Brasília, DF: Presidência da República, [2023c].

191 BRASIL. *Lei n. 8.069, de 13 de julho de 1990.* Dispõe sobre o Estatuto da Criança e do Adolescente e dá outras providências. Brasília, DF: Presidência da República, 1990b.

Já o Ministério Público dispõe de inúmeros recursos extrajudiciais para a atuação, não apenas de crianças e adolescentes desprovidos economicamente, bem como para aqueles que detêm recursos econômicos, abarcando todos que precisem de atuação ministerial de forma individual, difusa ou coletiva.

> Assim, por exemplo, um menino que nasce numa favela é igual ao que nasce numa família rica e vale o mesmo que este, mas dificilmente o favelado conseguirá boa alimentação e boas escolas e desde cedo será tratado como um marginal. Essa discriminação irá acompanhá-lo pela vida inteira. Fica bem evidente, portanto, que um menino nascido numa favela não tem o direito à igualdade de oportunidades, embora a própria lei diga que todos são iguais.[192]

O Ministério Público tem legitimidade para atuar em favor de uma criança ou adolescente, por meio da ação civil pública, que detenha essa vulnerabilidade econômica ou não.

Não se deve de início pensar que, para a efetividade do direito à igualdade, à educação, à saúde, ao lazer e outros que lhe são devidos, seja necessária a judicialização de medidas pelo Ministério Público ou Defensoria Pública, ou que deva o Conselho Tutelar solicitar ao promotor de justiça que adote as providências judiciais necessárias para tanto.

O princípio da intervenção precoce não pode ser subentendido como a judicialização imediata, uma vez que há a possibilidade, que pode até ser mais célere, da atuação extrajudicial logo que a situação de perigo seja conhecida, para evitar danos irreversíveis.

Mediante uma notícia de fato,[193] ou mesmo por conhecimento de ofício, de violação a direitos de crianças e adolescentes, o promotor de justiça é provocado a agir de forma protetiva ou preventiva para garantir direitos ou para remediar uma violação daqueles.

Apenas com um ofício, expedido no âmbito da notícia de fato, podem ser levantados indícios de prova que embasem a necessária

---

[192] DALLARI, Dalmo de Abreu. *Direitos humanos e cidadania*. 2. ed., São Paulo: Moderna, 2004. p. 48.

[193] Art. 1º, da Resolução n. 174/2017, do CNMP. "A Notícia de Fato é qualquer demanda dirigida aos órgãos da atividade-fim do Ministério Público, submetida à apreciação das Procuradorias e Promotorias de Justiça, conforme as atribuições das respectivas áreas de atuação, podendo ser formulada presencialmente ou não, entendendo-se como tal a realização de atendimentos, bem como a entrada de notícias, documentos, requerimentos ou representações". BRASIL. Conselho Nacional do Ministério Público. *Resolução n. 174, de 04 de julho de 2017*. Disciplina, no âmbito do Ministério Público, a instauração e a tramitação da Notícia de Fato e do Procedimento Administrativo. Brasília, DF: CNMP, 2017a.

atuação ministerial. Inúmeras vezes, esse mesmo ofício elide a questão, por exemplo, quando uma criança tem o seu direito à educação restringido porque os pais se encontram inadimplentes, e o estabelecimento escolar resiste em entregar o histórico escolar para a matrícula em nova escola. Atendido o ofício ministerial pela entidade educacional com o envio do documento solicitado, evita-se a judicialização e resolve-se a situação que impedia a matrícula em nova escola.

Além da notícia de fato, outra forma de atuação extrajudicial do Ministério Público pode ocorrer por intermédio do procedimento administrativo, instrumento também com previsão na Resolução nº 174/2017.[194]

O procedimento administrativo não pode ser utilizado para a realização de investigação cível ou criminal, contudo é utilizado para o acompanhamento do cumprimento das cláusulas de um Termo de Ajustamento de Conduta (TAC) porventura celebrado.

Lembrando-se que o TAC pode ser firmado em sede extrajudicial e não apenas no âmbito de uma ação civil pública.

No TAC celebrado para a proteção de direitos, prevenção de danos ou para que possíveis violações de direitos sejam remediadas, após a homologação daquele pelo órgão revisor do Ministério Público, instaura-se um procedimento administrativo justamente para acompanhar o cumprimento do termo anteriormente firmado.

Além dessa previsão, segundo o artigo 8º, inciso II, da Resolução nº 174/2017,[195] o procedimento administrativo se presta a acompanhar e fiscalizar, de forma continuada, políticas públicas ou instituições.

As políticas públicas relacionadas à educação, à saúde, à segurança, ao lazer, entre outros direitos de crianças e adolescentes, são passíveis de fiscalização sempre que for necessário, o que condiz com uma atuação proativa do membro do Ministério Público para impulsionar a política pública, como a implantação da escuta especializada no município.

Assim, pode o promotor de justiça instaurar um procedimento administrativo para fomentar a implementação de uma política pública que se faça necessária ou a regularização de uma que se encontre ineficiente para os fins a que se destina.

---

194 BRASIL. Conselho Nacional do Ministério Público. *Resolução n. 174, de 04 de julho de 2017*. Disciplina, no âmbito do Ministério Público, a instauração e a tramitação da Notícia de Fato e do Procedimento Administrativo. Brasília, DF: CNMP, 2017a.

195 BRASIL. Conselho Nacional do Ministério Público. *Resolução n. 174, de 04 de julho de 2017*. Disciplina, no âmbito do Ministério Público, a instauração e a tramitação da Notícia de Fato e do Procedimento Administrativo. Brasília, DF: CNMP, 2017a.

Ainda de acordo com essa previsão, as instituições que atendem crianças e adolescentes também são fiscalizadas pelo Ministério Público, mediante o procedimento administrativo de acompanhamento de instituições.

As unidades para cumprimento de medidas socioeducativas de internação e de semiliberdade devem ser inspecionadas com a periodicidade mínima bimestral, salvo a necessidade de comparecimento em período inferior, conforme preceitua a Resolução nº 67, de 16 de março de 2011, do CNMP.[196]

Segundo a novel Resolução nº 293, de 18 de maio de 2024, do CNMP,[197] o Ministério Público com atribuição em matéria de infância e juventude não infracional deve inspecionar pessoalmente os serviços de acolhimento familiar e institucional sob sua atribuição semestralmente, salvo se for necessário realizá-la em menor tempo.

Outra fiscalização com previsão na Resolução nº 204, de 16 de dezembro de 2019, do CNMP,[198] é a do cumprimento das medidas socioeducativas em meio aberto.

Verifica-se que, por conduto dessas três modalidades de fiscalização, o promotor de justiça pode desenvolver inúmeras outras ações extrajudiciais estruturantes, que podem operar de forma preventiva e protetiva ou elidir ofensa a direitos de inúmeras crianças.

Essas violações podem ser evitadas se as políticas públicas forem efetivas e se houver a prevenção e proteção dos direitos dessas crianças e adolescentes desde a primeira infância, de forma a acompanhar o desenvolvimento daqueles até o final da adolescência e dar suporte às famílias vulneráveis ou vulnerabilizadas.

No decorrer deste estudo, veremos diversos problemas que atingem crianças e adolescentes que se encontram acolhidos, aguardando

---

196 BRASIL. Conselho Nacional do Ministério Público. *Resolução n. 67, de 16 de março de 2011.* Dispõe sobre a uniformização das fiscalizações em unidades para cumprimento de medidas socioeducativas de internação e de semiliberdade pelos membros do Ministério Público e sobre a situação dos adolescentes que se encontrem privados de liberdade em cadeias públicas. Brasília, DF: CNMP, 2011.

197 BRASIL. Conselho Nacional do Ministério Público. *Resolução n. 293, de 18 de maio de 2024.* Dispõe sobre a atuação dos membros do Ministério Público na defesa do direito fundamental à convivência familiar e comunitária de crianças e adolescentes em serviços de acolhimento. Brasília, DF: CNMP, 2024e.

198 BRASIL. Conselho Nacional do Ministério Público. *Resolução n. 204, de 16 de dezembro de 2019.* Dispõe sobre a uniformização das fiscalizações, pelos membros do Ministério Público dos Estados e do Distrito Federal, junto aos programas municipais de atendimento para a execução das medidas socioeducativas em meio aberto, aplicadas a adolescentes em decorrência da prática de ato infracional. Brasília, DF: CNMP, 2019c.

um provimento judicial para que regressem para suas famílias ou sejam destituídos do poder familiar, para que não percam a chance de integrar uma nova família.

Em sede de socioeducação, a fiscalização nas unidades de internação e semiliberdade podem constatar inúmeras violações a direitos fundamentais dos adolescentes que estão em cumprimento de medidas socioeducativas, ou buscar a efetividade de direitos desses, como a profissionalização e educação.

Por fim, como uma forma de evitar a aplicação de medidas socioeducativas mais gravosas, o Ministério Público deve sempre avaliar se é cabível ao caso o cumprimento de medida socioeducativa em meio aberto (como será visto, em momento oportuno, na análise do acesso à justiça), após o ato infracional, para se evitar o afastamento do adolescente da convivência familiar e comunitária.

Entretanto, para que seja requerido pelo promotor de justiça e deferido pelo Poder Judiciário, é imprescindível que o Plano Municipal de Atendimento Socioeducativo (PMASE) encontre-se estruturado no município.

O PMASE é o planejamento de uma política pública que envolve diversos setores, para ofertar o atendimento socioeducativo em meio aberto, no município, para os adolescentes autores de ato infracional.

> [...] programas em regime de atendimento socioeducativo em meio aberto são todos aqueles que contemplam projetos destinados a adolescentes apontados ou reconhecidos como autores de atos infracionais e desenvolvidos livremente em sociedade, tendo por escopo básico os valores da educação, da convivência comunitária e do respeito à pessoa humana. Podem abranger cursos, reforço escolar, formação profissional e outras formas de contributos ao desenvolvimento pessoal, auxiliando na reversão do potencial criminógeno demonstrado com a prática do ato infracional.[199]

É necessária a atuação extrajudicial ou judicial do Ministério Público caso o PMASE não se encontre implementado na localidade.

O que ocorre na prática é que alguns municípios de pequeno porte não possuem a política pública implementada, sob a justificativa da falta de demanda. Todavia não pode um adolescente que comete um ato infracional deixar de cumprir a medida socioeducativa

[199] PAULA, Paulo Afonso Garrido de. *Direito da criança e do adolescente e tutela jurisdicional diferenciada*. São Paulo: Editora Revista dos Tribunais, 2002. p. 477.

em meio aberto, ou cumpri-la da forma inadequada, já que isso é um direito que lhe deve ser assegurado, porque o ente municipal não acha que é necessário implementar a política pública.

As políticas públicas devem ser implementadas para atender os interesses de crianças e adolescentes, sejam poucos ou muitos que delas necessitem.

Por meio da fiscalização prevista na Resolução nº 204/2019, pode-se verificar se a política pública de fato existe ou se é aplicada de forma inadequada.

Apenas com essas três resoluções do CNMP pode-se constatar como o Ministério Público atua fiscalizando extrajudicialmente as políticas públicas e, por meio de um procedimento administrativo, adotar medidas que podem ser resolutivas e garantam o acesso à justiça, sem a intervenção judicial.

Se, em decorrência dessa atuação, for necessária a instauração de uma investigação em âmbito cível, o procedimento preparatório e o inquérito civil podem ser instrumentos a serem utilizados pelo promotor de justiça.

> [...] o inquérito civil, nos termos do Estatuto da Criança e do Adolescente, é apenas um instrumento de investigação civil, servindo de alicerce à eventual iniciativa de provocar a atividade jurisdicional. O objeto de investigação constitui sempre na verificação da existência ou inexistência de um direito irrealizado ou ameaçado de lesão, pouco importando a natureza do interesse investigado: individual, individual homogêneo, coletivo ou difuso.[200]

Conforme dispõe o artigo 1º da Resolução nº 23, de 17 de setembro de 2007, do CNMP:

> Art. 1º O inquérito civil, de natureza unilateral e facultativa, será instaurado para apurar fato que possa autorizar a tutela dos interesses ou direitos a cargo do Ministério Público nos termos da legislação aplicável, servindo como preparação para o exercício das atribuições inerentes às suas funções institucionais.[201]

---

200 PAULA, Paulo Afonso Garrido de. *Direito da criança e do adolescente e tutela jurisdicional diferenciada*. São Paulo: Editora Revista dos Tribunais, 2002. p. 50.

201 BRASIL. Conselho Nacional do Ministério Público. *Resolução n. 23, de 17 de setembro de 2007*. Regulamenta os artigos 6º, inciso VII, e 7º, inciso I, da Lei Complementar nº 75/93 e os artigos 25, inciso IV, e 26, inciso I, da Lei n.º 8.625/93, disciplinando, no âmbito do Ministério Público, a instauração e tramitação do inquérito civil. Brasília, DF: CNMP, 2007.

Após a apuração extrajudicial por meio de um procedimento preparatório ou um inquérito civil, pode ocorrer seu arquivamento; caso se convença da inexistência de fundamento para a propositura de ação civil pública, pode ser firmado um TAC ou ser proposta uma ação civil pública.

Desse modo, antes da propositura da demanda judicial, há a possibilidade de ser resolvida a questão que ensejou a instauração do procedimento extrajudicial pela utilização dos recursos extrajudiciais disponíveis para o promotor de justiça.

O ECA reforça essa atuação extrajudicial do Ministério Público quando prevê, no art. 201, que:

> Art. 201. Compete ao Ministério Público:
>
> I - conceder a remissão como forma de exclusão do processo;
>
> [...]
>
> V - promover o inquérito civil e a ação civil pública para a proteção dos interesses individuais, difusos ou coletivos relativos à infância e à adolescência, inclusive os definidos no art. 220, § 3º inciso II, da Constituição Federal;
>
> VI - instaurar procedimentos administrativos e, para instruí-los:
>
> a) expedir notificações para colher depoimentos ou esclarecimentos e, em caso de não comparecimento injustificado, requisitar condução coercitiva, inclusive pela polícia civil ou militar;
>
> b) requisitar informações, exames, perícias e documentos de autoridades municipais, estaduais e federais, da administração direta ou indireta, bem como promover inspeções e diligências investigatórias;
>
> c) requisitar informações e documentos a particulares e instituições privadas;
>
> VII - instaurar sindicâncias, requisitar diligências investigatórias e determinar a instauração de inquérito policial, para apuração de ilícitos ou infrações às normas de proteção à infância e à juventude;
>
> VIII - zelar pelo efetivo respeito aos direitos e garantias legais assegurados às crianças e adolescentes, promovendo as medidas judiciais e extrajudiciais cabíveis;
>
> [...]
>
> XI - inspecionar as entidades públicas e particulares de atendimento e os programas de que trata esta Lei, adotando de pronto as medidas administrativas ou judiciais necessárias à remoção de irregularidades porventura verificadas;
>
> XII - requisitar força policial, bem como a colaboração dos serviços médicos, hospitalares, educacionais e de assistência social, públicos ou privados, para o desempenho de suas atribuições.

> [...]
>
> § 5º Para o exercício da atribuição de que trata o inciso VIII deste artigo, poderá o representante do Ministério Público:
>
> a) reduzir a termo as declarações do reclamante, instaurando o competente procedimento, sob sua presidência;
>
> b) entender-se diretamente com a pessoa ou autoridade reclamada, em dia, local e horário previamente notificados ou acertados;
>
> c) efetuar recomendações visando à melhoria dos serviços públicos e de relevância pública afetos à criança e ao adolescente, fixando prazo razoável para sua perfeita adequação.[202]

Importante reforçar que não são apenas os atores do sistema de justiça que podem, de forma extrajudicial, auxiliar crianças e adolescentes a terem acesso à justiça.

Além dos atores do sistema de justiça, pode-se, mediante atuação do Conselho Tutelar, com base em suas atribuições previstas no ECA e na legislação correlata, alcançar a concretização de diversos direitos de crianças e adolescentes, daí a importância da atuação dos Conselheiros Tutelares no que diz respeito ao acesso à justiça das pessoas com menos de 18 anos.

> Criado por lei e limitado por ela, especialmente no respeito incondicional aos direitos fundamentais, o Conselho Tutelar tem em sua essência uma base cultural comunitária, compreendida pelo legislador como possível fonte de justiça e encaminhamentos sociais mais equânimes, contribuindo para a pacificação.[203]

O ECA prevê inúmeras medidas extrajudiciais que podem ser aplicadas pelo Conselho Tutelar em defesa de crianças e adolescentes, tais como as previstas no art. 18-B; art. 92, §4; art. 136, especialmente as previstas nos incisos III, "a", IV, VIII, XII, XIII, XIV, XVIII e XIX e art. 191.

A título exemplificativo, o Conselho Tutelar pode requisitar serviços públicos nas áreas de saúde, educação, serviço social, previdência, trabalho e segurança ou requisitar certidões de nascimento e de óbito de criança ou adolescente, em todos os casos, de forma extrajudicial.

---

[202] BRASIL. *Lei n. 8.069, de 13 de julho de 1990*. Dispõe sobre o Estatuto da Criança e do Adolescente e dá outras providências. Brasília, DF: Presidência da República, 1990b.

[203] PAULA, Paulo Afonso Garrido de. *Curso de direito da criança e do adolescente*. São Paulo: Cortez, 2024. p. 449.

Somando-se a essas, a principal função do Conselho Tutelar é prestar atendimento a crianças e adolescentes em situação de risco, adotando de pronto as medidas de proteção que não exijam determinação judicial, acionando órgãos de defesa social, segurança pública e saúde.[204]

Vê-se, após essa análise, que há inúmeras possibilidades de atuação do Ministério Público, Defensoria Pública e Conselho Tutelar para que crianças e adolescentes tenham acesso à justiça, sem que seja necessária a provocação ao Poder Judiciário.

Deve-se focar na proteção e na prevenção, tendo em vista que crianças e adolescentes podem ser vítimas mais facilmente de ofensa a seus direitos ou violências.

No entanto, realisticamente, em que pese todos os esforços empreendidos pelo Ministério Público, Defensoria Pública e Conselho Tutelar, mesmo que utilizados os meios extrajudiciais, estes podem não ser capazes de evitar a violação de direitos e do acesso à justiça de crianças e adolescentes.

Esse é o motivo pelo qual a atividade jurisdicional também deve ser objeto de estudo, uma vez que há inúmeros problemas que devem ser enfrentados para que o acesso à justiça, pela via judicial, ocorra da forma mais adequada.

3.3 O acesso à justiça por meio do Poder Judiciário

Por muito tempo, o papel do Poder Judiciário foi o de mero aplicador da legislação existente. Os gregos tinham uma expressão genérica para designar os magistrados, que significava literalmente os que deveriam executar o sacrifício.[205]

Contudo, com a evolução da sociedade, a impossibilidade de todos os fatos serem previstos em legislação e a existência de legislações abertas, o Poder Judiciário deixou de figurar como coadjuvante perante a sociedade, passando não só a fiscalizar a aplicação das leis, mas também a interpretá-la e suprir lacunas existentes.

---

204 PAULA, Paulo Afonso Garrido de. *Curso de direito da criança e do adolescente*. São Paulo: Cortez, 2024. p. 299, p. 453-460.

205 COULANGES, Fustel de. *A cidade antiga*. Tradução: Roberto Leal Ferreira. São Paulo: Martin Claret, 2021. p. 223.

As garantias jurídicas são a proteção de direitos por meio da atuação jurisdicional, destinadas a fazer atuar o direito objetivo, promovendo a tutela dos interesses violados ou ameaçados.[206]

Isso confere maior segurança ao indivíduo, que atribui ao Judiciário o poder de interpretar a norma e ditá-la ao caso concreto, não ficando sujeito, em tese, às variações políticas e juízos de conveniência e oportunidade.[207]

A ascensão do Poder Judiciário brasileiro ocorreu após o término do regime militar e o advento de um novo Texto Constitucional. Assim, o Poder Judiciário passou a desempenhar um papel político, ladeado pelo Executivo e Legislativo.

Além disso, houve o aumento da demanda por justiça, tendo em vista o rol de direitos fundamentais e sociais, e de políticas públicas descritas na Constituição Federal, quando se busca a tutela jurisdicional para a efetividade de direitos que não são garantidos ou são violados.

> A tutela jurisdicional consiste na proteção estatal aos direitos não reconhecidos espontaneamente, esvaziados na sua eficácia ou dependentes de um aval. Sua finalidade pública, reitere-se, é assegurar a paz social, impedindo a supremacia da força ou a constituição de situações jurídicas em desacordo com a lei, validando as normas prescritivas do Estado Social definido na Constituição da República.[208]

Entretanto, apesar de contarmos com o Poder Judiciário mais forte em relação ao que existia antes da promulgação da CF/88, tem-se uma justiça que privilegia quem detém recursos econômicos para pleitear a efetividade de direitos judicialmente, em detrimento das minorias sociais, o que vai contra o princípio da igualdade, previsto como valor supremo no preâmbulo e nos dispositivos constitucionais.

> É indispensável que o Poder Judiciário esteja bem organizado e que não seja caro demais pedir sua proteção. Caso contrário, a demora nas decisões e a necessidade de muito dinheiro para o pagamento das despesas judiciais farão com que só um pequeno número de pessoas tenha a proteção

---

[206] BARROSO, Luís Roberto. *O direito constitucional e a efetividade de suas normas*: limites e possibilidades da Constituição brasileira. 9. ed. Rio de Janeiro: Renovar, 2009. p. 125.

[207] SOUZA, Motauri Ciocchetti de. Direitos Humanos em Juízo. *In*: BALERA, Wagner; LIMA, Carolina Alves de Souza (org.). *Direitos Humanos em Juízo*. 1. ed. São Paulo: PUC/SP, v. XII, 2022. p. 1-24.

[208] PAULA, Paulo Afonso Garrido de. *Direito da criança e do adolescente e tutela jurisdicional diferenciada*. São Paulo: Editora Revista dos Tribunais, 2002. p. 72.

judicial. Quando o Poder Judiciário pode agir com independência e é respeitado pelo povo e pelas autoridades, é mais raro que ocorram ofensas a direitos. E quando elas ocorrerem será mais fácil conseguir a proteção e a devolução de direitos ofendidos ou a punição justa do ofensor.[209]

Sobre isso, é oportuno lembrar que um dos princípios norteadores da atividade jurisdicional é o princípio da inércia. Segundo esse princípio, o processo não é iniciado de ofício pelo magistrado, havendo que ser provocado pela parte, que apresenta sua pretensão para ser discutida em juízo. Assim, para ser iniciada a atividade jurisdicional, outros atores do sistema de justiça devem se fazer presentes: Ministério Público, Defensoria Pública e Advocacia privada ou pública, esta última abrangendo as procuradorias.

Em relação ao Ministério Público, ao contrário do que se vê em outros países, onde sua atuação se encontra concentrada principalmente na seara criminal, aqui, conforme o texto da CF, em seu art. 129,[210] são funções institucionais do Ministério Público zelar pelo efetivo respeito dos Poderes Públicos e dos serviços de relevância pública aos direitos assegurados em seu Texto Constitucional, promovendo as medidas necessárias à sua garantia; promover o inquérito civil e a ação civil pública, para a proteção do patrimônio público e social, do meio ambiente e de outros interesses difusos e coletivos.

No que diz respeito à Defensoria Pública, esta tem papel essencial na defesa dos direitos das pessoas hipossuficientes que não dispõem de recursos para a contratação de advogados para a defesa de seus direitos. Todavia, em que pese os avanços alcançados desde 2003, com a Reforma do Poder Judiciário, sua missão de representar e auxiliar na emancipação jurídica da população vulnerável não alcança todos os municípios brasileiros.

Em relação à representação jurídica de crianças e adolescentes, a Resolução nº 113/2006, do Conselho Nacional dos Direitos da Criança e do Adolescente (CONANDA), estabelece que:

> Art. 8º [...]
>
> § 1º Será prestada assessoria jurídica e assistência judiciária gratuita a todas as crianças ou adolescentes e suas famílias, que necessitarem,

[209] DALLARI, Dalmo de Abreu. *Direitos humanos e cidadania*. 2. ed., São Paulo: Moderna, 2004. p. 99.

[210] BRASIL. [Constituição (1988)]. *Constituição da República Federativa do Brasil de 1988*. Brasília, DF: Presidência da República, [2023c].

> preferencialmente através de defensores públicos, na forma da Lei Complementar de Organização da Defensoria Pública.
>
> § 2º A não garantia de acesso à Defensoria Pública deverá implicar em sanções judiciais e administrativas cabíveis, a serem aplicadas quando da constatação dessa situação de violação de direitos humanos.[211]

Denota-se que a violação de direitos humanos de crianças e adolescentes, em decorrência da ausência de acesso à Defensoria Pública, pode ensejar uma responsabilização judicial e administrativa.

Uma questão que recentemente resultou em discussão jurídica foi a legalidade da atuação do curador especial, defensor da criança ou do adolescente ou *custos vulnerabilis* por parte da Defensoria Pública, nos processos judiciais ou procedimentos extrajudiciais em que o Ministério Público já atua como substituto processual na defesa e proteção de pessoas com idade inferior a 18 anos.

Exemplificadamente, nas ações em que o Ministério Público atua na defesa dos interesses de crianças e adolescentes para a destituição do poder familiar e colocação para a adoção, em que a parte diversa seriam os genitores ou responsáveis legais, muitas vezes com assistência jurídica da Defensoria Pública, haveria supostamente também um defensor público atuando em prol dos interesses do destituído, para além da atuação ministerial.

Ocorre que isso viola o disposto na CF/88 e no ECA e, levada a questão aos tribunais superiores, o Superior Tribunal de Justiça (STJ) julgou, mais de uma vez, no mesmo sentido, a desnecessidade de atuação da Defensoria Pública, nestes casos:

> AGRAVO INTERNO NO RECURSO ESPECIAL. FAMÍLIA. ECA. MEDIDA PROTETIVA DE ACOLHIMENTO INSTITUCIONAL. DEFENSORIA PÚBLICA. INTERVENÇÃO. DESNECESSIDADE. MINISTÉRIO PÚBLICO. DEFESA DOS INTERESSES DO MENOR. CABIMENTO.
>
> 1. É desnecessária a intervenção da Defensoria Pública nas hipóteses em que os interesses da criança e do adolescente já estejam sendo protegidos pelo Ministério Público.
>
> 2. Agravo interno não provido.[212]

---

211 BRASIL. Conselho Nacional dos Direitos da Criança e do Adolescente. *Resolução n. 113, de 19 de abril de 2006*. Estabelece os parâmetros para a institucionalização e fortalecimento do Sistema de Garantia dos Direitos da Criança e do Adolescente. Brasília, DF: CONANDA, 2006a.

212 BRASIL. Superior Tribunal de Justiça. *AgInt no Resp n. 2.051.144/RJ*. Relator: Min. Ricardo Villas Bôas Cueva. Pesquisa de Jurisprudência, Decisão Plenária, 8 de abril de 2024h.

Observamos que tal restrição nada afeta a legitimidade da Defensoria Pública para a propositura de ações civis públicas, tal como fixado pelo STF, em sede de repercussão geral, no Recurso Extraordinário nº 733.433[213] e na ADI 3943,[214] em defesa de pessoas vulneráveis economicamente, já que, no que pertine às pessoas vulneráveis, a atribuição é do Ministério Público, com base nos arts. 127 e 129, III, da CF/88.[215]

> O Ministério Público é, por excelência, o substituto processual de crianças e adolescentes, exercendo a defesa dos seus direitos em processos e procedimentos da área infantojuvenil, como nas ações de alimentos, de afastamento da criança/adolescente da convivência familiar, de aplicação de medidas protetivas de acolhimento, de destituição do poder familiar, dentre outras. Nesses feitos, crianças e adolescentes não integram a relação processual como parte, mas têm a defesa dos seus direitos exercida pelo *Parquet* como substituto processual legítimo e exclusivo.[216]

A atuação do Ministério Público, nesses casos, para a defesa dos interesses de crianças e adolescentes, encontra-se respaldada pelo disposto no art. 201, III e VIII do ECA[217] e pela Súmula nº 594, do STJ.[218]

O entendimento de que caberia ao Ministério Público e à Defensoria Pública a defesa dos direitos de crianças e adolescentes, vulneráveis financeiramente ou não, deveria apenas atuar quando se tratar de interesses de necessitados economicamente.

Tais situações são distintas dos processos ou procedimentos em que crianças ou adolescentes figurem como partes, como nos casos de aplicação de medida socioeducativa, em que o defensor público

---

213 BRASIL. Supremo Tribunal Federal. *RE n. 733.433/MG*. Relator: Min. Dias Toffoli. Pesquisa de Jurisprudência, Decisão Plenária, 07 de abril de 2016a.

214 BRASIL. Supremo Tribunal Federal. *ADI n. 3.943*. Relatora: Min. Cármen Lúcia. Pesquisa de Jurisprudência, Decisão Plenária, 7 de maio de 2015c.

215 BRASIL. [Constituição (1988)]. *Constituição da República Federativa do Brasil de 1988*. Brasília, DF: Presidência da República, [2023c].

216 CONSELHO NACIONAL DE PROCURADORES-GERAIS DE JUSTIÇA. Grupo Nacional de Direitos Humanos. *Nota técnica n. 14/2022*. Brasília, DF: CNPG, 2022.

217 BRASIL. *Lei n. 8.069, de 13 de julho de 1990*. Dispõe sobre o Estatuto da Criança e do Adolescente e dá outras providências. Brasília, DF: Presidência da República, 1990b.

218 BRASIL. Superior Tribunal de Justiça. *Súmula n. 594*. O Ministério Público tem legitimidade ativa para ajuizar ação de alimentos em proveito de criança ou adolescente independentemente do exercício do poder familiar dos pais, ou do fato de o menor se encontrar nas situações de risco descritas no art. 98 do Estatuto da Criança e do Adolescente, ou de quaisquer outros questionamentos acerca da existência ou eficiência da Defensoria Pública na comarca. Diário de Justiça Eletrônico, Brasília, DF, n. 2314, 6 nov. 2017c.

prestará a assistência jurídica, ou quando forem representados por seus genitores ou responsáveis legais, em ações propostas pela Defensoria Pública, por exemplo, para tratamento de saúde.

Ocorre que, contrário ao entendimento de que crianças e adolescentes já se encontram com a defesa dos seus direitos realizada pelo Ministério Público, o Projeto de Lei n° 3.555, de 2023, de encontro ao disposto no ECA e do que vem sendo decidido nos Tribunais Superiores, pretende alargar as atribuições da Defensoria Pública. Para o disposto no PL, a Defensoria Pública deve atuar não apenas na representação do adolescente que comete ato infracional ou dos responsáveis legais nas ações em que se postule direitos de crianças e adolescentes em face destes, com o acréscimo ao ECA do art. 224-B:

> Art. 224-B. Compete à Defensoria Pública:
>
> I - promover e acompanhar a defesa dos interesses da criança e do adolescente, individual e coletivamente, em todos os graus e instâncias, garantindo-lhes assistência jurídica integral e gratuita;
>
> [...]
>
> III - promover e acompanhar a tutela extrajudicial dos interesses de crianças e de adolescentes, no âmbito dos órgãos ou entes da administração federal, estadual ou municipal, direta ou indireta; [...]
>
> IX - atuar em defesa de criança e de adolescente vítima de violência e maus tratos ou em situação de risco ao seu desenvolvimento físico e emocional;
>
> X - acompanhar as medidas de acolhimento familiar e institucional, observando os prazos de permanência da criança e do adolescente em programa de acolhimento institucional, nos termos do art. 19 desta Lei, para garantia do direito à convivência familiar e comunitário;
>
> XII - exercer a curadoria especial, nos casos previstos em lei;
>
> XIII - prestar assistência jurídica qualificada à criança e ao adolescente ouvidos em juízo, nos termos da Lei 13.431, de 4 de abril de 2017;
>
> XIV - acompanhar e fiscalizar as entidades governamentais e não governamentais de atendimento à criança e ao adolescente, adotando medidas administrativas ou judiciais necessárias para sanar eventuais irregularidades verificadas; [...].[219]

---

[219] BRASIL. *Projeto de Lei n° 3.555, de 2023*. Altera a Lei 8.069 de 13 de julho de 1990 - Estatuto da Criança e do Adolescente - para dispor sobre atribuições da Defensoria Pública. Brasília, DF: Presidência da República, 2023c.

Outro Projeto de Lei antecedente, o PL nº 5.619, de 2020,[220] tem por objeto acrescentar parágrafos ao art. 15 do ECA, a fim de estabelecer a necessidade de representação processual pela Defensoria Pública em todas as demandas judiciais nas quais crianças e adolescentes se encontrem desamparadas do poder familiar. O PL ainda está em tramitação, mas já se encontra com parecer por sua rejeição, proferido pela Deputada Relatora Laura Carneiro, justamente por reconhecer-se que essa atuação do defensor público implica em uma sobreposição de funções entre Ministério Público e Defensoria Pública nos casos relacionados à infância e adolescência.[221]

Demonstra-se, assim, que tal questão sobre as atribuições da Defensoria Pública ainda não se encontram pacificadas.

O que é unânime é que há dificuldade para o acesso ao Poder Judiciário para a quase totalidade da população, contudo o presente estudo restringe-se a um grupo hipervulnerável específico, que são as crianças e os adolescentes e sua relação com o sistema de justiça. Note-se que este é mais amplo do que o Poder Judiciário. O sistema de justiça envolve diferentes agentes: o advogado, pago ou dativo; o defensor público; o delegado de polícia; funcionários de cartório; o promotor público e, por fim, o juiz.[222]

Por essa razão, não nos atenhamos apenas ao Poder Judiciário, e sim ao sistema de justiça, em que as situações suscitadas e analisadas neste estudo envolvem diversos dos seus atores, com ênfase na atuação do Ministério Público.

3.3.1 A tutela jurisdicional diferenciada e o princípio da proteção integral

O Título VI do ECA trata do acesso à justiça e suas peculiaridades quando envolve crianças e adolescentes.[223]

---

[220] BRASIL. *Projeto de Lei n. 5.619, de 2020.* Altera a Lei n. 8.069, de 13 de julho de 1990, Estatuto da Criança e do Adolescente, para estabelecer medidas para assegurar o integral respeito ao direito à representação processual da criança, do adolescente e do jovem em situação de acolhimento institucional. Brasília, DF: Câmara dos Deputados, 2020b.

[221] BRASIL. Câmara dos Deputados. Comissão de Previdência, Assis. Social, Infância, Adolescência e Família (CPASF). PL n. 5.619, de 2020, *Parecer da Relatora Deputada Laura Carneiro* (PSD/RJ). 2024a.

[222] SADEK, Maria Tereza Aina. O sistema de justiça. *In*: SADEK, Maria Tereza Aina (org.). *O sistema de justiça.* Rio de Janeiro: Centro Edelstein de Pesquisas Sociais, 2010. p. 9-10.

[223] BRASIL. *Lei n. 8.069, de 13 de julho de 1990.* Dispõe sobre o Estatuto da Criança e do Adolescente e dá outras providências. Brasília, DF: Presidência da República, 1990b.

As demandas envolvendo crianças e adolescentes em âmbito judicial, tal como em sede extrajudicial, devem ser mais céleres, porque os prejuízos decorrentes da demora podem repercutir por toda a vida.

É o que Paula denomina de tutela jurisdicional diferenciada, por atender as particularidades do direito material, no seu conteúdo e extensão,[224] com fundamento na vulnerabilidade de crianças e adolescentes e em diversos princípios, em especial o da proteção integral e da prioridade absoluta.

> Partiu-se, na construção da ideia de proteção integral, de obviedade manifesta: crianças e adolescentes reclamam proteção jurídica frente à família, à sociedade e ao Estado, entidades que não raras vezes, a pretexto de protegê-los, negam seus interesses, entre os quais os mais básicos. Integral: portanto, no sentido de totalidade de suas relações interpessoais, sem qualquer tipo de exclusão.[225]

A garantia da prioridade absoluta tem assento constitucional e considera especialmente a efemeridade das fases da infância e da adolescência na trajetória da existência humana.[226]

A tutela jurisdicional, quando envolve interesses de crianças ou adolescentes, deve ser preventiva ou de urgência, já que, quando intempestiva, pode se tornar inofensiva ou ter sua eficácia reduzida.

Esses interesses se fundamentam em necessidades imediatas, particulares de pessoas em desenvolvimento, e, por conta disso, urgem por uma resolução mais rápida, sob pena de ser ineficaz.

Assim, como será detalhado adiante, a criança ou o adolescente não pode ser ouvido da mesma forma que um adulto em um processo judicial; o trâmite processual deve ser mais célere e diferenciado. O adolescente em conflito com a lei não se submete ao mesmo processo penal que um maior de 18 anos, além de inúmeras outras particularidades que almejam resguardar o maior interesse daquele.

Há um microssistema de distribuição de justiça para crianças e adolescentes, capitaneado pelo ECA, mas que também conta com vasta legislação, como se verá nos capítulos seguintes.

---

[224] PAULA, Paulo Afonso Garrido de. *Direito da criança e do adolescente e tutela jurisdicional diferenciada*. São Paulo: Editora Revista dos Tribunais, 2002. p. 76.

[225] PAULA, Paulo Afonso Garrido de. *Direito da criança e do adolescente e tutela jurisdicional diferenciada*. São Paulo: Editora Revista dos Tribunais, 2002. p. 24.

[226] PAULA, Paulo Afonso Garrido de. *Curso de direito da criança e do adolescente*. São Paulo: Cortez, 2024. p. 299.

A diferenciação se destaca em diversos aspectos. O inciso V, do art. 201 do ECA, legitima o Ministério Público a atuar judicialmente, em defesa de todo direito da criança ou do adolescente, ainda que seja um direito individual.[227]

O Ministério Público também deve intervir em qualquer processo em que exista interesse de criança ou adolescente, não só por conta do previsto no art. 201, III, última figura, do ECA,[228] nos feitos em trâmite na justiça da infância e juventude, assim como no art. 82, I, do Código de Processo Civil,[229] quando se tratar de competência da justiça comum, sob pena de nulidade absoluta.

Outra particularidade do sistema jurisdicional diferenciado é o processo para a aplicação da medida socioeducativa, que, ao contrário do processo penal, a) é de natureza exclusivamente pública; b) pode ser extinto a qualquer tempo, caso se entenda que a aplicação da medida socioeducativa não é mais necessária; c) possui a oitiva prévia pelo promotor de justiça extrajudicialmente e d) a medida socioeducativa pode ser revista a qualquer tempo, para alteração ou extinção.

A título exemplificativo, um adolescente comete ato infracional e não é de imediato localizado para a aplicação da medida socioeducativa; passados alguns meses o]u anos, aquele é encontrado, sem o cometimento de outros atos infracionais, frequentando a escola ou até mesmo trabalhando, após os 16 anos. Nesse caso, a solução mais adequada é o reconhecimento da perda do objeto protetivo e o reconhecimento da desnecessidade da aplicação da medida socioeducativa. Aplicar-se nesse caso a medida socioeducativa deixa de ser benéfico e pode até resultar em prejuízo para o adolescente ou jovem, já que ela pode ser aplicada até os 21 anos.

Uma das barreiras impostas ao acesso à justiça, segundo Garth e Cappelletti, bem como Galanter, é a ausência de recursos financeiros, superada quando se trata de judicialização envolvendo interesses de crianças e adolescentes, diante da gratuidade prevista no art. 141, § 2º do ECA.[230]

---

[227] BRASIL. *Lei n. 8.069, de 13 de julho de 1990*. Dispõe sobre o Estatuto da Criança e do Adolescente e dá outras providências. Brasília, DF: Presidência da República, 1990b.

[228] BRASIL. *Lei n. 8.069, de 13 de julho de 1990*. Dispõe sobre o Estatuto da Criança e do Adolescente e dá outras providências. Brasília, DF: Presidência da República, 1990b.

[229] BRASIL. *Lei n. 13.105, de 16 de março de 2015*. Código de Processo Civil. Brasília, DF: Presidência da República, 2015a.

[230] BRASIL. *Lei n. 8.069, de 13 de julho de 1990*. Dispõe sobre o Estatuto da Criança e do Adolescente e dá outras providências. Brasília, DF: Presidência da República, 1990b.

O sistema recursal previsto no art. 198 do ECA também preza pelas particularidades do direito material quando não considera o efeito suspensivo e estabelece prazos diferenciados da sistemática processual civil comum.

> A decisão interlocutória ou a sentença de validação do direito da criança ou do adolescente deve ser executada imediatamente em razão da garantia da prioridade absoluta na sua efetivação. Reitere-se que a criança ou adolescente tem pressa ante a magna influência do aspecto temporal na ineficácia total ou parcial do objeto mediato de sua pretensão, de modo que, o esperar do trânsito em julgado, sempre frustrante para qualquer autor cuja razão já se encontra declarada por provimento jurisdicional, não acabe por corroer o substrato da tutela obtida.[231]

Assim, em uma ação para a destituição do poder familiar de uma criança que se encontra acolhida, sem chances de retorno ao convívio familiar, a sentença que extingue o poder familiar e a coloca disponível para adoção deve ser de imediato executada, uma vez que a espera do trânsito em julgado do recurso, que pode ter sido interposto pela Defensoria Pública por dever de ofício, pode retirar a chance da colocação da criança em uma família substituta, por ter aquela ultrapassado a idade almejada pela maioria das pessoas, que são as crianças com menos de cinco anos.

Entretanto, mesmo com todo o arcabouço legislativo e o sistema de justiça com atribuição diferenciada para as questões envolvendo pessoas com menos de 18 anos, existem inúmeros apontamentos e melhorias que devem ser feitos para o aprimoramento do acesso à justiça perante o Poder Judiciário.

3.4. A linguagem do sistema judiciário com crianças e adolescentes: do "juridiquês" à comunicação não violenta

Imaginemos a seguinte situação: uma criança é chamada por uma funcionária da unidade de acolhimento institucional, onde se encontra desde que foi retirada da guarda da sua genitora por

[231] PAULA, Paulo Afonso Garrido de. *Direito da criança e do adolescente e tutela jurisdicional diferenciada.* São Paulo: Editora Revista dos Tribunais, 2002. p. 93.

supostos maus-tratos, para dirigir-se à sala em que se realiza a audiência concentrada.[232]

Sua mãe é usuária de substâncias entorpecentes. O pai é desconhecido.

Ao adentrar no local, depara-se com pessoas que nunca viu antes, reconhecendo apenas o rosto de sua mãe, que se encontra sentada em um dos lados da mesa.

A criança não sabe, mas ali também estão presentes: juiz, promotor, defensor público ou dativo, equipe técnica da unidade de acolhimento, conselheiros tutelares e das secretarias municipais.

Todos dirigem o olhar para a criança, que se encontra pela primeira vez naquela situação.

O juiz cumprimenta a criança, pergunta a sua idade, se gosta da escola, mas, logo em seguida, explica que ela teria que permanecer acolhida, enquanto tramita seu processo de destituição do poder familiar, porque sua genitora foi declarada incapaz de detê-la sob sua guarda e não há família extensa, nem terceiro apto a ter sua guarda.

A feição da criança muda. O que antes era de constrangimento por se encontrar em um ambiente com tantos olhares, muda para espanto por não entender nada do que lhe havia sido dito. Apenas que não iria para casa, para seu quarto, para a rua onde brincava, para a vida que tinha e que não era tão boa, mas estava perto de sua mãe.

A criança permanece calada, mas seus olhos ficam marejados.

Imaginemos uma segunda situação. Desta vez também é uma criança, com suspeitas de que foi abusada sexualmente por seu padrasto, mas, ante a inocência típica da idade, aquela não sabe ainda descrever o que lhe acontecera.

Entretanto, ainda assim, é indagada se sabia o que era um ato sexual pelo advogado do réu presente na audiência de instrução. Em seguida, pedem-na para descrever, com minúcias, as situações às quais foi submetida em todas as ocasiões em que sua mãe saía para o trabalho.

---

[232] Segundo o art. 1º, §2º, do Provimento n. 118, de 29 de junho de 2021, as audiências concentradas ocorrerão, sempre que possível, nas dependências das entidades e serviços de acolhimento, com a presença dos atores do Sistema de Garantia dos Direitos da Criança e do Adolescente (promotores de justiça, defensores públicos, equipes técnicas forenses e dos acolhimentos, Conselho Tutelar e secretarias municipais), para reavaliação de cada uma das medidas protetivas de acolhimento, diante de seu caráter excepcional e provisório, com a subsequente confecção de atas individualizadas para juntada em cada um dos processos. BRASIL. Conselho Nacional de Justiça. *Provimento n. 118, de 29 de junho de 2021*. Brasília, DF: CNJ, 2021a.

Enquanto relata, sua voz muda ao reviver memórias que gostaria de apagar.

O promotor de justiça se insurge contra as perguntas da defesa, mas esta alega estar exercendo seu direito à defesa.

A criança pede para ir embora. Não quer mais ficar naquele lugar. Talvez nunca mais se esqueça daquele dia e daquelas pessoas presentes na audiência.

Por fim, há mais um fato a ser narrado. Agora, de um adolescente que cometeu o seu primeiro ato infracional. Estava bebendo com outros adolescentes e uns adultos quando um deles o chamou para fazer uma "parada". Agiu de impulso, talvez pela influência do álcool.

A escola não o empolgava e via seu pai, quando embriagado, agredir sua mãe. Não conseguiu fugir como os outros, tendo sido apreendido e levado à presença do promotor de justiça e, em seguida, para a audiência de apresentação. É a sua primeira vez no Fórum.

Seus pais trabalham em outra cidade e o Conselho Tutelar os representou em sua audiência de apresentação na Vara da Infância e Juventude.

O juiz indaga as razões pelas quais subtraiu os pertences da vítima e estava portando arma de fogo, se tinha conhecimento que poderia ser submetido a uma medida socioeducativa e que se não mudasse poderia ser preso novamente aos 18 anos ou ser morto. O adolescente não tem discernimento para entender o que lhe é dito e apenas compreende que não retornará para casa naquele dia.

As três situações descritas não são de todo fictícias. Ocorreram ou ocorrem nas Varas da Infância e Juventude do país e descrevem falhas existentes na forma de comunicação e no uso da linguagem quando crianças ou adolescentes são partes, vítimas ou testemunhas de processos judiciais.

Pretende-se, com este estudo, analisar o uso da linguagem jurídica, as formas de escuta em processos judiciais em que apura a ocorrência de violência contra crianças e adolescentes e o uso da comunicação não violenta na justiça da infância e adolescência.

Além disso, faz-se necessária a descrição de quais soluções poderiam ser utilizadas para cada situação narrada, respeitando-se que crianças e adolescentes, em virtude de sua falta de maturidade física e mental, necessitam de proteção e cuidados especiais, e os adolescentes, sujeitos em desenvolvimento, devem ter tratamento diferenciado em relação às demais pessoas.

3.4.1 A barreira da linguagem jurídica e o movimento da linguagem simples

Crianças e adolescentes são reconhecidos pelo Estado contemporâneo como sujeitos de direitos, isto é, são considerados partes subjetivas de uma relação jurídica, possuindo direitos e deveres decorrentes dela.[233] E, como sujeitos da relação jurídica, podem ser também sujeitos da relação processual e serem ouvidos em juízo.

No entanto, para que alguém possa prestar uma informação, ele precisa compreender inicialmente o que lhe é perguntado. Para que se possa transmitir uma informação, é preciso, de fato, que aqueles a quem ela se destina recebam-na adequadamente.

Normalmente é preciso alguma qualidade para tomar a palavra e ser ouvido. Essa qualidade do orador, sem a qual não será ouvido ou compreendido, pode variar conforme as circunstâncias e o seu público destinatário[234]. Tal raciocínio se adequa à oitiva de crianças e adolescentes em juízo, visto que, conforme a Convenção Internacional sobre os Direitos da Criança, em seu artigo 12, assegura-se à criança e ao adolescente o direito de serem ouvidos em todo processo judicial que possa afetar seu interesse.[235]

O direito de participação e de ser ouvido diz respeito a todas as situações que afetem a vida das crianças e dos adolescentes e cria para os adultos a obrigação de ouvi-los e dar o devido peso à sua opinião.[236]

Em consonância com o Comentário Geral nº 12/2009, da ONU, oriundo do Comitê dos Direitos da Criança:

---

233 AMARAL, Cláudio do Prado. *Curso de direito da infância e da adolescência*. São Paulo: Editora da Universidade de São Paulo, 2020. p. 31.

234 PERELMAN, Chaïm. *Tratado da argumentação*. Tradução: Maria Ermantina Galvão G. Pereira. São Paulo: Martins Fontes, 1996. p. 21.

235 1. Os Estados Partes assegurarão à criança que estiver capacitada a formular seus próprios juízos o direito de expressar suas opiniões livremente sobre todos os assuntos relacionados com a criança, levando-se em consideração essas opiniões, em função da idade e maturidade da criança.

2. Com tal propósito, se proporcionará à criança, em particular, a oportunidade de ser ouvida em todo processo judicial ou administrativo que afete a mesma, quer diretamente quer por intermédio de um representante ou órgão apropriado, em conformidade com as regras processuais da legislação nacional. BRASIL. *Decreto n. 99.710, de 21 de novembro de 1990*. Convenção Internacional sobre os direitos da criança de 1989. Brasília, DF: Presidência da República, 1990a.

236 PAULA, Fausto Junqueira de; SOUZA, Andréa Santos. O Ministério Público na garantia do direito à participação. *In*: SARRUBBO, Mário Luiz (coord.). *Ministério Público Estratégico*: Volume 5: Direitos da criança e do adolescente. Indaiatuba: Editora Foco, 2023. p. 23.

> O direito de todas as crianças de serem ouvidas e levadas a sério constitui um dos valores fundamentais da Convenção. O Comitê dos Direitos da Criança (o Comitê) identificou o artigo 12 como um dos quatro princípios gerais da Convenção, sendo os demais o direito à não discriminação, o direito à vida e ao desenvolvimento, e a consideração primária do melhor interesse da criança, o que destaca o fato de que este artigo estabelece não apenas um direito em si, mas deve também ser considerado na interpretação e implementação de todos os outros direitos.[237]

A preocupação do Comitê da ONU são os óbices a serem superados por crianças e adolescentes, principalmente os mais novos, marginalizados e desfavorecidos, para a efetivação desse direito e a qualidade de muitas das práticas existentes.

Desse jeito, há a possibilidade da oitiva de uma criança ou adolescente, por exemplo, em audiências. Isso se aplica a todos os procedimentos judiciais relevantes que afetam a criança, sem limitação, inclusive nos que tratam de: divórcio dos pais, guarda ou custódia, assistência e adoção, atos infracionais, crianças e adolescentes vítimas de violência física ou psicológica, abusos sexuais, entre outros crimes.

O art. 100 do ECA dispõe que nos procedimentos de colocação de crianças ou adolescentes em família substituta é obrigatória a oitiva e participação dos adolescentes maiores de 12 anos, o que, no entanto, afasta a obrigatoriedade de oitiva de indivíduos menores, tolhendo-lhes o direito de serem ouvidos.[238] Observe que a Convenção Internacional dos Direitos da Criança não prevê idade mínima para que o direito de ser ouvido seja exercido.

É aplicável a oitiva de crianças e adolescentes às audiências extrajudiciais em procedimentos administrativos em curso no Ministério Público, devendo-se apenas atentar para o disposto na Resolução nº 287/2024, quando se tratar de oitiva de crianças ou adolescentes vítimas de crimes, como será detalhado mais adiante.[239]

---

[237] ORGANIZAÇÃO DAS NAÇÕES UNIDAS. *Comentário geral n. 12/2009, do Comitê dos direitos da criança.* [Nova York]: ONU, 2009.

[238] PAULA, Fausto Junqueira de; SOUZA, Andréa Santos. O Ministério Público na garantia do direito à participação. *In*: SARRUBBO, Mário Luiz (coord.). *Ministério Público Estratégico*: Volume 5: Direitos da criança e do adolescente. Indaiatuba: Editora Foco, 2023. p. 22.

[239] BRASIL. Conselho Nacional do Ministério Público. *Resolução n. 287, de 12 de março de 2024.* Dispõe sobre a atuação integrada do Ministério Público para a efetiva defesa e proteção das crianças e adolescentes vítimas ou testemunhas de violência, conforme Lei n. 13.431, de 4 de abril de 2017, e Lei n. 14.344, de 24 de maio de 2022. Brasília, DF: CNMP, 2024b.

A criança e o adolescente precisam não apenas serem ouvidos, mas se sentirem acolhidos e entenderem a razão pela qual se encontram em uma audiência judicial, e pode não ser utilizada a linguagem adequada para indivíduos que se encontram em desenvolvimento.

É inconcebível a utilização da linguagem técnica própria do Direito, mas estranha à maioria das pessoas, quando se encontram envolvidos na comunicação crianças e adolescentes. A compreensão quanto a isso tem aumentado e os integrantes do sistema de justiça têm se utilizado de projetos com o fim de implementar a linguagem simples em detrimento do que vulgarmente conhecemos como "juridiquês".

Uma pesquisa realizada pelo Movimento Nacional Pró-Convivência Familiar e Comunitária, com jovens egressos do sistema de acolhimento institucional, obteve como resultados o dado de que, para grande parte dos jovens entrevistados, a entrada nos serviços de acolhimento se deu de forma abrupta e sem que eles estivessem cientes das razões do afastamento, nem dos procedimentos a serem adotados a partir da retirada deles de suas famílias.[240]

Desse modo, apesar de existir um esforço em vários setores do uso da linguagem simples, falta a utilização dessa linguagem com as crianças e os adolescentes acolhidos institucionalmente, que atestam a falta de comunicação pelos integrantes do Sistema de Garantia de Direitos (SGD) e pelo sistema de justiça, dos motivos ensejadores da sua retirada do convívio familiar.

Na pesquisa realizada pelo Movimento Nacional Pró-Convivência Familiar e Comunitária, a formalidade do ambiente e o fato de pessoas desconhecidas serem responsáveis por decisões que definem a vida das crianças e dos adolescentes foram algumas das características apontadas pelos jovens egressos do sistema de acolhimento:

> Aí ela [juíza] vai, ela que decide sua vida, se você vai se você não vai [...] Eu passo mal toda vez que vou na justiça, eu tenho dor de barriga, eu tenho que tomar remédio, toda vez que tenho que ir na justiça, porque é muito ruim.[241]

---

240 PEREZ, Luciana Cassarino (org.). *Minha vida fora dali*: escuta de jovens egressos de serviços de acolhimento. Curitiba: Movimento Nacional Pró-Convivência Familiar e Comunitária, Curitiba: ECD, 2022. p. 18-19.

241 PEREZ, Luciana Cassarino (org.). *Minha vida fora dali*: escuta de jovens egressos de serviços de acolhimento. Curitiba: Movimento Nacional Pró-Convivência Familiar e Comunitária, Curitiba: ECD, 2022. p. 48-49.

Outro aspecto salientado na pesquisa foi a falta de informação sobre direitos e sobre procedimentos e fluxos nos processos de acolhimento, em que foi relatado o desconhecimento, à época do acolhimento, de direitos como à convivência comunitária, de dispositivos como o Plano Individual de Atendimento (PIA) e de serviços relacionados à capacitação e inserção no mercado de trabalho. Nesse sentido, alguns jovens criticaram ainda a falta de visibilidade e protagonismo como adolescente acolhido, que encontra previsão expressa na Convenção Internacional sobre os Direitos da Criança.[242]

Em âmbito nacional há o Projeto de Lei – PL 6256/2019, que pretende instituir a Política Nacional de Linguagem Simples nos órgãos e nas entidades da administração pública direta e indireta.[243]

Alguns estados, a exemplo do Ceará, por meio da Lei 18.246/2022,[244] e municípios, como o de São Paulo,[245] já promulgaram legislação sobre o uso de linguagem simples na administração pública direta e indireta.

Entretanto, precisa-se enfatizar a questão da linguagem simplificada no âmbito do sistema de justiça, principalmente em audiências judiciais, já que em relação às sentenças, há o PL 3.326/2021,[246] que trata do uso da linguagem coloquial em sentenças, documentos estes ainda mais incompreensíveis para crianças e adolescentes.

A Resolução nº 325, de 29 de junho de 2020, do CNJ, dispõe como um dos macrodesafios do Poder Judiciário o fortalecimento da relação institucional deste com a sociedade e o descreve como a adoção de estratégias de comunicação e de procedimentos objetivos, ágeis e em linguagem de fácil compreensão, visando à transparência e ao fortalecimento do Poder Judiciário como instituição garantidora dos direitos.[247]

---

[242] PEREZ, Luciana Cassarino (org.). *Minha vida fora dali*: escuta de jovens egressos de serviços de acolhimento. Curitiba: Movimento Nacional Pró-Convivência Familiar e Comunitária, Curitiba: ECD, 2022. p. 29.

[243] BRASIL. *Projeto de Lei n. 6.256, de 2019*. Institui a Política Nacional de Linguagem Simples nos órgãos e entidades da administração pública direta e indireta. Brasília, DF: Câmara dos Deputados, 2019d.

[244] CEARÁ. *Lei n. 18.246, de 01 de dezembro de 2022*. Institui a política estadual de linguagem simples nos órgãos e nas entidades da administração direta e indireta do estado do Ceará. Fortaleza: Casa Civil, 2022.

[245] SÃO PAULO. *Lei n. 17.316 de 6 de março de 2020*. Institui a Política Municipal de Linguagem Simples nos órgãos da administração direta e indireta. São Paulo: Casa Civil, 2020.

[246] BRASIL. *Projeto de Lei n. 3.326, de 2021*. Altera o artigo 489 da Lei n. 13.105, de 16 de março de 2015 – Código de Processo Civil. Brasília, DF: Câmara dos Deputados, 2021b.

[247] BRASIL. Conselho Nacional de Justiça. *Resolução n. 325, de 29 de junho de 2020*. Dispõe sobre a Estratégia Nacional do Poder Judiciário 2021-2026 e dá outras providências. Brasília, DF: CNJ, 2020a.

Em 2021, o Tribunal de Justiça do Distrito Federal e Territórios (TJDFT) publicou a Portaria Conjunta nº 91, de 1º de setembro de 2021, para regulamentar o uso de linguagem simples e de direito visual no âmbito daquele tribunal, quando conceitua no art. 2º, inciso 1 linguagem simples como:

> técnica de comunicação adotada para transmitir informações de forma simples e objetiva, com o intuito de facilitar a compreensão das comunicações, principalmente escritas, sem prejuízo das regras da língua portuguesa.[248]

Nessa senda, o Tribunal de Justiça do Estado da Bahia (TJBA) editou o Decreto Judiciário nº 740, de 25 de outubro de 2022, que regulamenta a implantação do uso da linguagem simples no âmbito do TJBA.[249]

Segundo o art. 4º do Decreto Judiciário citado, a adequação dos atos de comunicação à linguagem simples, no âmbito do TJBA, deve observar algumas diretrizes, entre as quais:

> a) adequar mensagens, de forma simplificada e acessível aos que desconhecem as expressões jurídicas;
>
> b) usar linguagem respeitosa, amigável, empática, acessível e inclusiva;
>
> c) dar preferência a palavras comuns, de fácil compreensão;
>
> d) evitar o uso de termos estrangeiros e jargões;
>
> e) evitar o uso de termos técnicos e siglas desconhecidas e explicá-los quando necessário;
>
> f) não usar termos discriminatórios;
>
> g) conhecer e testar a linguagem com o público-alvo.[250]

---

[248] BRASÍLIA. Tribunal de Justiça do Distrito Federal e dos Territórios. *Portaria Conjunta n. 91, de 1º de setembro de 2021*. Regulamenta o uso de linguagem simples e de direito visual no Tribunal de Justiça do Distrito Federal e dos Territórios – TJDFT. Brasília, DF: TJDFT, 2021.

[249] BAHIA. *Decreto Judiciário n. 740, de 25 de outubro de 2022*. Regulamenta a implantação do uso da Linguagem Simples no âmbito do Tribunal de Justiça do Estado da Bahia. Salvador, 2022.

[250] BAHIA. *Decreto Judiciário n. 740, de 25 de outubro de 2022*. Regulamenta a implantação do uso da Linguagem Simples no âmbito do Tribunal de Justiça do Estado da Bahia. Salvador, 2022.

Em Minas Gerais, há a Portaria Conjunta do Tribunal de Justiça do Estado de Minas Gerais nº 1391/PR/2022[251] e, no Rio Grande do Sul, o Ato nº 024/2022,[252] ambos com a mesma linha do Decreto Judiciário baiano.

Em uma atuação mais abrangente, em setembro de 2022, o Tribunal de Justiça de Goiás (TJGO) assinou o Termo de Cooperação Técnica para implementação da linguagem simples nas decisões judiciais e nos atos processuais em geral, que torna oficial o uso da linguagem simples nos órgãos jurídicos do estado, abrangendo também a Ordem dos Advogados do Brasil – Seção Goiás (OAB/GO), Ministério Público de Goiás (MP/GO), Defensoria Pública do Estado (DPE/GO), Procuradoria-Geral do Estado (PGE/GO), com prazo de 60 meses, passível de prorrogação.[253]

Em que pese não ter havido menção expressa às audiências judiciais, principalmente quando nestas forem ouvidas crianças e adolescentes, em todos os dispositivos dos Tribunais supramencionados, subentende-se que a linguagem simples e suas diretrizes devem ser adotadas em todas as formas de comunicação com o público externo à instituição.

Todavia, ainda são iniciativas isoladas em alguns Tribunais de Justiça do país, que precisam de expansão para que se tornem uma regra, e não uma exceção.

Em novembro de 2023, o CNJ lançou o *Pacto pela linguagem simples*, para:

> que sejam adotadas de ações, iniciativas e projetos a serem desenvolvidos em todos os segmentos da Justiça e em todos os graus de jurisdição, com o objetivo de adotar linguagem simples, direta e compreensível a todas as pessoas na produção das decisões judiciais e na comunicação geral com a sociedade.[254]

Entre os compromissos a serem assumidos no Pacto, os tribunais devem estimular juízes e setores técnicos a:

---

[251] MINAS GERAIS. Tribunal de Justiça. *Portaria Conjunta n. 1391/PR/2022*. Regulamenta o uso de linguagem simples e de direito visual no âmbito do Poder Judiciário do Estado de Minas Gerais. Belo Horizonte: TJMG, 2022.

[252] RIO GRANDE DO SUL. *Ato n. 024/2022*. Institui a Política de utilização de Linguagem Simples no Poder Judiciário Estadual. Porto Alegre: TJRS, 2022.

[253] GOIÁS. Tribunal de Justiça. *Termo de Cooperação Técnica para implementação da linguagem simples nas decisões judiciais e atos processuais em geral*. Goiânia: TJGO, 2022.

[254] BRASIL. Conselho Nacional de Justiça. *Pacto Nacional ao Judiciário para o uso da linguagem simples*. Brasília, DF: CNJ, 2023a.

a. eliminar termos excessivamente formais e dispensáveis à compreensão do conteúdo a ser transmitido;

b. adotar linguagem direta e concisa nos documentos, comunicados públicos, despachos, decisões, sentenças, votos e acórdãos;

c. explicar, sempre que possível, o impacto da decisão ou do julgamento na vida de cada pessoa e da sociedade brasileira;

d. utilizar versão resumida dos votos nas sessões de julgamento, sem prejuízo da juntada de versão ampliada nos processos judiciais;

e. fomentar pronunciamentos objetivos e breves nos eventos organizados pelo Poder Judiciário;

f. reformular protocolos de eventos, dispensando, sempre que possível, formalidades excessivas;

g. utilizar linguagem acessível à pessoa com deficiência (Libras, audiodescrição e outras) e respeitosa à dignidade de toda a sociedade.

O Pacto tem sido um fomento para que os Tribunais de Justiça implantem a linguagem simples. Entretanto, pela sua leitura, vê-se que o enfoque é no uso da linguagem simples no uso de documentos, em manifestações em votos em sessões de julgamento e eventos, não havendo nada específico em relação à linguagem com os jurisdicionados em audiências, salvo a criação de programas de treinamento conjunto de servidores e servidoras para promoção de comunicação simples, acessível e direta, mas esta não faz referência aos magistrados.

Contudo, espera-se que esse objetivo seja alcançado por meio de dois itens relacionados no Eixo 5 do Pacto – Articulação interinstitucional e social, quais sejam: a) compartilhamento de boas práticas e recursos de linguagem simples; b) estabelecimento de parcerias com universidades, veículos de comunicação ou influenciadores digitais para cooperação técnica e desenvolvimento de protocolos de simplificação da linguagem.[255]

Se a utilização da linguagem formal é inadequada ao cidadão comum quando este almeja o acesso à justiça, com mais razão não deve ser utilizada com crianças ou adolescentes, pessoas em desenvolvimento que precisam ter a informação adequada sobre um direito que pode impactar sua vida.

---

[255] BRASIL. Conselho Nacional de Justiça. *Pacto Nacional ao Judiciário para o uso da linguagem simples*. Brasília, DF: CNJ, 2023a.

3.4.2 A forma adequada de oitiva de crianças e adolescentes vítimas e testemunhas de violência

Durante muito tempo, crianças e adolescentes vítimas ou testemunhas de crimes, quando noticiavam fatos sofridos ou presenciados, eram ouvidos por aquele a quem primeiro relatou, que poderia ser um familiar, um professor ou amigo, e estes os encaminhavam para a assistência social ou o Conselho Tutelar, onde mais uma vez o acontecido era narrado.

Em seguida, o Conselho Tutelar remetia a oitiva da suposta vítima ou testemunha ao Ministério Público e à delegacia.

Após ser levada à delegacia de polícia, a vítima ou testemunha contava os fatos perante a autoridade policial, a fim de que fosse feita a instrução da investigação. Não se tratando de caso de arquivamento do inquérito policial, o Ministério Público poderia pedir novas diligências, entre elas a possibilidade de nova oitiva da vítima e/ou testemunhas, nos termos do art. 16, do Código de Processo Penal, ou indicar de pronto a ação penal, conforme o art. 24 do mesmo Código.[256]

Durante a audiência de instrução, a vítima – criança ou adolescente – era indagada diretamente pelo representante do Ministério Público, pelo defensor público ou advogado da parte ré e pelo juiz, sem que fossem obrigatoriamente submetidos a uma capacitação para deter o conhecimento de como deveriam questionar a vítima ou até não realizar a pergunta diretamente sobre os fatos que, principalmente nos casos de violência sexual, a afetam psicologicamente por tratar assuntos delicados e constrangedores.

É necessário reconhecer que a visão técnico-jurídica dos operadores do Direito tem limites. Portanto, a capacidade profissional do jurista para ouvir o relato de uma vítima infantojuvenil de abuso sexual ou alienação parental e com aquela falar não é suficiente, nem eficiente, podendo causar um dano irreparável às vítimas.[257]

Não são raros os momentos em que se verifica o constrangimento da vítima e dos presentes, a ponto de a vítima emocionar-se ou não

---

256 BRASIL. *Decreto-Lei n. 3.689, de 3 de outubro de 1941*. Código de Processo Penal. Brasília, DF: Presidência da República, 1941.

257 PÖTTER, Luciana. Lei 13.431/2017: a escuta protegida e os desafios para a implantação do sistema de garantia de direitos para crianças e adolescentes vítimas ou testemunhas de violência. *In*: PÖTTER, Luciana (org.). *A escuta protegida de crianças e adolescentes*: os desafios da implantação da Lei 13.431/2017. Porto Alegre: Livraria do Advogado, 2019. p. 28.

querer prosseguir no depoimento. Em razão disso, surgiu o movimento para que se procedesse à oitiva de vítimas e testemunhas de crimes por intermédio do "Depoimento sem Dano", que se iniciou na Segunda Vara da Infância e Juventude da Comarca de Porto Alegre, em 2003, na qual o juiz à época, Dr. José Antônio Daltoé Cezar, concebeu a primeira sala especial, com circuito interno de TV e videogravação, para que a criança ou o adolescente fosse escutado de forma protegida.[258]

No ano de 2010, o CNJ expediu a Recomendação nº 33, de 23 de novembro de 2010, orientando aos tribunais a criação de serviços especializados para escuta de crianças e adolescentes vítimas ou testemunhas de violência nos processos judiciais. Ocorre que uma recomendação não tem força cogente, e sim o objetivo de persuadir o destinatário a praticar um ato, não alcançando desse modo o êxito pretendido de implantação do sistema de depoimento por meio de vídeo.

Ainda segundo a recomendação, a gravação do vídeo deveria ser realizada em ambiente separado da sala de audiências, com a participação de profissional especializado para atuar nessa prática.[259]

No âmbito processual cível, o Código de Processo Civil em vigor dispõe, em seu art. 699, que, quando o processo envolver discussão sobre fato relacionado a abuso ou alienação parental, sendo formas de violência psicológica, o juiz, ao tomar o depoimento do incapaz, deverá estar acompanhado por especialista.[260]

A Lei nº 14.340/2022 incluiu também disposição na Lei da Alienação Parental – Lei nº 12.318/2010 –, para que, sempre que necessário, o depoimento ou a oitiva de crianças e adolescentes, em casos de alienação parental, também sejam realizados obrigatoriamente nos termos da Lei nº 13.431, de 4 de abril de 2017, sob pena de nulidade processual.[261] Dada a importância da mudança de cultura de oitiva e da linguagem utilizada com crianças e adolescentes vítimas

---

[258] TABAJASKI, Betina; VICTOLLA, Cláudia Tellini; VISNIEVSKI, Vanea Maria. Depoimento Especial: a difícil tarefa do pioneirismo. *In*: PÖTTER, Luciana (org.). *A escuta protegida de crianças e adolescentes*: os desafios da implantação da Lei 13.431/2017. Porto Alegre: Livraria do Advogado, 2019. p. 65-78. p. 66.

[259] BRASIL. Conselho Nacional de Justiça. *Recomendação n. 33, de 23 de novembro de 2010*. Recomenda aos tribunais a criação de serviços especializados para escuta de crianças e adolescentes vítimas ou testemunhas de violência nos processos judiciais. Brasília, DF: CNJ, 2010.

[260] BRASIL. *Lei n. 13.105, de 16 de março de 2015*. Código de Processo Civil. Brasília, DF: Presidência da República, 2015a.

[261] BRASIL. *Lei n. 14.340, de 18 de maio de 2022*. Altera a Lei n. 12.318, de 26 de agosto de 2010, para modificar procedimentos relativos à alienação parental, e a Lei n. 8.069, de 13 de julho de 1990 (Estatuto da Criança e do Adolescente), para estabelecer procedimentos adicionais para a suspensão do poder familiar. Brasília, DF: Presidência da República, 2022d.

e testemunhas de crimes, no ano de 2015 foi apresentado o PL nº 3792/2015, que pretendia estabelecer o sistema de garantia de direitos de crianças e adolescentes vítimas e testemunhas de violência, para que também ocorresse uma mudança na forma como crianças e adolescentes fossem ouvidos em juízo.[262]

Assim, o PL deu ensejo à Lei nº 13.431/2017, publicada em 4 de abril de 2017, quando passou a existir a previsão de que, após o cumprimento do seu *vacatio legis* de um ano, crianças e adolescentes passariam a ser ouvidos mediante escuta protegida, que ocorreria por meio de escuta especializada, em âmbito extrajudicial, a fim de que lhes fossem aplicadas medidas de proteção, e o depoimento especial seria o procedimento de oitiva de criança ou adolescente vítima ou testemunha de violência perante autoridade policial ou judiciária, conforme o art. 8º da referida lei.[263]

Dessa forma, criaram-se mecanismos para prevenir e coibir a violência, nos termos do art. 227 da Constituição Federal, da Convenção Internacional sobre os Direitos da Criança e de outros diplomas internacionais, estabelecendo medidas de proteção às vítimas em situação de violência, para que o combate da revitimização ou vitimização secundária.[264]

> O direito à participação em processos judiciais do ponto de vista da vítima não exclui outros direitos da criança, como o direito de ser protegido contra qualquer forma de violência, incluindo estresse psicológico. Portanto, a busca da verdade, tão essencial no processo penal, não deve anular a situação da criança e seu depoimento deve ser colhido em ambiente protetor, para que ela não se sinta ameaçada, julgada, culpada ou de qualquer outra forma ponha em causa a liberdade que deve caracterizar seu testemunho.[265]

---

262 BRASIL. *Projeto de Lei n. 3.792, de 2015*. Estabelece o sistema de garantia de direitos de crianças e adolescentes vítimas e testemunhas de violência, e dá outras providências. Brasília, DF: Câmara dos Deputados, 2015b.

263 BRASIL. *Lei n. 13.431, de 4 de abril de 2017*. Estabelece o sistema de garantia de direitos da criança e do adolescente vítima ou testemunha de violência e altera a Lei n. 8.069, de 13 de julho de 1990 (Estatuto da Criança e do Adolescente). Brasília, DF: Presidência da República, 2017b.

264 SCHMIDT, Flávio. *A escuta das crianças em juízo*. São Paulo: Mizuno, 2020. p. 9.

265 PAULA, Fausto Junqueira de; SOUZA, Andréa Santos. O Ministério Público na garantia do direito à participação. *In*: SARRUBBO, Mário Luiz (coord.). *Ministério Público Estratégico*: Volume 5: Direitos da criança e do adolescente. Indaiatuba: Editora Foco, 2023. p. 30.

A Resolução nº 299, de 5 de novembro de 2019, do CNJ, deixa clara a obrigatoriedade da instalação das salas para a realização do depoimento especial:

> Art. 7º A implantação das salas de depoimento especial é obrigatória em todas as comarcas do território nacional, nos termos da Lei nº 13.431/2017 por tratar-se de direito de todas crianças e adolescentes vítimas ou testemunhas de violência apresentar suas narrativas de forma segura, protegida e acolhedora.[266]

Assim, a maneira até então utilizada para que fosse prestado o depoimento de crianças e adolescentes vítimas e testemunhas de violência seria modificada, priorizando-se que aquele ocorresse uma única vez e, conforme o protocolo de depoimento especial, em sede de produção antecipada de prova judicial, em atendimento ao princípio da intervenção precoce e mínima, prevista no artigo 100, parágrafo único, incisos VI e VII do ECA.[267]

Além disso, a vítima não teria mais contato visual com o suposto agressor e com os outros atores do sistema de justiça, que anteriormente se encontravam presentes em audiência, salvo se a vítima desejasse prestar depoimento diretamente ao juiz e não se opuser a isso.

Caso a criança ou adolescente, vítima ou testemunha, não manifeste o desejo de ser indagada diretamente pelo juiz da ação, profissionais especializados farão esclarecimentos sobre a tomada do depoimento especial, informando-lhe os seus direitos e os procedimentos a serem adotados, sem a leitura de peças processuais que anteriormente poderiam lhe causar qualquer constrangimento. A regra é que o depoimento ocorra na forma especial prevista na Lei nº 13.431/2017, e só excepcionalmente seja feito no decorrer da oitiva direta pelo juiz.

Em seguida, haverá a livre narrativa sobre a violência, quando o profissional especializado puder intervir, caso seja necessário, utilizando técnicas que permitam a elucidação dos fatos. Enquanto o depoimento especial ocorre em local apropriado, ele será transmitido, em tempo real, preservado o sigilo, para a sala de audiência, em que se

---

[266] BRASIL. Conselho Nacional de Justiça. *Resolução n. 299, de 05 de novembro de 2019*. Dispõe sobre o sistema de garantia de direitos da criança e do adolescente vítima ou testemunha de violência, de que trata a Lei n. 13.431, de 4 de abril de 2017. Brasília, DF: CNJ, 2019b.

[267] BRASIL. *Lei n. 8.069, de 13 de julho de 1990*. Dispõe sobre o Estatuto da Criança e do Adolescente e dá outras providências. Brasília, DF: Presidência da República, 1990b.

encontram juiz, promotor, advogados e réus – caso não seja solicitada a retirada destes da sala de audiências.

Por fim, o juiz consulta as partes se desejam esclarecer algum ponto, avalia a pertinência das perguntas e as transmite em bloco para o profissional especializado, que poderá adaptar as perguntas à linguagem de melhor compreensão da criança ou do adolescente.

Como o depoimento especial é gravado em áudio e vídeo, não é necessária a sua repetição, salvo quando justificada a sua imprescindibilidade pela autoridade competente e houver a concordância da vítima ou da testemunha, ou de seu representante legal.

Segundo a Resolução nº 287, de 12 de março de 2024, do Conselho Nacional do Ministério Público, que trata da atuação integrada do Ministério Público para a efetiva defesa e proteção das crianças e dos adolescentes vítimas ou testemunhas de violência, conforme a Lei nº 13.431, de 4 de abril de 2017 e a Lei nº 14.344, de 24 de maio de 2022, caso seja necessário, esse depoimento gravado pode, inclusive, ser utilizado como prova emprestada.

> Art. 8º Quando do fato que resultou a violência houver repercussão em mais de uma atribuição do Ministério Público, o depoimento especial deve ocorrer, preferencialmente, no âmbito criminal.
>
> Parágrafo único: Havendo necessidade de depoimento especial em Vara diversa da criminal, o membro do Ministério Público deve verificar a possibilidade de aproveitar a prova emprestada produzida ou a ser produzida no juízo criminal, nos termos do art. 2º desta Resolução, evitando-se a repetição do depoimento e de eventual perícia sobre os mesmos fatos, bem como a revitimização, resguardado o sigilo (arts. 11, caput, e 12, § 5º, da Lei n. 13.431/2017).[268]

Ocorre que, passados mais de seis anos desde a publicação da Lei nº 13.431/2017 e mais de cinco anos desde sua entrada em vigor, ainda não houve a implementação do depoimento especial em todas as comarcas em que crianças e adolescentes, vítimas ou testemunhas de violência, são ouvidas em juízo, o que atesta a sua inefetividade.

---

[268] BRASIL. Conselho Nacional do Ministério Público. *Resolução n. 287, de 12 de março de 2024*. Dispõe sobre a atuação integrada do Ministério Público para a efetiva defesa e proteção das crianças e adolescentes vítimas ou testemunhas de violência, conforme Lei n. 13.431, de 4 de abril de 2017, e Lei n. 14.344, de 24 de maio de 2022. Brasília, DF: CNMP, 2024b.

> Lei não é aviso para se colar em prateleira e manter-se como lembrança. É mandamento para ordenar a vida comum. E é impositiva porque representa, se legitima, uma possibilidade de realização de Justiça, segundo o que pensa a sociedade para todos os casos.[269]

No ano de 2019, o CNJ apresentou o Relatório Final referente aos resultados da pesquisa realizada pela Universidade de Fortaleza, responsável pelo projeto "A oitiva de crianças no Poder Judiciário brasileiro: estudo com foco na implementação da Recomendação n. 33/2010 do CNJ e da Lei n. 13.431/2017", em que se verificou que, das 24 localidades escolhidas para a pesquisa, apenas 14 estão cumprindo as exigências legais.[270]

Segundo levantamento realizado no ano de 2023, nas 27 unidades da federação havia 1.674 salas instaladas e 5.673 técnicos capacitados e, até 2022, oito estados não contabilizavam os depoimentos realizados.[271]

Para se ter a ideia da urgência e necessidade da implementação da Lei nº 13.431/2017, foi firmado, em junho de 2019, um Pacto Nacional envolvendo diversos Ministérios do governo federal e a Casa Civil, Conselho Nacional de Justiça (CNJ), Conselho Nacional do Ministério Público (CNMP), a Ordem dos Advogados do Brasil (OAB), o Conselho Nacional dos Chefes de Polícia Civil, o Colégio Nacional dos Defensores Públicos Gerais e Defensoria Pública da União para estabelecimento de princípios e regras gerais básicos a serem observados pelos pactuantes no desenvolvimento de ações intersetoriais e interinstitucionais a serem executadas de forma integrada e coordenada, numa conjugação de esforços necessários à implementação da Lei nº 13.431/2017.[272]

Nos anos de 2020 e 2021, o Brasil e o mundo encontravam-se sofrendo as consequências da pandemia, razão pela qual se dificultou ainda mais a implantação das salas e capacitação dos profissionais para a realização do depoimento especial.

---

269 ROCHA, Cármen Lúcia Antunes. *Direitos de/para todos*. Rio de Janeiro: Bazar do tempo, 2024. p. 171.

270 BRASIL. Conselho Nacional de Justiça. *Relatório analítico propositivo*: a oitiva de crianças no Poder Judiciário. Brasília, DF: CNJ, 2019a. Série Justiça Pesquisa. p. 122.

271 BRASIL. Conselho Nacional do Ministério Público. *Mapa do Depoimento Especial no Brasil em 2023*. Brasília, DF: CNMP, 2024c. No prelo.

272 BRASIL. *Pacto nacional pela implementação da lei n. 13.431, de 4 de abril de 2017*. Estabelece o sistema de garantia de direitos da criança e do adolescente vítima ou testemunha de violência. Brasília, DF: Presidência da República, 2019d.

Atualmente, há levantamentos em elaboração pelo CNJ e pelo CNMP, ainda não concluídos, mas é de notório conhecimento que ainda há localidades em que não há a implementação do depoimento especial na forma prevista no Decreto nº 9.603/2018, que regulamenta a Lei nº 13.431/2017.

A grande dificuldade da implantação é a inexistência de servidores da justiça capacitados em número suficiente para atender a demanda de depoimentos existentes. Na falta de servidores aptos, é possível a celebração de convênios ou capacitar e treinar pessoas com formação superior, podendo remunerá-las pela atividade de tomada de depoimento especial como perícia.[273]

É importante ressaltar que a não realização do depoimento especial na forma determinada na Lei nº 13.431/2017 e no Decreto nº 9.603/2018 pode incorrer em violência institucional.

Consoante a Lei da Escuta, em seu art. 4º, a violência institucional é uma das formas de violência – sem prejuízo da tipificação das condutas criminosas – entendida como aquela praticada por instituição pública ou conveniada, inclusive quando gerar revitimização.[274]

Ademais, a violência institucional traduz-se como aquela que revitimiza a vítima por meio do sistema processual-penal. Não se trata de um mal-estar pelo fato de estar nas dependências do Judiciário, mas de "efeitos nocivos da ordem da saúde e do sistema de representações sociais que regulam a conduta cotidiana da criança ou do adolescente".[275]

3.4.3 A comunicação não violenta e o adolescente que comete ato infracional

A partir do momento em que um adolescente comete ato infracional, deve-se entender que ele não deve ser tratado da mesma forma que um adulto que comete um crime, porque lhe é aplicada medida socioeducativa, que não é uma pena.

---

273 BRASIL. Conselho Nacional de Justiça. *Resolução n. 299, de 05 de novembro de 2019*. Dispõe sobre o sistema de garantia de direitos da criança e do adolescente vítima ou testemunha de violência, de que trata a Lei n. 13.431, de 4 de abril de 2017. Brasília, DF: CNJ, 2019b.

274 TRENNEPOHL, Anna Karina O. V. Riscos de revitimização de crianças e adolescentes e a necessária implantação do depoimento especial. *In*: RIBEIRO, Carlos Vinícius Alves; FELIX, Juliana Nunes; SOUZA, Marcelo Weitzel Rabello de (coord.). *Os direitos das vítimas*: reflexões e perspectivas. Brasília, DF: ESMPU, 2023b. p. 171-181. p. 174.

275 BITENCOURT, Luciane Pötter. *Vitimização secundária infanto-juvenil e violência sexual intrafamiliar*: por uma política pública de redução de danos. Rio de Janeiro: Lumen Juris, 2009. p. 100.

O ECA, no seu art. 103, conceitua o ato infracional como a conduta descrita como crime ou contravenção penal.[276] Isso serve apenas de equiparação, tendo em vista que o adolescente não comete crime. Assim, um adolescente deve receber tratamento diferenciado, e não ser tratado da mesma forma que um adulto.

Nas orientações gerais para evitar a prática de atos infracionais por adolescentes, conhecidas como Diretrizes de Riad, editadas no 8º Congresso das Nações Unidas sobre a Prevenção do Delito e Tratamento do Delinquente, aprovadas em 14 de dezembro de 1990, por intermédio da Resolução nº 45/112, consta como uma das diretrizes a consciência de que rotular um adolescente como desviante, delinquente ou pré-delinquente contribui para o desenvolvimento pelos adolescentes de um padrão consistente de comportamento indesejável.[277]

Por essa razão, faz-se necessário discorrer sobre o uso da comunicação não violenta com o adolescente antes e após o cometimento do ato infracional.

O artigo 12, parágrafo 2º, da Convenção Internacional sobre os Direitos da Criança preceitua que o adolescente que comete um ato infracional tem o direito a ser ouvido.

> Esse direito deve ser plenamente observado em todas as etapas do processo judicial, desde a fase pré-julgamento, quando a criança tem o direito de permanecer em silêncio, até o direito de ser ouvida pela polícia, pelo promotor e pelo juiz investigador. O referido direito também se aplica através das etapas de adjudicação e disposição, bem como ao tempo da implementação das medidas impostas.[278]

Contudo, na comunicação com esse adolescente que cometeu ato infracional, deve-se priorizar a busca pelas informações sobre os motivos ensejadores do seu envolvimento no fato, em detrimento de se apurar o fato em si, ou adverti-lo de forma agressiva, em uma abordagem que em nada auxiliará no seu processo de reinserção na sociedade e retirada da situação de vulnerabilidade.

---

276 BRASIL. *Lei n. 8.069, de 13 de julho de 1990.* Dispõe sobre o Estatuto da Criança e do Adolescente e dá outras providências. Brasília, DF: Presidência da República, 1990b.

277 ORGANIZAÇÃO DAS NAÇÕES UNIDAS. *United Nations Guidelines for the Prevention of Juvenile Delinquency (The Riyadh Guidelines).* [Nova York]: ONU, 1990.

278 ORGANIZAÇÃO DAS NAÇÕES UNIDAS. *Comentário geral n. 12/2009, do Comitê dos direitos da criança.* [Nova York]: ONU, 2009.

O estudo da Comunicação Não Violenta (CNV) iniciou-se tomando por base as análises do psicólogo Marshall Rosenberg e se baseia em ações relacionais básicas do ser humano: saber ouvir e falar. Essa abordagem da comunicação enfatiza que a motivação para agir é a compaixão, e não o medo, a culpa, a vergonha, a censura, a coerção ou a ameaça de punição. Segundo a CNV, ao tentarmos nos relacionar com outras pessoas, só obteremos a empatia quando conseguirmos nos livrar de todas as ideias preconcebidas e julgamentos a respeito delas.[279]

Um adolescente que comete ato infracional pode ter sido ou ser vítima de comunicação inadequada em sua família, na qual não consegue expor seus sentimentos ou demonstrar suas emoções.

Assim, várias questões perturbadoras, que afetam sua formação, podem permanecer sem resolução porque o adolescente não tem voz e abertura para conversar com seus familiares, por falta de conhecimento de como devem se comunicar, principalmente quando nos deparamos com situações em que os pais apenas ordenam e não demonstram afeto.

Os adolescentes foram e ainda são percebidos praticamente só em razão dos distúrbios sociais e delitos que praticaram, eclipsando-se as diversas dificuldades e necessidades inerentes a essa faixa etária, que exigem ações especializadas.[280]

Muitas vezes não se veem os adolescentes como sujeitos que se encontram em uma fase de mudanças da infância para a vida adulta e, em decorrência disso, cheios de conflitos e inseguranças, ainda mais quando vivem em situação de vulnerabilidade social.

Da mesma forma, o adolescente pode não encontrar espaço nos ambientes em que convive, tal como o ambiente escolar, para ter segurança para demonstrar seus sentimentos e emoções.

Os adolescentes precisam ser acolhidos em suas necessidades como sujeitos em desenvolvimento, para que suas experiências possam ser transformadas em algo positivo e não lhe seja aplicada apenas uma sanção, até porque não é essa a natureza da medida socioeducativa, e sim uma perspectiva educacional e social integrativa, encorajando-os a se responsabilizar por seus atos e compreender que todas as suas condutas, positivas ou negativas, podem gerar consequências.

---

279 ROSENBERG, Marshall B. *Vivendo a comunicação não violenta*: como estabelecer conexões sinceras e resolver conflitos de forma pacífica e eficaz. Rio de Janeiro: Sextante, 2019. p. 134.

280 AMARAL, Cláudio do Prado. *Curso de direito da infância e da adolescência*. São Paulo: Editora da Universidade de São Paulo, 2020. p. 35.

O adolescente, por ser retraído e não saber se expressar, pode ainda ser vítima de bullying, o que provavelmente afeta sua autoestima e agrava sua situação psicológica. Sabe-se que, na realidade das escolas brasileiras, principalmente na de âmbito público, muitos dos profissionais que nelas atuam não recebem nem receberam nenhum tipo de capacitação para lidar com as questões de indisciplina e de violência.

Compreender a CNV tem como ponto inicial estar disposto para que ela aconteça e ter consciência de como são e como foram cunhados e forjados os processos de comunicação sob os quais se vive. Assim, para comunicar-se de forma não violenta com um adolescente, deve-se entender o seu nível de compreensão com o que é dito e se utilizar de linguagem acessível à sua idade e geração, a fim de se estabelecer conexões com aquele.

Essa forma de comunicação dispõe de três pontos de partida para ocorrer a conexão entre as pessoas: oferecer empatia; expressar suas próprias observações, sentimentos e necessidades; e promover conexão consigo mesmo por meio da autoempatia, tendo-se como relevante princípio poder transformar uma linguagem de culpa, julgamento e/ou dominação em uma linguagem de parceria e cuidado mútuo.[281]

A oitiva preliminar informal do adolescente pelo promotor de justiça, prevista no art. 179 do ECA, não deve ocorrer de forma impositiva e unicamente para estabelecer limites ao adolescente, sem a presença de diálogo, caracterizado pela fala monóloga do promotor de justiça, apontando os erros do adolescente e fazendo admoestações verbais.[282]

Infelizmente, a falta de CNV pode acontecer na abordagem do adolescente com a autoridade policial, ministerial e judiciária, quando não é vislumbrada a possibilidade de uma razão para o cometimento do ato infracional, que está atrelada à situação em que aquele vive, problemas psicológicos que o acometem, pobreza, violência da qual é vítima etc.

---

[281] SILVEIRA, Everton; REIS, Patrícia Lane Araújo. Comunicação não violenta e justiça restaurativa como estratégia de linguagem na resolução de conflitos. *In*: SEMINÁRIO INTERNACIONAL DE POLÍTICAS PÚBLICAS, INTERSETORIALIDADE E FAMÍLIA, 4., 2019. *Anais* [...]. Porto Alegre: EDIPUCRS, 2019. p. 5.

[282] REIS, Francisca Silvia da Silva. O atendimento do adolescente autor de ato infracional nas promotorias de justiça sob a perspectiva da comunicação não violenta. *Revista Eletrônica do Ministério Público do Estado do Piauí*, [*s. l.*], ano 1, v. 1 p. 401-414, jan./jun. 2021. p. 410.

Então, é importante incentivar o diálogo e a escuta ativa para então ser possível a expressão de sentimentos por meio da comunicação. Quando a CNV é utilizada na abordagem do adolescente quando este comete o ato infracional, é imperioso que essa comunicação ocorra da forma menos violenta possível, uma vez que, geralmente, esse adolescente infrator já se encontra numa situação de vulnerabilidade social.[283]

Uma comunicação ativa e com empatia pode revisitar as verdadeiras causas que impulsionaram o cometimento do ato infracional e podem, inclusive, nortear qual medida socioeducativa deve ser aplicada ao adolescente, uma vez que o Sistema Nacional de Atendimento Socioeducativo (SINASE), instituído pela Lei nº 12.594/2012,[284] constituindo-se de uma política pública destinada à promoção, proteção e defesa dos direitos humanos e fundamentais de adolescentes e jovens responsabilizados pela prática de ato infracional, confirma o viés pedagógico da medida socioeducativa.[285]

As Regras Mínimas das Nações Unidas para a Administração da Infância e da Juventude, ou Regras de Beijing, adotadas pela Assembleia Geral da ONU por intermédio da Resolução nº 40/33, de 29 de novembro de 1985,[286] não foram incorporadas pelo direito interno brasileiro. Contudo, podem servir de paradigma para boas práticas no campo da justiça socioeducativa e na execução de medidas aplicáveis a adolescentes que cometem atos infracionais correlatos a crimes.[287]

---

283 MEYER, Cristiane Carvalho Beresford. *Fundamentos das práticas restaurativas e da comunicação não violenta na abordagem de adolescentes em conflito com a lei*. 2020. Trabalho de Conclusão do Curso (Especialização em Sistema de Justiça: Conciliação, Mediação e Justiça Restaurativa) – Universidade do Sul de Santa Catarina, Tubarão, 2020. p. 15.

284 BRASIL. *Lei n. 12.594, de 18 de janeiro de 2012*. Institui o Sistema Nacional de Atendimento Socioeducativo - SINASE, regulamenta a execução das Medidas Socioeducativas destinadas a adolescente que pratique Ato Infracional; e altera as Leis n. 8.069, de 13 de julho de 1990 (Estatuto da Criança e do Adolescente); 7.560, de 19 de dezembro de 1986, 7.998, de 11 de janeiro de 1990, 5.537, de 21 de novembro de 1968, 8.315, de 23 de dezembro de 1991, 8.706, de 14 de setembro de 1993, os Decretos-Leis n. 4.048, de 22 de janeiro de 1942, 8.621, de 10 de janeiro de 1946, e a Consolidação das Leis do Trabalho (CLT), aprovada pelo Decreto-Lei n. 5.452, de 1º de maio de 1943. Brasília, DF: Presidência da República, 2012.

285 BRASIL. Secretaria Especial dos Direitos Humanos. *Sistema Nacional de Atendimento Socioeducativo*: SINASE. Brasília, DF: CONANDA, 2006b.

286 ORGANIZAÇÃO DAS NAÇÕES UNIDAS. *United Nations Standard Minimum Rules for the Administration of Juvenile Justice (The Beijing Rules)*. [Nova York]: ONU, 1985.

287 AMARAL, Cláudio do Prado. *Curso de direito da infância e da adolescência*. São Paulo: Editora da Universidade de São Paulo, 2020. p. 35.

As Regras de Beijing são divididas em seis partes. A terceira parte trata da decisão judicial e medidas e, no item 22, ressalta a necessidade de profissionalismo e capacitação, em que descreve, no item 22.1, que:

> Serão utilizados a educação profissional, o treinamento em serviço, a reciclagem e outros meios apropriados de instrução para estabelecer e manter a necessária competência profissional de todo o pessoal que se ocupa dos casos de jovens.[288]

Isso reforça a necessidade de capacitação dos atores do sistema de justiça que lidam com adolescentes para se adequarem à linguagem adequada que deve ser utilizada, de forma não violenta e que reflita as diversas características dos jovens que entram em contato com o sistema.

O adolescente necessita primeiro da empatia do sistema de justiça, a fim de que se preocupe com as causas que o levaram ao cometimento do ato infracional. É frustrante alguém precisar de empatia e nós presumirmos que essa pessoa precisa de encorajamento ou de conselhos "para consertar a situação".[289]

Vê-se, portanto, que a CNV pode auxiliar os atores do sistema de justiça a descobrir, com o adolescente em conflito com a lei, as razões que o impulsionaram ao ato infracional e nortear qual medida socioeducativa deve ser aplicada ao caso, para que esta alcance seu objetivo, que é reeducar, e não simplesmente puni-lo.

É fato que caberia ao sistema de justiça priorizar não só o uso da comunicação não violenta com esses adolescentes, mas também o uso de linguagem simples, uma vez que aqueles precisam entender o contexto da situação em que se encontram e suas implicações para a sua vida.

3.4.4. Conclusões parciais

Ante todas as elucubrações aduzidas anteriormente, conclui-se que a linguagem tal como utilizada no início desta frase não é a mais adequada à utilização pelo sistema de justiça. Constata-se que o uso da linguagem jurídica que distinguia a ciência do Direito das outras ciências serviu também para afastar o cidadão comum da compreensão do

---

288 ORGANIZAÇÃO DAS NAÇÕES UNIDAS. *United Nations Standard Minimum Rules for the Administration of Juvenile Justice (The Beijing Rules)*. [Nova York]: ONU, 1985.

289 ROSENBERG, Marshall B. *Comunicação não violenta*: técnicas para aprimorar relacionamentos pessoais e profissionais. São Paulo: Ágora, 2003. p. 157.

que lhe é dito, e a função primordial do sistema de justiça é alcançar a justiça. No entanto, como atingi-la se o seu principal destinatário não consegue compreender o que é dito?

Essa situação agrava-se quando o sujeito da relação jurídica é uma criança ou um adolescente que, ante o seu grau de desenvolvimento distinto de um adulto, se vê indagado sobre questões que afetam sua vida, seja em um processo que define quem deterá sua guarda, um processo em que é vítima ou testemunha de crime ou quando um adolescente comete um ato infracional. Assim, compreende-se a importância do uso da linguagem simples, movimento este que já se iniciou em alguns estados, mas ainda se encontra caminhando lentamente.

Além disso, o depoimento especial, a ser utilizado na escuta protegida de crianças e adolescentes vítimas de todas as formas de violência, encontra-se regulamentado pela Lei nº 13.431/2017, contudo ainda não foi implementado com a necessária abrangência nacional de forma satisfatória.

Por fim, no que diz respeito ao adolescente que comete um ato infracional, por razões que apenas com empatia à sua história de vida podem ser descobertas, precisa-se da utilização de uma comunicação não violenta, a fim de que aquele não se sinta desprotegido e possa obter o suporte necessário para não enveredar pelo crime.

Conclui-se, portanto, que há problemas na linguagem utilizada com crianças e adolescentes no sistema de justiça e há as ferramentas necessárias para que sejam amenizados, a fim de evitar uma vitimização secundária. Contudo, necessita-se do impulso e da conscientização necessários para a sua implementação e para que sejam resguardados os direitos fundamentais e a dignidade de crianças e adolescentes.

Após tratarmos do uso da linguagem como um dos empecilhos ao acesso à justiça de crianças e adolescentes, é necessário o aprofundamento em outras questões envolvendo a atuação dos integrantes do sistema de justiça, tais como a forma de atuação, os problemas encontrados na atualidade e as possibilidades de amenização ou resolução destes.

O PAPEL DO SISTEMA DE JUSTIÇA NA EFETIVIDADE DO DIREITO AO ACESSO À JUSTIÇA DE CRIANÇAS E ADOLESCENTES NO PODER JUDICIÁRIO

O art. 19 da Convenção Americana sobre Direitos Humanos – Pacto de São José da Costa Rica – confirma que toda criança tem direito às medidas de proteção que a sua condição de menor de 18 anos requer por parte da sua família, da sociedade e do Estado.[290]

Ainda que a ideia de justiça esteja longe dos olhos comuns de crianças e adolescentes, sua presença se faz sentir desde o início da vida de cada um.

A existência da própria sociedade, tratados, convenções, legislação interna e os ODS exige que cada criança e adolescente tenha as oportunidades que lhes permitam aprimorar suas habilidades e alcançar o mais alto nível de garantia de seus direitos. Enfatiza-se a necessidade de fortalecimento de uma compreensão de que o desenvolvimento alcança uma visão compartilhada e multissetorial para a conquista da equidade na concomitância dos aspectos sociais, ambientais e econômicos que tocam a vida de crianças e adolescentes.

Em termos de infância e adolescência, os ODS estabelecem prioridades para 2030, por meio de metas e indicadores que enfatizam, entre outros:

[290] BRASIL. *Decreto n. 678, de 6 de novembro de 1992*. Promulga a Convenção Americana sobre Direitos Humanos (Pacto de São José da Costa Rica), de 22 de novembro de 1969. Brasília, DF: Presidência da República, 1992b.

> a) a superação da pobreza que atinge crianças e adolescentes, acabando com todas as formas de desnutrição por meio da segurança alimentar; b) a garantia de educação inclusiva, equitativa e de qualidade eliminando as disparidades de gênero e garantindo a igualdade de acesso para pessoas vulneráveis, incluindo pessoas com deficiência, e povos indígenas nativos; c) igualdade de gênero e o empoderamento de mulheres e meninas com a eliminação de todas as formas de violência contra eles, incluindo a exploração sexual; d) a oferta de acesso universal a áreas verdes e ambientes seguros, inclusivos e acessíveis e pôr fim aos maus tratos e, em geral, a todas as formas de violência contra meninas, meninos e adolescentes.[291]

Além desses objetivos mais próximos, atinge também crianças e adolescentes o acesso à justiça, uma vez que a concretização de outros direitos pode depender de uma manifestação do sistema de justiça a fim de que sejam efetivos, quando se encontram em situação de vulnerabilidade ou em risco, que não é resolvida em âmbito extrajudicial.

Nos últimos anos, há evidências no país de uma piora sustentada nos indicadores sociais e econômicos que, de certa forma, demandam a implementação de políticas públicas e de desenvolvimento social e econômico para serem minimizados. Isso se traduziu no aumento da pobreza e da desigualdade, com a redução de cobertura e qualidade na educação, a piora dos indicadores sociais e de saúde e o aumento de algumas formas de violência, o que reflete na vida de crianças e adolescentes, a ponto de o sistema de justiça ser acionado para se obter um resultado protetivo, socioeducativo ou um processo criminal.

Havendo, a cada dia, uma necessidade maior de judicialização de demandas, devemos averiguar se há as condições mínimas para que esses direitos sejam pleiteados em juízo ou a possibilidade de utilização de outras formas de resolução de conflitos aplicáveis ao público infantojuvenil.

A Resolução nº 113, de 19 de abril de 2006, do CONANDA, estabelece os parâmetros para a institucionalização e o fortalecimento do Sistema de Garantia dos Direitos da Criança e do Adolescente, dividindo-os em eixos. O eixo referente à defesa dos direitos humanos dispõe que:

---

291 WARPECHOWSKI, Ana Cristina Moraes *et al. Políticas Públicas e os ODS da Agenda 2030*. Belo Horizonte: Fórum, 2021. p. 60.

> Art. 6º. O eixo da defesa dos direitos humanos de crianças e adolescentes caracteriza-se pela garantia do acesso à justiça, ou seja, pelo recurso às instâncias públicas e mecanismos jurídicos de proteção legal dos direitos humanos, gerais e especiais, da infância e da adolescência, para assegurar a impositividade deles e sua exigibilidade, em concreto.[292]

Ainda consoante essa Resolução, é assegurado o acesso à justiça de toda criança ou adolescente, na forma das normas processuais, por intermédio dos órgãos do Poder Judiciário, do Ministério Público e da Defensoria Pública.[293]

A Resolução nº 470/2022 do CNJ prevê, como um dos objetivos da Política Judiciária Nacional para a Primeira Infância, sem prejuízo de outros, a ampliação do acesso à justiça e estimular medidas protetivas de direitos fundamentais da primeira infância.[294]

O direito ao acesso à justiça por crianças e adolescentes é indubitável, mas é inquestionável que este ainda não ocorre da forma adequada por inúmeras razões, seja a linguagem ou a forma em que o acesso ocorre ou deixa de ser possível.

Inúmeros países, principalmente da Europa, encontram-se adotando medidas com o intuito de edificar uma justiça "amigável" para a criança e o adolescente, denominada "child-friendly justice".[295]

Essa forma mais amigável orientaria o sistema de justiça a garantir o respeito e a implementação efetiva de todos os direitos da criança, com maior acessibilidade, celeridade e diligência, além da adaptação dos procedimentos à idade e ao nível de desenvolvimento da criança ou do adolescente, principalmente quando se tratar de pessoa com deficiência, com um ambiente que não lhe cause ou aumente sua ansiedade, seu sentimento de intimidação, julgamento e preconceito.

Considerando o nível de compreensão que a criança ou o adolescente tem sobre os procedimentos dos quais é chamado a participar, a justiça amigável para a criança reconhece o seu direito de ser adequadamente

---

292 BRASIL. Conselho Nacional dos Direitos da Criança e do Adolescente. *Resolução n. 113, de 19 de abril de 2006*. Estabelece os parâmetros para a institucionalização e fortalecimento do Sistema de Garantia dos Direitos da Criança e do Adolescente. Brasília, DF: CONANDA, 2006a.

293 BRASIL. Conselho Nacional dos Direitos da Criança e do Adolescente. *Resolução n. 113, de 19 de abril de 2006*. Estabelece os parâmetros para a institucionalização e fortalecimento do Sistema de Garantia dos Direitos da Criança e do Adolescente. Brasília, DF: CONANDA, 2006a.

294 BRASIL. Conselho Nacional de Justiça. *Resolução n. 470 de 31 de agosto de 2022*. Institui a Política Judiciária Nacional para a Primeira Infância. Brasília, DF: CNJ, 2022a.

295 COUNCIL OF EUROPE. *Guidelines of the Committee of Ministers of the Council of Europe on child-friendly justice*. Strasbourg: COE, 2011.

informada sobre as circunstâncias relevantes do caso e de expressar a sua opinião, devendo ainda ser informada de que a sua opinião será levada em consideração conforme a idade e o nível de maturidade.

Para nos debruçarmos sobre as fraquezas, oportunidades, ameaças e forças do acesso à justiça por crianças e adolescentes, optamos pela eleição de algumas situações em que se faz necessário o acesso à justiça de crianças e adolescentes de forma exemplificativa: crianças e adolescentes com ações propostas para destituição do poder familiar; adolescentes que cometem atos infracionais; crianças e adolescentes vítimas ou testemunhas de crimes, principalmente de abuso sexual; a retificação de registro de crianças e adolescentes transexuais, que serão analisadas em suas particularidades; a judicialização de causas em face dos responsáveis legais, e, por fim, a defesa de direitos difusos de crianças e adolescentes.

A seguir, daremos destaque a essas situações, que serão analisadas em suas particularidades.

4.1 Crianças e adolescentes em situação de afastamento do convívio familiar

A primeira situação se verifica quando crianças e adolescentes precisam ser retirados do convívio familiar, por se encontrarem em situação de risco ou vulnerabilidade, quando é necessária a propositura de uma medida de proteção, uma ação de suspensão ou destituição do poder familiar (art. 101, parágrafo 10 do ECA) ou sua colocação em família substituta, mediante guarda, tutela ou adoção (art. 28 do ECA), a fim de que aquela criança ou adolescente fique resguardada.[296]

Incumbe, então, ao Ministério Público propor as referidas ações de suspensão ou destituição do poder familiar e as ações de guarda e tutela, quando existem indícios de uma situação de risco ou de vulnerabilidade e essas ações forem a última opção viável.

Já a ação de adoção é proposta pelos pretensos adotantes mediante advogado particular ou com a assistência da Defensoria Pública.

Nesses casos, crianças e adolescentes ficam acolhidos institucionalmente em famílias acolhedoras ou instituições de acolhimento aguardando uma resolução judicial para saber seu destino: regresso para a família de origem, colocação sob guarda de família substituta ou adoção.

---

296 BRASIL. *Lei n. 8.069, de 13 de julho de 1990*. Dispõe sobre o Estatuto da Criança e do Adolescente e dá outras providências. Brasília, DF: Presidência da República, 1990b.

Ocorre que, anteriormente à decisão sobre a retirada de crianças e adolescentes de seus responsáveis legais, deve-se ter em mira dois pontos: a excepcionalidade do acolhimento e a celeridade do processo judicial que analisa a suspensão ou perda do poder familiar, bem como o processo de adoção, para atender ao disposto na Convenção Internacional sobre os Direitos da Criança, na Constituição Federal e no ECA.

A retirada de uma criança ou adolescente do seu convívio familiar é uma medida drástica, que pode, sob uma análise estritamente legal, resguardar seus direitos, mas também pode resultar em danos psicológicos irreversíveis.

> Direito à convivência familiar, portanto, é o direito da criança e do adolescente de estarem inseridos em espaços de convivência com adulto ou adultos, preferencialmente os pais, que promovam sua criação, proteção e desenvolvimento em condições de liberdade e dignidade.[297]

Assim, antes de optar pela medida judicial de suspensão do poder familiar e colocação da criança ou adolescente, em suposta situação de vulnerabilidade, em alguma forma de acolhimento, seja institucional ou familiar, deve-se analisar se aquela medida de fato é necessária ou se podem ser adotadas outras medidas que evitem esse rompimento de convívio.

Uma pesquisa realizada na Universidade de Harvard, com os órfãos da Romênia que se encontravam acolhidos institucionalmente, demonstrou as implicações das experiências precoces no desenvolvimento do cérebro, no comportamento e no funcionamento psicológico das crianças que se encontram por longos períodos apenas sob os cuidados de prestadores de assistência, sem convívio com afeto familiar.[298]

Tomando-se, por exemplo, o relato dessa pesquisa sobre as crianças abandonadas da Romênia, verifica-se o preço devastador pago pelas crianças e pelos adolescentes que são privados de cuidados apropriados, interação social, estimulação e conforto psicológico.

O referido estudo concluiu que as crianças institucionalizadas apresentavam um QI muito baixo e manifestavam uma série de perturbações sociais e emocionais, bem como alterações no desenvolvimento

---

[297] PAULA, Paulo Afonso Garrido de. *Curso de direito da criança e do adolescente*. São Paulo: Cortez, 2024. p. 199.

[298] NELSON, Charles A.; FOX, Nathan A.; ZEANAH, Charles H. *Romania's Abandoned Children*: Deprivation, Brain Development, and the Struggle for Recovery. Cambridge: Harvard University Press, 2014. p. 52.

cerebral. No entanto, quanto mais cedo uma criança institucionalizada era colocada num lar de acolhimento, como uma família acolhedora, melhor era a sua recuperação.[299]

Outro estudo, realizado na Irlanda com adolescentes em acolhimento institucional, indicou que o acolhimento tem impacto na experiência da rede de relacionamentos sociais dos jovens das seguintes formas: perda de contato com a família alargada; um desafio maior em fazer e manter amizades; impacto na educação; e incapacidade de manter contato com grupos e atividades importantes.[300]

Em âmbito nacional, também há pesquisas sobre o impacto do acolhimento na vida de crianças e adolescentes, de forma mediata e imediata, constatando-se como o perfil de criança ou adolescente acolhido com sintomas depressivos: ter um tempo de acolhimento superior a 2 anos; histórico de acolhimento; não ter padrinhos; não possuir irmãos na instituição e ser acolhida depois dos 7 anos.[301]

Deve-se pensar o acolhimento, em quaisquer de suas formas, como a última opção, quando forem esgotadas todas as possibilidades de manutenção de crianças e adolescentes no seio familiar, tendo em vista as sequelas do acolhimento a longo prazo, em crianças e adolescentes.

Verifica-se, em diversos casos, a falta de estrutura no município para o atendimento do grupo familiar, como tratamento para pais usuários de substâncias psicoativas, suporte para famílias em situação de miserabilidade e fortalecimento de vínculos familiares.

Toma-se a retirada da guarda de seus genitores ou responsáveis como uma forma de proteção daquela criança ou adolescente. Contudo, como não há o atendimento para a família no motivo ensejador do acolhimento, o acolhido ali permanece e cresce na instituição ou família acolhedora, enquanto o sistema de justiça decide se ele deve ser reintegrado ao grupo familiar ou ter o poder familiar destituído e ser colocado como disponível para a adoção.

---

[299] NELSON, Charles A.; FOX, Nathan A.; ZEANAH, Charles H. *Romania's Abandoned Children*: Deprivation, Brain Development, and the Struggle for Recovery. Cambridge: Harvard University Press, 2014. p. 195.

[300] MCMAHON, Chris Curtin C. The social networks of young people in Ireland with experience of long-term foster care: some lessons for policy and practice. *Child & Family Social Work*, [*s. l*], v. 18, n. 3, p. 329-340, 2012.

[301] ALVARES, Amanda de Melo; LOBATO, Gledson Régis. Um estudo exploratório da incidência de sintomas depressivos em crianças e adolescentes em acolhimento institucional. *Temas em psicologia*. [*s. l.*]. v. 21, n. 1, p. 151-164. 2013.

Esse tempo de espera é agravado porque a maioria das Varas da Infância e Juventude não conta com equipe técnica (assistente social, psicólogo etc.) para auxiliar na instrução processual e na decisão a ser tomada pelo julgador.

Consoante o Painel de Acompanhamento do Sistema Nacional de Adoção e Acolhimento (SNA), em fevereiro de 2023 havia 33.403 crianças acolhidas no Brasil, das quais 4.516 estavam disponíveis para adoção.[302]

A disparidade do número entre crianças que se encontram acolhidas e as crianças aptas para adoção revela dado importante a ser considerado. Milhares de crianças e adolescentes encontram-se crescendo em unidades de acolhimento ou famílias acolhedoras à espera de um provimento judicial que decida seu futuro, quando há mais de 36 mil pretendentes disponíveis para adoção de uma criança ou adolescente.[303] Destaca-se que não se pretende esmiuçar neste estudo o perfil de crianças e adolescentes almejados para adoção.

Essa situação reflete um fator relevante sobre o acesso à justiça, que é o prazo razoável para a obtenção do resultado. Segundo o art. 6º, parágrafo 1º, da Convenção Europeia para Proteção dos Direitos Humanos e Liberdades Fundamentais, uma justiça que não cumpre suas funções em um prazo razoável é, para muitas pessoas, uma justiça inacessível[304] e, no caso de crianças e adolescentes acolhidos, uma justiça determinante do seu futuro.

Sendo assim, urge que o sistema de justiça de fato considere a prioridade absoluta dos feitos em tramitação envolvendo crianças e adolescentes, máxime quando se trata de crianças acolhidas institucionalmente, que se encontram afastadas do convívio familiar e comunitário.

Da necessidade de celeridade no trâmite processual das ações envolvendo suspensão ou perda do poder familiar decorre a previsão do art. 163 do ECA, de que:

> Art. 163. O prazo máximo para conclusão do procedimento será de 120 (cento e vinte) dias, e caberá ao juiz, no caso de notória

---

302 BRASIL. Sistema Nacional de Acolhimento e Adoção. *Painel de Acompanhamento*. Brasília, DF: SNA, 2022g.

303 BRASIL. Sistema Nacional de Acolhimento e Adoção. *Painel de Acompanhamento*. Brasília, DF: SNA, 2022g.

304 UNIÃO EUROPEIA. *Convenção Europeia dos Direitos do Homem e Liberdades Fundamentais*. Roma: Conselho da Europa, 1950. p. 8.

inviabilidade de manutenção do poder familiar, dirigir esforços para preparar a criança ou o adolescente com vistas à colocação em família substituta.[305]

De outro lado, incumbe ao Ministério Público, o qual é o legitimado para propor a Ação de Destituição do Poder Familiar, entendê-la como *ultima ratio* e, caso de fato necessária, acompanhá-la passo a passo para que não fique estagnada com alguma pendência de diligência ou de ato processual, uma vez que, ante o grande fluxo de processos em trâmite, principalmente em Varas da Infância e Juventude não especializadas ou exclusivas, pode-se ter a "perda de uma chance" por essas crianças e adolescentes.

Segundo o relatório analítico *Justiça em Números* elaborado pelo CNJ, referente ao ano de 2023 e divulgado em 2024, no Brasil há apenas 186 Varas da Infância e Juventude exclusivas, ou seja, nas localidades onde isso não ocorre, os feitos envolvendo crianças e adolescentes tramitam junto às ações de diversas outras competências.[306]

Essa demora na resolução da situação de crianças acolhidas não é apenas a justiça atrasada, dita como injustiça qualificada e manifesta,[307] mas contraria o direito escrito das partes e, assim, piora com o terrível agravante de as crianças e os adolescentes não terem como reagir contra esse litígio pendente.

A demora na análise de um processo em que se decide o futuro de um acolhido pode resultar em uma perda de uma chance de adoção ou de vínculos familiares, o que pode ser determinante na vida de crianças e adolescentes, pessoas que devem ter prioridade absoluta.

Assim, algumas premissas deveriam ser norteadoras nas questões envolvendo crianças e adolescentes acolhidos, conforme o *Relatório resultante da pesquisa sobre condições de vida e acesso a direitos de crianças e adolescentes em serviços de cuidados alternativos, juventudes egressas e famílias em situação de risco de ruptura de vínculos familiares*, no período de março de 2022 a março de 2023, que são:

a) assegurar efetivo cumprimento do direito de escuta e de participação direta de crianças e adolescentes nos processos judiciários, inclusive em

[305] BRASIL. *Lei n. 8.069, de 13 de julho de 1990*. Dispõe sobre o Estatuto da Criança e do Adolescente e dá outras providências. Brasília, DF: Presidência da República, 1990b.

[306] BRASIL. Conselho Nacional de Justiça. *Justiça em números 2024*. Brasília, DF: CNJ, 2024b. p. 299.

[307] BARBOSA, Rui. *Oração aos moços*. 5. ed. Rio de Janeiro: Fundação Casa de Rui Barbosa, 1997. p. 40.

> audiências, para que expressem suas vontades e experiências, conforme o Art. 100, incisos XI e XII do ECA;
>
> b) assegurar a existência de equipes interprofissionais próprias do Poder Judiciário, com composição interdisciplinar, nas varas que dão atendimento à infância e juventude, conforme dispõem os artigos 150 e 151 do ECA;
>
> c) manter cadastro com informações atualizadas e pormenorizadas de crianças e adolescentes em cuidados alternativos, assim como de sua situação jurídica e providências para reintegração familiar ou colocação em nova família, facultando acesso aos órgãos devidos, conforme parágrafos 11 e 12 do Art. 101 do ECA.[308]

O art. 28, §1º do ECA prevê, desde 2009, quando sofreu alteração, que "Sempre que possível, a criança ou o adolescente será previamente ouvido por equipe interprofissional, respeitado seu estágio de desenvolvimento e grau de compreensão sobre as implicações da medida, e terá sua opinião devidamente considerada."[309]

Tais diretrizes, uma vez implementadas pelo sistema de justiça, auxiliarão na efetivação dos princípios da prioridade absoluta e do maior interesse das crianças e dos adolescentes no que diz respeito ao trâmite processual.

Assim, na situação envolvendo crianças e adolescentes que são retirados do convívio familiar por se encontrarem em situação de risco, deve o sistema de justiça primeiro avaliar se a retirada de fato é necessária e menos prejudicial à criança ou adolescente, com base no princípio do maior interesse e proteção integral.

Quando a vulnerabilidade que ensejou a intervenção do sistema de justiça atinge toda a unidade familiar, devem ser adotadas pelo Ministério Público as medidas necessárias para que a municipalidade, por meio de políticas públicas, auxilie a família, oportunizando o regresso da criança ou adolescente à convivência familiar ou comunitária.

Uma vez sendo imprescindível tal medida de retirada da guarda dos pais ou responsáveis, deve-se priorizar as medidas alternativas de colocação sob guarda ou família acolhedora, enviando-se esforços para o acolhimento institucional ser a última alternativa.

---

308 MORAES, José Carlos Sturza de (org.). *Vozes (in)escutadas e rompimento de vínculos*: pesquisa sobre crianças e adolescentes em cuidados alternativos, egressos/as e risco de perda de cuidado parental no Brasil: relatório da pesquisa. Poá: Instituto Bem cuidar, 2023. p. 193.

309 BRASIL. *Lei n. 8.069, de 13 de julho de 1990.* Dispõe sobre o Estatuto da Criança e do Adolescente e dá outras providências. Brasília, DF: Presidência da República, 1990b.

Se o acolhimento de fato ocorrer, deve o processo ser considerado como prioritário, tal como acontece com os processos de réus presos.

Seja qual for a escolha, com base no caso concreto, deve-se atentar para a escuta da criança ou adolescente, o acompanhamento psicossocial destes e de suas famílias e a celeridade no trâmite processual, já que uma criança ou adolescente em situação de acolhimento é enormemente prejudicado pela mora processual, seja pela perda de vínculos familiares, seja pela oportunidade de obter uma nova família.

4.2 Adolescentes e a representação para aplicação de medida socioeducativa

O sistema jurídico que trata dos delitos praticados por adolescentes é formado, em âmbito internacional, pela Convenção Internacional sobre os Direitos da Criança e outros documentos das Nações Unidas que o complementam: Regras Mínimas das Nações Unidas para a administração da Justiça da Infância e da Juventude; Regras Mínimas das Nações Unidas para a Proteção de Jovens Privados de Liberdade e as Diretrizes de RIAD.[310] Em âmbito nacional há não só o ECA, mas também a Lei do SINASE,[311] que tratam do tema.

Desses instrumentos normativos extrai-se que a responsabilidade penal de crianças e adolescentes é distinta da de adultos, porque aqueles não cometem crime, e sim ato infracional.

Além disso, por se tratar de pessoas ainda em desenvolvimento, deve-se evitar o processo judicial, mas, uma vez que seja necessário, este deve tramitar no juízo especializado da infância e juventude, e as sanções aplicadas, que são as medidas socioeducativas, devem ter um caráter pedagógico.[312]

---

310 FERREIRA, Eduardo Dias de Souza. *Liberdade assistida no Estatuto da Criança e do Adolescente*: aspectos da luta na implementação de direitos fundamentais. São Paulo: FABESP: EDUC, 2010. p. 24.

311 BRASIL. *Lei n. 12.594, de 18 de janeiro de 2012*. Institui o Sistema Nacional de Atendimento Socioeducativo - SINASE, regulamenta a execução das Medidas Socioeducativas destinadas a adolescente que pratique Ato Infracional; e altera as Leis n. 8.069, de 13 de julho de 1990 (Estatuto da Criança e do Adolescente); 7.560, de 19 de dezembro de 1986, 7.998, de 11 de janeiro de 1990, 5.537, de 21 de novembro de 1968, 8.315, de 23 de dezembro de 1991, 8.706, de 14 de setembro de 1993, os Decretos-Leis n. 4.048, de 22 de janeiro de 1942, 8.621, de 10 de janeiro de 1946, e a Consolidação das Leis do Trabalho (CLT), aprovada pelo Decreto-Lei n. 5.452, de 1º de maio de 1943. Brasília, DF: Presidência da República, 2012.

312 MAXERA, Rita. Mecanismos Restaurativos en las nuevas legislaciones penales juveniles: Latinoamérica y España. *In*: DAVID, Pedro (coord.). *Justicia Reparadora*: mediación penal y probation. 1. ed. Buenos Aires: LexisNexis, 2005. p. 79.

Assim sendo, quando adolescentes cometem atos infracionais, que são análogos a crimes, o Ministério Público pode propor a remissão ou a representação para a aplicação de medidas socioeducativas.

Em ambos os casos, de um lado estará o membro ministerial e, do outro, a advocacia privada ou pública, esta como corriqueiramente ocorre, por conta da insuficiência de recursos dos genitores desses adolescentes que, em sua maioria, se encontram em vulnerabilidade social.

Inicialmente, vamos nos ater à questão da representação jurídica do adolescente, já que há um déficit de defensores públicos no Brasil, pois, segundo a Cartografia da Defensoria Pública no Brasil, atualmente o território brasileiro possui 2.307 comarcas regularmente instaladas. Diante do insuficiente quantitativo de defensores públicos, apenas 1.286 comarcas são regularmente atendidas pela Defensoria Pública, representando 49,8% do quantitativo total.[313]

Não há, no Brasil, o denominado sistema *judicare*, presente na assistência judiciária de países como Áustria, Inglaterra, Holanda, França e Alemanha Ocidental, em que o Estado remunera advogados particulares. Então, a assistência judiciária no Brasil é feita exclusivamente por conta da Defensoria Pública federal ou estadual, ou por assistências judiciárias porventura custeadas pelos municípios. Contudo, é forçoso reconhecer que é insuficiente para atender todas as demandas existentes por aquelas pessoas que carecem de recursos para custear uma advocacia privada.

Embora o efetivo acesso à justiça seja concebido como um direito social básico nas sociedades modernas, pode-se dizer que sua real efetividade ocorre quando há igualdade de partes[314] ou paridade de armas, o que vemos ser utópico no caso de adolescentes que cometem atos infracionais e precisam de assistência judiciária, uma vez que de um lado se encontra o Ministério Público e do outro lado há a insuficiência numérica da Defensoria Pública, substituída por defensores dativos.

Ocorre que, incontáveis vezes, é nomeado um defensor dativo para proceder à defesa daquele adolescente por sua família carecer de recursos para patrocinar uma advocacia privada, isso para o cumprimento do disposto no art. 207 do ECA de que: "Nenhum

---

313 ETIÓPIA , Diogo *et al. Cartografia da Defensoria* Pública no Brasil, 2022. Brasília, DF: DPU, 2023.

314 CAPPELLETTI, Mauro; GARTH, Bryant. *Acesso à justiça.* Tradução: Ellen Gracie Northfleet. Porto Alegre: S. A. Fabris, 1988. p. 15.

adolescente a quem se atribua a prática de ato infracional, ainda que ausente ou foragido, será processado sem defensor",[315] nos instantes anteriores à audiência.

O artigo 40 da Convenção Internacional sobre os Direitos da Criança determina que os Estados Partes reconhecem que o autor de ato infracional tem o direito de ser tratado de modo a promover e estimular seu sentido de dignidade e de valor, fortalecendo seu respeito pelos direitos humanos e pelas liberdades fundamentais de terceiros. Para isso, deve gozar das garantias de dispor de assistência jurídica ou outro tipo de assistência apropriada para a preparação e apresentação de sua defesa.[316]

O art. 37 da mesma Convenção estabelece que aquele que cometeu ato infracional tem direito ao acesso imediato à assistência jurídica e a qualquer outra assistência adequada.[317]

Vê-se que uma questão prévia é a garantia do acompanhamento do adolescente por um assistente jurídico efetivo, e não aquele nomeado imediatamente para a audiência, que pouco contato tem com o adolescente antes de defender seus direitos.

Sem uma assistência jurídica adequada, o adolescente pode ser injustamente acusado de um ato infracional, violando-se os seus direitos previstos constitucionalmente e no ECA, não sendo esse caminho o mais eficaz, em se tratando de um ser em desenvolvimento e situação de vulnerabilidade.

Uma vez superado esse problema, devem ser verificadas as formas de amenizar esse evidente prejuízo ao adolescente em conflito com a lei quando este comete ato infracional. Sobre isso, incumbe ao Ministério Público ponderar sobre a possibilidade da aplicação de remissão simples ou cumulada com medidas socioeducativas em meio aberto, como forma de exclusão do processo, conforme previsto no art. 126 do ECA,[318] para a repressão ao ato cometido, buscando-se a ressocialização do adolescente, bem como evitar um desequilíbrio entre as partes no processo de aplicação de medida socioeducativa.

---

[315] BRASIL. *Lei n. 8.069, de 13 de julho de 1990*. Dispõe sobre o Estatuto da Criança e do Adolescente e dá outras providências. Brasília, DF: Presidência da República, 1990b.

[316] BRASIL. *Decreto n. 99.710, de 21 de novembro de 1990*. Convenção Internacional sobre os direitos da criança de 1989. Brasília, DF: Presidência da República, 1990a.

[317] BRASIL. *Decreto n. 99.710, de 21 de novembro de 1990*. Convenção Internacional sobre os direitos da criança de 1989. Brasília, DF: Presidência da República, 1990a.

[318] BRASIL. *Lei n. 8.069, de 13 de julho de 1990*. Dispõe sobre o Estatuto da Criança e do Adolescente e dá outras providências. Brasília, DF: Presidência da República, 1990b.

> A remissão deve ser a maneira preferencial de lidar com as crianças na maioria dos casos. Os Estados Partes devem, continuamente, ampliar o leque de delitos para os quais a remissão é possível, incluindo delitos graves, quando apropriado. Oportunidades de remissão precisam estar disponíveis o mais cedo possível, quando do contato com o sistema, e em várias etapas ao longo do processo. A remissão deve ser parte integrante do sistema de Justiça juvenil e, de acordo com o art. 40 (3) (b) da Convenção, os direitos humanos das crianças e as garantias legais devem ser plenamente respeitados e protegidos em todos os processos e programas.[319]

O fim precípuo da aplicação de uma medida socioeducativa é a reinserção do adolescente no convívio social e para que ele se afaste do cometimento de outros atos infracionais ou crimes – estes últimos quando ele alcançar a maioridade, dando-lhe a oportunidade de ser ouvido acerca dos motivos ensejadores do cometimento do ato infracional.

A medida socioeducativa adequada é definida de acordo com o caso concreto, não guardando, segundo Paula, relação direta com o ato infracional, embora pressuponha a sua prática como determinante de incidência.[320]

Contudo, nem sempre essa é a visão utilizada da aplicação de uma medida socioeducativa. De acordo com Ferreira:

> Assim, o costume de não observar o contraditório nos feitos afetos à infância e juventude, especialmente para os apontados como autores de atos infracionais (delinquentes juvenis, menores, pivetes, infratores, adolescentes infratores, etc.) é o que se pode chamar, em física, de inércia ou inconsciente coletivo (de nosso mundo jurídico), ou da força do hábito e do costume pautando nossas práticas cotidianas.[321]

Então, se for o caso de representação para a aplicação de medida socioeducativa ao adolescente que cometeu ato infracional, devem ser considerados alguns pontos como fundamentais: 1) que se trata de uma pessoa em desenvolvimento e 2) que não lhe pode ser restringida

---

[319] ORGANIZAÇÃO DAS NAÇÕES UNIDAS. *Comentário geral n. 24/2019, do Comitê dos direitos da criança*. [Nova York]: ONU, 2019.

[320] PAULA, Paulo Afonso Garrido de. *Direito da criança e do adolescente e tutela jurisdicional diferenciada*. São Paulo: Editora Revista dos Tribunais, 2002. p. 113.

[321] FERREIRA, Eduardo Dias de Souza. *Liberdade assistida no Estatuto da Criança e do Adolescente*: aspectos da luta na implementação de direitos fundamentais. São Paulo: FABESP: EDUC, 2010. p. 18.

nenhuma prerrogativa que detenha um adulto; 3) a excepcionalidade da aplicação da medida socioeducativa mais restritiva.

Com base nesses pontos em destaque, merece análise a oitiva do adolescente em juízo. Daí a importância da escuta inicial desse adolescente, em que o órgão julgador terá seu primeiro contato com o adolescente e o ouvirá pela primeira vez sobre os motivos do cometimento do ato infracional.

Consoante o art. 184, do ECA, oferecida a representação, a autoridade judiciária designará audiência de apresentação do adolescente, decidindo, desde logo, a decretação ou manutenção da internação.[322]

> A escuta inicial do adolescente pelo juízo é de extrema relevância, tendo em vista que é a oportunidade de o julgador entender as razões do adolescente pelas quais cometeu o ato infracional, bem como os seus genitores ou responsáveis, e, dessa forma, de início, vislumbrar qual medida socioeducativa pode lhe ser aplicada ou, desde já, aplicar-lhe a remissão.[323]

O momento em que deve ser ouvido o adolescente que comete ato infracional em juízo tem sido objeto de discussão doutrinária e jurisprudencial, havendo decisões no sentido de que não há nulidade caso a oitiva do adolescente ocorra inicialmente,[324] e outras, em sentido diametralmente oposto, de que, tal como ocorre no processo penal, o adolescente deve se manifestar ao final do processo para a aplicação da medida socioeducativa.

> HABEAS CORPUS. ESTATUTO DA CRIANÇA E DO ADOLESCENTE. PROCEDIMENTO ESPECIAL DE APURAÇÃO DO ATO INFRACIONAL. INTERROGATÓRIO AO FINAL DA INSTRUÇÃO. APLICAÇÃO DO ART. 400 DO CPP. NOVO ENTENDIMENTO. ALTERAÇÃO DA JURISPRUDÊNCIA E MODULAÇÃO DE SEUS EFEITOS. HABEAS CORPUS CONCEDIDO.

---

[322] BRASIL. *Lei n. 8.069, de 13 de julho de 1990.* Dispõe sobre o Estatuto da Criança e do Adolescente e dá outras providências. Brasília, DF: Presidência da República, 1990b.

[323] FERREIRA, Eduardo Dias de Souza; TRENNEPOHL, Anna Karina O. V. A atuação do Ministério Público na discussão sobre o momento da oitiva de adolescente infrator em juízo e o atual entendimento dos tribunais superiores. *Revista da Escola Superior do Ministério Público do Ceará*, Fortaleza, ano 15, n. 2, p. 162-184, jul./dez. 2023. p. 169.

[324] BRASIL. Superior Tribunal de Justiça. *Agravo Regimental no Habeas Corpus n. 778.988/SC.* Relator: Min. Jesuíno Rissato. Pesquisa de Jurisprudência, Decisão Plenária, 28 de agosto de 2023f.

1. A jurisprudência desta Corte, no passado, era firme em assinalar, nos termos do art. 184 do Estatuto da Criança e do Adolescente, não haver nulidade na oitiva do adolescente como primeiro ato no procedimento de apuração de ato infracional, haja vista a previsão de rito especial na legislação de regência.

2. No julgamento do AgRg no HC n. 772.228/SC, relatora Ministra Laurita Vaz, 6ª T., DJe de 9/3/2023, houve alteração da jurisprudência. *Reconheceu-se a aplicação do entendimento firmado no HC n. 127.900/AM à seara menorista, sob o fundamento de que o menor de 18 anos deve ser ouvido após a instrução probatória, pois não pode receber tratamento mais gravoso do que aquele conferido ao adulto.*

3. Na audiência de apresentação do adolescente, é possível que ao adolescente em conflito com a lei se imponham medidas socioeducativas, o que lhe traz considerável ônus e notória restrição à sua liberdade.

4. O interrogatório de um adolescente, em processo por ato infracional, há de ser visto também como meio de defesa, e, portanto, para ser efetivo, precisa ser realizado como ato final da instrução, a fim de que a pessoa processada tenha condições de melhor apresentar sua defesa e influenciar a futura decisão judicial. Essa ordem de produção da prova preserva os direitos e as garantias dos adolescentes, os quais não podem ser tratados como mero objetos da atividade sancionadora estatal (art. 100, parágrafo único, I, do ECA).

5. O art. 3° da Lei n. 8.069/1990 assegura aos adolescentes "todos os direitos fundamentais inerentes à pessoa humana, sem prejuízo da proteção integral de que trata essa lei". O art. 110, do mesmo estatuto, dispõe: "Nenhum adolescente será privado de sua liberdade sem o devido processo legal".

6. Por sua vez, a Constituição Federal de 1988 nos mostra a abrangência dessa garantia, ao assegurar, no art. 5°, LV, da CF, o contraditório e a ampla defesa, com os meios e os recursos a ela inerentes, aos acusados em geral, direito que engloba a perspectiva de o próprio processado confrontar as imputações e as provas produzidas em seu desfavor. Como não é possível se defender de algo que não se sabe, o interrogatório deve ser realizado nos moldes do art. 400 do CPP, como último ato instrutório.

7. Esse é o entendimento que melhor se coaduna com um devido processo justo. Todavia, faz-se necessária a modulação da alteração jurisprudencial, a fim de que a inovação no ordenamento jurídico não comprometa a segurança jurídica e culmine em declaração de invalidade de todas as representações ajuizadas no país desde a promulgação da Constituição Federal e a vigência da Lei n. 8.069/1990. Deve-se limitar os efeitos retrospectivos do julgado a partir de 3/3/2016, data em que o Tribunal Pleno do Supremo Tribunal Federal, no julgamento do HC n. 127.900/AM, sinalizou que o art. 400 do CPP era aplicável aos ritos previstos em leis especiais.

8. *Assim, propõe-se o aperfeiçoamento da recente jurisprudência desta Corte, para fixação das seguintes orientações: a) em consonância com o art. 184 do ECA, oferecida a representação, a autoridade judiciária designará audiência de apresentação do adolescente, e decidirá, desde logo, sobre a decretação ou manutenção da internação provisória e sobre a remissão, que pode ser concedida a qualquer tempo antes da sentença; b) é vedada a atividade probatória na audiência de apresentação, e eventual colheita de confissão nessa oportunidade não poderá, de per se, lastrear a procedência da representação; c) diante da lacuna na Lei n. 8.069/1990, aplica-se de forma supletiva o art. 400 do CPP ao procedimento especial de apuração do ato infracional, garantido ao adolescente o interrogatório ao final da instrução, perante o Juiz competente, depois de ter ciência do acervo probatório produzido em seu desfavor; d) o novo entendimento é aplicável aos processos com instrução encerrada após 3/3/2016, conforme julgado proferido pelo Supremo Tribunal Federal no HC n. 127.900/AM, Rel. Ministro Dias Toffoli, Tribunal Pleno e e) regra geral, para acolhimento da tese de nulidade, faz-se necessário que a defesa a aponte em momento processual oportuno, quando o prejuízo à parte é identificável por mero raciocínio jurídico, por inobservância do direito à autodefesa.*

9. O profissional que assiste o adolescente é quem possui melhores condições para identificar o dano causado pela falta de oitiva do representado. Se o defensor não divisou a possibilidade de o jovem, com suas palavras, interferir no resultado do processo, a nulidade não pode ser presumida por esta Corte. A alegação de cerceamento do direito, como mera estratégia de invalidação da sentença, muito tempo depois de finalizada a relação processual, revela comportamento contraditório.

10. No caso concreto, a nulidade não foi indicada na audiência de apresentação, instrução e julgamento. Todavia, o próprio Juiz adotou o rito do art. 400 do CPP e deveria, portanto, ouvir o adolescente ao final da assentada. A inversão da ordem de interrogatório foi indicada pelo defensor, em apelação. Assim, a tese não foi alcançada pela preclusão e o prejuízo à autodefesa está caracterizado.

11. Habeas corpus concedido, a fim de anular o processo a partir da sentença e determinar ao Juiz a redesignação de audiência, para interrogatório do adolescente como ato final da instrução, antes do julgamento da representação, dando-se, ainda, ciência do julgamento ao CNJ (DMF) e à Coordenadoria Judiciária de Articulação das Varas da Infância e Juventude (CEVIJ) do TJRJ.[325]

Frise-se que o julgamento que serviu de base nesse entendimento foi o disposto no HC 127.900, que tratava do momento em

[325] BRASIL. Superior Tribunal de Justiça. *Agravo Regimental no Habeas Corpus n. 772.228/SC.* Relatora Ministra Laurita Vaz. Pesquisa de Jurisprudência, Decisão Plenária, 28 de fevereiro de 2023e.

que deveria ocorrer o interrogatório na Justiça Castrense, ou seja, em nada tinha correlação com a socioeducação,[326] pois utilizou-se como parâmetro para inserir o "interrogatório" do adolescente ao final da instrução, com base em situação ocorrida na Justiça Militar, com maiores de idade.

Não obstante, depreende-se dos seguintes julgamentos do STF, posteriores ao julgamento do HC n. 127.900, um deles do mesmo relator, Min. Dias Toffoli, um posicionamento em sentido diverso:

> AGRAVO REGIMENTAL NO HABEAS CORPUS. ATO INFRACIONAL ANÁLOGO AO CRIME DE ESTUPRO. NULIDADE. OITIVA DO PACIENTE NO INÍCIO DA INSTRUÇÃO. POSSIBILIDADE. EXPRESSA PREVISÃO LEGAL. PRINCÍPIO DA ESPECIALIDADE. CONSTRANGIMENTO ILEGAL NÃO EVIDENCIADO. AGRAVO DESPROVIDO.
>
> [...]
>
> II - As normas gerais previstas no CPP são adotadas tão somente na ausência de disposição expressa do ECA e desde que compatíveis com a sistemática por ele estabelecida e com os princípios que norteiam o Direito da Criança e do Adolescente. III - *Nos termos do art. 184 do Estatuto da Criança e do Adolescente, não há nulidade na oitiva do adolescente como primeiro ato no procedimento de apuração de ato infracional ou na ausência de repetição da oitiva ao final da instrução processual, pois aquela norma especial prevalece sobre a regra prevista* (grifo nosso).[327]

---

[326] "Habeas corpus. Penal e processual penal militar. Posse de substância entorpecente em local sujeito à administração militar (CPM, art. 290). Crime praticado por militares em situação de atividade em lugar sujeito à administração militar. Competência da Justiça Castrense configurada (CF, art. 124 c/c CPM, art. 9º, I, b). Pacientes que não integram mais as fileiras das Forças Armadas. Irrelevância para fins de fixação da competência. Interrogatório. Realização ao final da instrução (art. 400, CPP). Obrigatoriedade. Aplicação às ações penais em trâmite na Justiça Militar dessa alteração introduzida pela Lei nº 11.719/08, em detrimento do art. 302 do Decreto-Lei nº 1.002/69. Precedentes. Adequação do sistema acusatório democrático aos preceitos constitucionais da Carta de República de 1988. Máxima efetividade dos princípios do contraditório e da ampla defesa (art. 5º, inciso LV). Incidência da norma inscrita no art. 400 do Código de Processo Penal comum aos processos penais militares cuja instrução não se tenha encerrado, o que não é o caso. Ordem denegada. Fixada orientação quanto a incidência da norma inscrita no art. 400 do Código de Processo Penal comum a partir da publicação da ata do presente julgamento, aos processos penais militares, aos processos penais eleitorais e a todos os procedimentos penais regidos por legislação especial, incidindo somente naquelas ações penais cuja instrução não se tenha encerrado." BRASIL. Supremo Tribunal Federal. *HC n. 127.900*. Relator: Min. Dias Toffoli. Pesquisa de Jurisprudência, Decisão Plenária, 03 de agosto de 2016b. Disponível em: https://portal.stf.jus.br/processos/detalhe.asp?incidente=4763912. Acesso em: 13 set. 2023.

[327] BRASIL. Supremo Tribunal Federal. *RHC n. 229.041*. Relator: Min. Dias Toffoli. Pesquisa de Jurisprudência, Decisão Plenária, 5 de abril de 2022j.

> AGRAVO REGIMENTAL NO HABEAS CORPUS. ESTATUTO DA CRIANÇA E DO ADOLESCENTE - ECA. ORDEM DO INTERROGATÓRIO. PRIMEIRO ATO. ART. 184 DO ECA. LEGISLAÇÃO ESPECÍFICA. CONSTRANGIMENTO ILEGAL NÃO EVIDENCIADO. AGRAVO REGIMENTAL DESPROVIDO.
>
> 1. *O entendimento do acórdão recorrido não destoa da orientação jurisprudencial desta Corte, no sentido de que "o art. 184 do ECA reza que, oferecida a representação, a autoridade judiciária há de designar audiência especialmente para a apresentação do adolescente. Trata-se de norma especial, a par daquela geral insculpida no art. 400 do Código Penal. Assim, não há que se falar em nulidade no que tange à alegada oitiva dos adolescentes antes do depoimento das testemunhas"* (HC 295.176/SP, Rel. Ministro FELIX FISCHER, QUINTA TURMA, DJe 11/6/2015). Precedentes (grifo nosso).[328]

Entender de forma diversa, desconsiderando a especificidade de um ato infracional cometido por um adolescente e equiparando-o a um adulto que responde a um processo criminal, ao arrepio da legislação especial processual, não é constitucionalmente razoável porque atinge o dispositivo constitucional que impõe a todos o dever de proteger crianças e adolescentes, incluindo o sistema de justiça.[329] Por esses fundamentos, deve prevalecer o ponto de vista que a oitiva inicial, a fim de se ouvir o adolescente também sobre os motivos ensejadores do ato infracional, não eiva de nulidade o procedimento para aplicação de medida socioeducativa, ainda mais quando encontra respaldo no ECA, que é legislação especial.

Poderia o promotor de justiça, inclusive, na oitiva prevista no art. 179 do ECA,[330] em que o Ministério Público tem a oportunidade de entrevistar o adolescente após sua apreensão, transformá-la em uma audiência restaurativa, cujo objetivo é a promoção da pacificação social atingida pelo cometimento do ato infracional.[331]

---

[328] BRASIL. Supremo Tribunal Federal. *RHC n. 225.053*. Relator: Min. Roberto Barroso. Pesquisa de Jurisprudência, Decisão Plenária, 24 de fevereiro de 2023g.

[329] FERREIRA, Eduardo Dias de Souza; TRENNEPOHL, Anna Karina O. V. A atuação do Ministério Público na discussão sobre o momento da oitiva de adolescente infrator em juízo e o atual entendimento dos tribunais superiores. *Revista da Escola Superior do Ministério Público do Ceará*, Fortaleza, ano 15, n. 2, p. 162-184, jul./dez. 2023. p. 177.

[330] BRASIL. *Lei n. 8.069, de 13 de julho de 1990*. Dispõe sobre o Estatuto da Criança e do Adolescente e dá outras providências. Brasília, DF: Presidência da República, 1990b.

[331] PAULA, Fausto Junqueira de; SOUZA, Andréa Santos. O Ministério Público na garantia do direito à participação. *In*: SARRUBBO, Mário Luiz (coord.). *Ministério Público Estratégico*: Volume 5: Direitos da criança e do adolescente. Indaiatuba: Editora Foco, 2023. p. 40.

Por essa razão, um requerimento pela aplicação de medidas socioeducativas em meio aberto com o acompanhamento da rede de atendimento psicossocial do município onde o adolescente reside pode alcançar o fim pretendido, em vez de submeter um adolescente, ainda em formação, a um processo judicial, em que o adolescente desconhece o procedimento e pode não ser assistido juridicamente como teria direito.

Todavia, não basta o Ministério Público pugnar pela aplicação de medida socioeducativa em meio aberto e esta ser deferida pelo juízo que aprecia o pedido de aplicação de medida socioeducativa, se não houver quem acompanhe e fiscalize tal medida no município.

Incumbe ao Ministério Público, como já exposto, adotar as medidas extrajudiciais ou judiciais para a implementação nos municípios do PMASE.

A colocação de um adolescente em cumprimento de medida socioeducativa em internação ou semiliberdade pode resultar em maiores violações aos seus direitos, não surtindo a medida o fim pretendido de proteção integral e ressocialização.

Assim, deve ser priorizada pelo sistema de justiça a aplicação da remissão, simples ou cumulada, dando-se preferência àquela em meio aberto. Para que a medida socioeducativa surta o efeito pretendido, é necessário que o PMASE acompanhe seu cumprimento.

No entanto, caso seja necessária a aplicação de outra medida socioeducativa, deve-se garantir ao adolescente que comete ato infracional o direito de ser ouvido, de compreender o que está acontecendo por meio do uso da linguagem simples e da comunicação não violenta, de ser submetido a um processo célere e com a assistência jurídica adequada. Tudo isso deve ser garantido pelos atores do sistema de justiça.

4.3 A proteção de crianças e adolescentes vítimas ou testemunhas de crimes

A terceira situação ocorre quando crianças ou adolescentes são vítimas ou testemunhas de crimes e precisam, principalmente nos casos de crimes sexuais, depor em juízo, momento este em que o sistema de justiça deve estar preparado para a realização do depoimento especial.

Já tratamos da importância do depoimento especial na comunicação com crianças e adolescentes vítimas ou testemunhas de crimes. Neste momento, passamos a discorrer sobre as dificuldades e implicações da sua não observância pelo sistema de justiça.

O sistema normativo protetivo de crianças e adolescentes foi incrementado nos últimos anos, com legislação que assegure direitos de crianças e busque a punição dos agressores, como a Lei nº 14.344/2022, conhecida como Lei Henry Borel, que criou mecanismos para a prevenção e o enfrentamento da violência doméstica e familiar contra a criança e o adolescente,[332] e a Lei nº 14.811/2024, que estabelece medidas contra a violência em âmbito escolar, tipificou as condutas de bullying/cyberbullying, procedeu a alterações no Código Penal, Lei de Crimes Hediondos e no ECA, tratando também da Política Nacional de Prevenção e Combate ao Abuso e Exploração Sexual da Criança e do Adolescente.[333]

Assim, além do aspecto preventivo decorrente da previsão legal, há o repressivo, já que mais ações penais podem ser propostas e contar com a oitiva de crianças e adolescentes vítimas ou testemunhas de crimes, com a utilização do depoimento especial, de forma não revitimizante, o que pode impulsionar o número de denúncias de crimes.

Muitas vítimas, diante de sua pouca idade, não enxergam a conduta do abusador como crime, pois desconhecem o que seria um ato sexual. Disso resulta a importância de um depoimento realizado da forma adequada para que não apenas se averigue os fatos, bem como não seja a vítima exposta a uma nova situação revitimizante.

Isabel Allende, autora em língua espanhola mais lida no mundo, em seu livro intitulado *Paula*, descreve a experiência em que ela própria, aos oito anos, foi vítima de abuso sexual, mas que lhe pareceu um misto de curiosidade e terror,[334] justamente porque não sabia que aquilo era um ato sexual por conta de sua inocência de criança.

Entretanto, o ambiente judiciário reúne características de espaço hábil à revitimização, já que é um sistema dirigido a adultos, sem pessoal especializado a intervir com crianças e adolescentes frágeis e

---

332 BRASIL. *Lei n. 14.344, de 24 de maio de 2022*. Cria mecanismos para a prevenção e o enfrentamento da violência doméstica e familiar contra a criança e o adolescente [...] e dá outras providências. Brasília, DF: Presidência da República, 2022c.

333 BRASIL. *Lei n. 14.811, de 12 de janeiro de 2024*. Institui medidas de proteção à criança e ao adolescente contra a violência nos estabelecimentos educacionais ou similares, prevê a Política Nacional de Prevenção e Combate ao Abuso e Exploração Sexual da Criança e do Adolescente e altera o Decreto-Lei n. 2.848, de 7 de dezembro de 1940 (Código Penal), e as Leis n. 8.072, de 25 de julho de 1990 (Lei dos Crimes Hediondos), e 8.069, de 13 de julho de 1990 (Estatuto da Criança e do Adolescente). Brasília, DF: Presidência da República, 2024g.

334 ALLENDE, Isabel. *Paula*. Tradução: Irene Moutinho. Rio de Janeiro: Bertrand Brasil, 2023. p. 123.

vulneráveis, sem estrutura adequada a possibilitar que essas vítimas sejam preservadas de novos abusos e corretamente informadas dos procedimentos adotados.[335]

Sobre isso, há dois problemas: I) a falta de estrutura do Poder Judiciário para que esse depoimento especial ocorra em sala própria e com facilitador capacitado; e II) a recusa de alguns integrantes do sistema de justiça em realizar o depoimento na forma prevista em lei.

Assim, resta evidente que um depoimento realizado inadequadamente intimida a criança ou o adolescente quando da sua inquirição frente ao seu abusador, e pessoas ligadas à oitiva, além do ambiente de audiência que não satisfaz, não favorecem uma abordagem sem revitimizar a criança de forma mais gravosa. Isso fere não apenas o direito da vítima de ter acesso à justiça, bem como atinge a iniciativa 16.2 da meta 16 dos ODS, de acabar com abuso, exploração, tráfico e todas as formas de violência e tortura contra crianças, já que inibe as vítimas e testemunhas de prestarem depoimentos e assim serem responsabilizados os agressores.

Dessa feita, deve ser inadmissível, por todos os integrantes do sistema de justiça, a participação em audiência de instrução ou de oitiva cautelar de crianças ou adolescentes vítimas ou testemunhas de crime da forma como anteriormente era prevista na legislação, tendo em vista que já há novel disposição legal que trata do tema e tempo hábil, desde a entrada em vigor até os dias atuais, para o Judiciário efetuar as capacitações e modificações necessárias.

Neste ponto, é relevante reiterar que a própria Lei nº 13.431/2017, no inciso IV, do art. 4º, considera como forma de violência, sob a espécie de violência institucional, a prática de ato por instituição pública ou conveniada, inclusive quando gerar revitimização.[336]

Incumbe, então, a todo o sistema de justiça capacitar seus integrantes: juízes, promotores de justiça, defensores públicos e advogados, para que conheçam os procedimentos do depoimento especializado previsto na Lei da Escuta Protegida, uma vez que ainda há o desconhecimento da legislação e, consequentemente, resistência à sua aplicação efetiva.

---

335 TRENNEPOHL, Anna Karina O. V. Riscos de revitimização de crianças e adolescentes e a necessária implantação do depoimento especial. *In*: RIBEIRO, Carlos Vinícius Alves; FELIX, Juliana Nunes; SOUZA, Marcelo Weitzel Rabello de (coord.). *Os direitos das vítimas*: reflexões e perspectivas. Brasília, DF: ESMPU, 2023b. p. 171-181.

336 BRASIL. *Lei n. 13.431, de 4 de abril de 2017*. Estabelece o sistema de garantia de direitos da criança e do adolescente vítima ou testemunha de violência e altera a Lei n. 8.069, de 13 de julho de 1990 (Estatuto da Criança e do Adolescente). Brasília, DF: Presidência da República, 2017b.

O art. 15 da Resolução nº 299/2019, do CNJ, destaca que é obrigatória a capacitação de magistrados e profissionais que atuam na realização do depoimento especial.[337]

Some-se a isso que os delegados de polícia devem obter a instrução necessária para não realizar a escuta inadequadamente nas delegacias quando da instrução do inquérito policial, utilizando-se da escuta especializada, prevista no art. 7º da referida lei,[338] ou solicitando a realização da produção antecipada de provas para a realização do depoimento especial.

Além disso, cabe ao Poder Judiciário proporcionar o ambiente adequado para a realização do depoimento especial, com estrutura física e capacitação de mediador, adequadamente treinado, para que testemunhas e, principalmente, vítimas de crimes com menos de 18 anos não sofram as consequências danosas de um depoimento prestado inadequadamente, o que pode não só o inibir, e assim não ser alcançada a punição de um autor de delito, como resultar em maior trauma para aquela vítima, que não obterá a justiça a que tem direito.

Em relação ao Ministério Público, há a Resolução nº 287, de 12 de março de 2024, do CNMP, que trata da atuação integrada para a efetiva defesa e proteção das crianças e adolescentes vítimas ou testemunhas de violência.

Um dos objetivos da referida Resolução é evitar a revitimização das crianças e adolescentes que foram vítimas ou são testemunhas de delitos, razão pela qual cabe ao Ministério Público adotar as providências necessárias para que o depoimento seja feito, conforme preconizado na Lei nº 13.431/2017, e não seja repetido. A repetição do depoimento pode ser evitada quando o promotor de justiça, que primeiro tiver ciência de criança ou adolescente em situação de violência, comunicar formalmente aos demais membros do Ministério Público, com atribuições que toquem o caso acerca das medidas já adotadas.[339]

---

[337] BRASIL. Conselho Nacional de Justiça. *Resolução n. 299, de 05 de novembro de 2019*. Dispõe sobre o sistema de garantia de direitos da criança e do adolescente vítima ou testemunha de violência, de que trata a Lei n 13.431, de 4 de abril de 2017. Brasília, DF: CNJ, 2019b.

[338] BRASIL. *Lei n. 13.431, de 4 de abril de 2017*. Estabelece o sistema de garantia de direitos da criança e do adolescente vítima ou testemunha de violência e altera a Lei n. 8.069, de 13 de julho de 1990 (Estatuto da Criança e do Adolescente). Brasília, DF: Presidência da República, 2017b.

[339] BRASIL. Conselho Nacional do Ministério Público. *Resolução n. 287, de 12 de março de 2024*. Dispõe sobre a atuação integrada do Ministério Público para a efetiva defesa e proteção das crianças e adolescentes vítimas ou testemunhas de violência, conforme Lei n. 13.431, de 4 de abril de 2017, e Lei n. 14.344, de 24 de maio de 2022. Brasília, DF: CNMP, 2024b.

O Comentário Geral nº 12/2009, do Comitê sobre os Direitos da Criança, da ONU, lembra que:

> uma criança não deve ser entrevistada com mais frequência do que o necessário, principalmente quando se exploram eventos que foram danosos para ela. A oitiva de uma criança é um processo difícil, que pode ter um impacto traumático nela.[340]

Assim, por exemplo, se durante uma audiência de guarda uma criança narra uma situação de violência, que está sendo gravada, o promotor de justiça presente deve encaminhar cópia do termo de audiência ou sua gravação, se existente, aos promotores com atribuição em infância e juventude – para a adoção das medidas de proteção – e ao promotor com atribuição criminal, para ser apurado o delito noticiado.

A Resolução nº 287/2024 elenca um rol de atuação do Ministério Público em diversas áreas, como saúde, educação, assistência social, por meio de uma atuação extrajudicial ou judicial para ocorrer a implementação da escuta protegida, que abrange a escuta especializada e o depoimento especial, este último para a apuração ou instrução do delito.

No âmbito do sistema de justiça, deve o promotor adotar as medidas necessárias para que seja implementado o depoimento especial na comarca e para que os procedimentos investigatórios e os processos decorrentes da situação de violência em curso, nas esferas criminal, trabalhista, da violência doméstica, família, infância e adolescência e cível, tramitem com celeridade e prioridade, conforme a alínea g, do inciso III, do art. 3º, da Resolução 287/2024.[341]

Da mesma forma que todo o sistema de justiça deve zelar para que o depoimento da criança ou adolescente ocorra consoante a previsão legal, também deve ser resguardado à vítima o direito de não se manifestar, mantendo-se o silêncio, caso em que serão utilizadas outras provas para a instrução processual.

---

340 ORGANIZAÇÃO DAS NAÇÕES UNIDAS. *Comentário geral n. 12/2009, do Comitê dos direitos da criança*. [Nova York]: ONU, 2009.

341 BRASIL. Conselho Nacional do Ministério Público. *Resolução n. 287, de 12 de março de 2024*. Dispõe sobre a atuação integrada do Ministério Público para a efetiva defesa e proteção das crianças e adolescentes vítimas ou testemunhas de violência, conforme Lei n. 13.431, de 4 de abril de 2017, e Lei n. 14.344, de 24 de maio de 2022. Brasília, DF: CNMP, 2024b.

O Decreto n.º 9.603/2018 (artigo 2º), que regulamenta a Lei n.º 13.431/2017, dispõe no inciso VI:

> A criança e o adolescente têm assegurado o direito de exprimir suas opiniões livremente nos assuntos que lhes digam respeito, inclusive nos procedimentos administrativos e jurídicos, consideradas a sua idade e a sua maturidade, garantido o direito de permanecer em silêncio.[342]

Segundo o Comentário Geral nº 12/2009, do Comitê sobre os Direitos da Criança, da ONU:

> A criança, no entanto, tem o direito de não exercer esse direito. Expressar pontos de vista é uma escolha para a criança, não uma obrigação. Os Estados Partes devem garantir que a criança receba todas as informações e conselhos necessários para tomar uma decisão em favor de seu melhor interesse.[343]

A implementação do depoimento especial é um direito de crianças e adolescentes em respeito aos seus direitos, de pessoas em condição peculiar de desenvolvimento e da proteção integral.

Os integrantes do sistema de justiça devem se recusar a participar da tomada de depoimento de crianças e adolescentes vítimas ou testemunhas de crimes da forma como ocorria antes do advento da Lei nº 13.431/2017, salvo na hipótese prevista no parágrafo 1º, art. 12, em que à vítima ou à testemunha de violência é garantido o direito de prestar depoimento diretamente ao juiz.[344]

Nesse caso, o magistrado deve estar capacitado para tomar o depoimento nos termos do Protocolo Brasileiro de Entrevista Forense, para a eventualidade de a criança ou o adolescente, vítima ou testemunha, desejar prestar o depoimento diretamente à autoridade judiciária.[345]

---

342 BRASIL. *Decreto n. 9.603, de 10 de dezembro de 2018*. Regulamenta a Lei n. 13.431, de 4 de abril de 2017, que estabelece o sistema de garantia de direitos da criança e do adolescente vítima ou testemunha de violência. Brasília, DF: Presidência da República, 2018b.

343 ORGANIZAÇÃO DAS NAÇÕES UNIDAS. *Comentário geral n. 12/2009, do Comitê dos direitos da criança*. [Nova York]: ONU, 2009.

344 BRASIL. *Lei n. 13.431, de 4 de abril de 2017*. Estabelece o sistema de garantia de direitos da criança e do adolescente vítima ou testemunha de violência e altera a Lei n. 8.069, de 13 de julho de 1990 (Estatuto da Criança e do Adolescente). Brasília, DF: Presidência da República, 2017b.

345 Art. 14, §3º. BRASIL. Conselho Nacional de Justiça. *Resolução n. 299, de 05 de novembro de 2019*. Dispõe sobre o sistema de garantia de direitos da criança e do adolescente vítima ou testemunha de violência, de que trata a Lei n 13.431, de 4 de abril de 2017. Brasília, DF: CNJ, 2019b.

Assim, deve ser oportunizado o acesso à justiça para crianças e adolescentes vítimas ou testemunhas de crime, contudo deve-se ter cautela na forma como é realizado esse depoimento, que deve ocorrer em consonância com a legislação que trata da matéria.

Os integrantes do sistema de justiça devem perceber que, apesar da importância da persecução penal para elucidação de um crime e punição dos culpados, a vítima ou testemunha, criança ou adolescente, deve ter prioridade na condução da instrução, para que, além dos danos já causados pelo delito em si, não existam outros pela condução do processo contrária ao disposto em lei.

Cada vez mais o sistema de justiça tem dado ênfase ao protagonismo das vítimas não como mera fonte de provas, mas adotando-se as cautelas necessárias para que a persecução penal não acarrete maiores prejuízos e danos àquelas. Em se tratando de crianças e adolescentes, que têm prioridade absoluta em detrimento de qualquer outro interesse, deve-se, inclusive, buscar outros meios de prova a fim de instruir o processo. Caso a oitiva da vítima ou testemunha, criança ou adolescente, seja imprescindível, ela deve ocorrer sob a forma de depoimento especial.

4.4 O direito de crianças e adolescentes transexuais à retificação do registro civil

Erasmo de Rotterdam, no seu livro *Elogio da loucura*, pontuou que a felicidade consiste em estar disposto a ser o que você é.[346]

Com impulso nessa afirmação, merece estudo a questão envolvendo crianças e adolescentes transexuais, também conhecidas como trans, que almejam retificar seu nome, para que este se encontre em consonância com sua identidade de gênero.

Segundo Dias, pessoas transgêneros ou transexuais são aquelas cuja identidade de gênero não coincide de modo exclusivo e permanente com o sexo designado no nascimento.[347]

Crianças e adolescentes transexuais podem desejar a mudança do nome e do gênero em seus documentos a fim de que possam ser identificados segundo a sua identidade de gênero.

[346] ROTTERDAM, Erasmo de. *Elogio da loucura*. São Paulo: Martins Fontes, 1997. p. 14.

[347] DIAS, Maria Berenice. *Homoafetividade e os direitos LGBTI*. 6. ed. São Paulo: Revista dos Tribunais, 2014. p. 44.

O direito ao nome é um direito da personalidade que faz parte da dignidade da pessoa humana, princípio norteador da Constituição Federal. Então, quando o indivíduo, seja de qualquer idade, não se reconhece de forma correspondente ao seu sexo biológico, enquadrando-se como criança ou adolescente transexual, é possível almejar a alteração do nome e retificação de gênero em seus documentos.

Tal mudança no registro civil pode refletir sobremaneira no período de desenvolvimento da criança ou adolescente transexual, principalmente quando se trata de crianças e adolescentes em formação, como meio de obtenção do direito à felicidade, que apenas será alcançado com o devido acesso à justiça.

A mais humana individualidade não é elemento extrínseco; é intrínseco. Pelo externo, que é apenas formalidade, não se diferencia, discrimina-se.[348] Tal individualidade deve ser expressa como desejada.

Para a criança transexual, durante a infância, já há a possibilidade da transição social, na qual poderá, com a alteração do registro civil, passar a ser reconhecida pelo nome e gênero com o qual se identifica, desde que pela via judicial. Além disso, com os primeiros sinais da puberdade, em que as características do sexo biológico passarão a ser mais evidentes, é possível realizar o bloqueio hormonal para retardar o processo de mudança.

A partir dos 16 anos, é possível também dar início ao tratamento hormonal para adquirir as características físicas do sexto oposto. No entanto, intervenções de caráter irreversível são feitas somente a partir dos 18 anos.[349]

A Corte Interamericana de Direitos Humanos já se manifestou sobre a possibilidade da retificação do registro civil de pessoas com menos de 18 anos, desde 2017, no Parecer Consultivo OC-24/17, de 24 de novembro de 2017, solicitado pela República da Costa Rica, destacando:

> [...] que as considerações relativas ao direito à identidade de gênero [...], também são aplicáveis às meninas e aos meninos que desejem apresentar pedidos de reconhecimento de sua identidade de gênero autopercebida em documentos e registros. Este direito deve ser entendido em conformidade com as medidas especiais de proteção que estejam disponíveis

---

348 ROCHA, Cármen Lúcia Antunes. *Direitos de/para todos*. Rio de Janeiro: Bazar do tempo, 2024. p. 24.

349 COSTA, Camilla Danielle Soares. *Brincando de gênero*: o direito à retificação do registro civil de crianças e adolescentes trans. Belo Horizonte: Fórum, 2023. p. 55.

> internamente, em conformidade com o artigo 19 da Convenção, as quais devem necessariamente ser concebidas de acordo com os princípios do interesse superior da criança, da autonomia progressiva, de ser ouvido e levar em conta sua opinião em todos os procedimentos que os afetem, de respeito ao direito à vida, sobrevivência e desenvolvimento, bem como o princípio da não discriminação.[350]

O Comitê sobre os Direitos da Criança, no Comentário Geral nº 20/2016, salientou que "todos os adolescentes têm direito à liberdade de expressão e a que sejam respeitadas sua integridade física e psicológica, sua identidade de gênero e sua autonomia emergente".[351]

Em que pese o Parecer Consultivo dispor que os Estados têm a possibilidade de estabelecer e decidir sobre o procedimento mais apropriado em conformidade às características de cada contexto e sua legislação nacional, a Corte observa que os procedimentos de natureza materialmente administrativa ou cartorial são os que melhor se ajustam e se adequam a esses requisitos, e que os Estados podem fornecer paralelamente um canal administrativo, que possibilite a escolha da pessoa.[352]

Destaca-se que em âmbito interno, sobre a possibilidade dessa retificação, há o Provimento nº 73, de 28 de junho de 2018,[353] do CNJ, e a Lei nº 14.382, de 27 de junho de 2022,[354] esta que alterou o artigo 56 da Lei de Registros Públicos, em que ambas autorizam apenas pessoas maiores de idade a buscar a alteração extrajudicial em cartório.

A questão é que o Provimento nº 73 do CNJ restringiu o direito à alteração do nome e gênero para os maiores de 18 anos, desconsiderando-se que a morosidade judicial pode resultar em danos severos e permanentes para crianças ou adolescentes que não se reconhecem pelo gênero biológico e, em decorrência disso, podem ser vítimas de extremo sofrimento ou crimes.

---

[350] CORTE INTERAMERICANA DE DIREITOS HUMANOS. *Opinião Consultiva n. 24/2017*. San José: CIDH, 2017.

[351] ORGANIZAÇÃO DAS NAÇÕES UNIDAS. *Comentário Geral n. 20/2016, do Comitê dos direitos da criança*. [Nova York]: ONU, 2016.

[352] CORTE INTERAMERICANA DE DIREITOS HUMANOS. *Opinião Consultiva n. 24/2017*. San José: CIDH, 2017.

[353] BRASIL. Conselho Nacional de Justiça. *Provimento n. 73, de 28 de junho de 2018*. Dispõe sobre a averbação da alteração do prenome e do gênero nos assentos de nascimento e casamento de pessoa transgênero no Registro Civil das Pessoas Naturais (RCPN). Brasília, DF: CNJ, 2018a.

[354] BRASIL. *Lei n. 14.382, de 27 de junho de 2022*. Altera a Lei de Registros Públicos e outras providências. Brasília, DF: Presidência da República, 2022e.

No STF, quando se tratou do assunto na ADI nº 4.275/DF, o Min. Alexandre de Moraes foi o único que reconheceu a existência do direito de crianças e adolescentes transexuais à retificação extrajudicial, em consonância com a decisão da Corte Interamericana de Direitos Humanos, contudo foi vencido pelos demais, que reconheceram essa possibilidade apenas para maiores de 18 anos.[355]

Diante disso, quando se trata de crianças e adolescentes, é necessária uma decisão judicial autorizando a pleiteada retificação. Em alguns casos, em que os responsáveis legais concordam com a retificação, pode-se demandar em juízo por intermédio da Defensoria Pública ou advocacia privada.

Entretanto, quando há a discordância dos responsáveis legais ou estes se encontram com o poder familiar destituído, crianças e adolescentes necessitam que o Ministério Público os represente judicialmente para que o Poder Judiciário determine a alteração do registro civil, principalmente quando envolver criança ou adolescente acolhido, os quais os responsáveis o refutaram justamente por sua condição de pessoa transgênero.

Note-se que, existindo a discordância dos genitores ou representantes legais, deve prevalecer o maior interesse da criança ou adolescente transgênero, tendo em vista que da recusa podem decorrer inúmeros prejuízos ao desenvolvimento psíquico da pessoa menor de 18 anos.

Desconsiderou-se, no Provimento nº 73/2018 do CNJ, na Lei de Registros Públicos e no entendimento do STF, na ADI nº 4.275/DF, o direito à proteção integral para crianças e adolescentes transexuais, que deixam de ter a possibilidade de extrajudicialmente resguardar seu direito ao nome que corresponda à sua identidade de gênero e, assim, também se encontram vulneráveis a violências e a danos psicológicos irreversíveis.

> Como as crianças ou adolescentes transexuais ainda se encontram em desenvolvimento físico e psíquico, eles precisam de apoio e suporte de adultos (pais, responsáveis, professores), os quais deverão entender que essas crianças e adolescentes poderão optar por receber um tratamento que venha a lhes propiciar o seu pleno desenvolvimento físico, psíquico, moral e sexual, tal como fundamenta o Estatuto da Criança

---

355 BRASIL. Supremo Tribunal Federal. *ADI n. 4.275/DF*. Relator: Min. Marco Aurélio. Pesquisa de Jurisprudência, Decisão Plenária, 1 de março de 2018d.

e do Adolescente (ECA). Além da convivência familiar e em sociedade que pode ser bastante difícil, as crianças e os adolescentes transexuais, têm, ainda, de enfrentar o bullying e a transfobia nas escolas.[356]

Estudos já demonstram que o bullying está associado a uma pior saúde mental em todos (crianças, adolescentes e jovens), mas os transgêneros podem estar numa posição especialmente vulnerável às suas implicações.[357]

Crianças e adolescentes transgêneros se encontram em situação de maior vulnerabilidade a serem possíveis vítimas de discriminação, transfobia ou bullying.

O Comentário Geral nº 20/2016, do Comitê sobre os Direitos da Criança da ONU, sobre a implementação de direitos da criança durante a adolescência, prevê que os Estados Partes devem adotar medidas necessárias a fim de evitar a discriminação na adolescência:

> Insta os Estados a eliminar tais práticas, revogar todas as leis que criminalizam ou discriminam os indivíduos com base em sua orientação sexual, identidade de gênero ou status intersexual e adotam leis que proíbem a discriminação com base nesses motivos. Os Estados também devem tomar medidas efetivas para proteger a todos os adolescentes que sejam lésbicas, gays, bissexuais, transexuais e intersexuais de todas as formas de violência, discriminação ou bullying, aumentando a conscientização pública e implementando medidas de segurança e apoio.[358]

Como dito por Aristóteles, o indivíduo feliz requer também os bens dos corpos, os externos e aqueles da sorte e a felicidade; para ser completo, requer virtude completa e vida completa.[359]

Ninguém é feliz sem ser livre. Assim sendo, a liberdade de pensamento, de opinião, de sentimento e de escolhas fazem parte do direito à liberdade, que deve ser assegurado a todos os seres humanos.[360]

---

[356] COSTA, Camilla Danielle Soares. *Brincando de gênero*: o direito à retificação do registro civil de crianças e adolescentes trans. Belo Horizonte: Fórum, 2023. p. 13.

[357] SARES-JÄSKE, Laura; CZIMBALMOS, Mercédesz; MAJLANDER, Satu; SIUKOLA, Reetta; KLEMETTI, Reija; LUOPA, Pauliina; LEHTONEN, Jukka. Gendered Differences in Experiences of Bullying and Mental Health Among Transgender and Cisgender Youth. *Journal of Youth and Adolescence*, [*s. l.*], v. 52, n. 8, p. 1531-1548, 2023. p. 1546.

[358] ORGANIZAÇÃO DAS NAÇÕES UNIDAS. *Comentário Geral n. 20/2016, do Comitê dos direitos da criança*. [Nova York]: ONU, 2016.

[359] ARISTÓTELES. Ética a *Nicômaco*. Tradução: Edson Bini. 4. ed. São Paulo: Edipro, 2014. p. 66 e 282.

[360] DALLARI, Dalmo de Abreu. *Direitos humanos e cidadania*. 2. ed., São Paulo: Moderna, 2004. p. 43.

Atualmente, as crianças e adolescentes que desejam exercer seu direito à personalidade com um nome que corresponda à sua identidade de gênero, para se desenvolver de forma adequada, necessitam de uma prestação jurisdicional para que esses direitos sejam efetivados.

Destaca-se que toda pessoa é igual à outra em sua dignidade humana, mas única em sua identidade pessoal. Todos têm o direito de ser identificados e igualados pela sua humanidade e diferenciados no que constitui a sua individualidade.[361]

Surge então a importância do conceito de identidade. Taylor diz que a identidade de cada um corresponde ao modo como se autodefine, ou seja, à imagem que cada um faz ou tem de si.[362] Entretanto, não basta a imagem autodefinida, pois essa se subordina, segundo esse autor, à imagem que o outro faz de si.

Então, para que exista a identidade, deve existir também o reconhecimento desta. A partir da premissa de que uma criança ou um adolescente não se reconhece com o sexo biológico, haverá identidade sem reconhecimento se não lhe é oportunizada a possibilidade de proceder à retificação do nome.

Essa ausência de reconhecimento é considerada como uma forma de agressão, que deve ser repelida mais fortemente quando se trata de seres em desenvolvimento.

Amin defende que a prioridade absoluta estabelece a primazia em favor de crianças e adolescentes em todas as esferas de interesses,[363] nas quais estão inseridas as judiciais, extrajudiciais e administrativas.

Diante da morosidade do sistema de justiça, da ausência de acesso à justiça por crianças e adolescentes transexuais e para o atendimento dos princípios basilares da infância e adolescência, o caminho a seguir seria a possibilidade da retificação do nome e gênero pela via administrativa.

Na Argentina, a Lei nº 26.743, de 23 de maio de 2012, "Sobre o direito à identidade de gênero das pessoas", expõe, no art. 5º, que:

---

361 ROCHA, Cármen Lúcia Antunes. *Direitos de/para todos*. Rio de Janeiro: Bazar do tempo, 2024. p. 24.

362 TAYLOR, Charles. A política do reconhecimento. *In:* TAYLOR, Charles. *Multiculturalismo*: examinando a política de reconhecimento. Lisboa: Instituto Piaget, 1998. p. 45-94. p. 45.

363 AMIN, Andréa Rodrigues. Evolução histórica do direito da criança e do adolescente. *In:* MACIEL, Kátia Regina Ferreira Lobo Andrade (coord.). *Curso da criança e do adolescente*: aspectos teóricos e práticos. 14. ed. atual. São Paulo: Saraiva, 2022. p. 51-61. p. 55.

> ARTICULO 5° - Personas menores de edad. Con relación a las personas menores de dieciocho (18) años de edad la solicitud del trámite a que refiere el artículo 4º deberá ser efectuada a través de sus representantes legales y con expresa conformidad del menor, teniendo en cuenta los principios de capacidad progresiva e interés superior del niño/a de acuerdo con lo estipulado en la Convención sobre los Derechos del Niño y en la Ley 26.061 de protección integral de los derechos de niñas, niños y adolescentes. Asimismo, la persona menor de edad deberá contar con la asistencia del abogado del niño prevista en el artículo 27 de la Ley 26.061.
>
> *Cuando por cualquier causa se niegue o sea imposible obtener el consentimiento de alguno/a de los/as representantes legales del menor de edad, se podrá recurrir a la vía sumarísima para que los/as jueces/zas correspondientes resuelvan, teniendo en cuenta los principios de capacidad progresiva e interés superior del niño/a de acuerdo con lo estipulado en la Convención sobre los Derechos del Niño y en la Ley 26.061 de protección integral de los derechos de niñas, niños y adolescentes.*[364]

No território argentino, o procedimento é feito perante o funcionário público, desde que cumpridos os requisitos previstos no art. 5º, sem necessidade de qualquer procedimento judicial ou administrativo.

Utiliza-se apenas a via judicial sumaríssima quando, por qualquer motivo, seja negado ou impossível obter o consentimento de qualquer um dos representantes legais da criança ou adolescente.

Com a necessidade de um procedimento judicial para a retificação do registro de criança ou adolescente transexual, além da ofensa ao princípio da proteção integral, desconsidera-se o princípio do maior interesse da criança ou adolescente transexual, tendo em vista que o bem-estar moral, social, relacional e psíquico devem ser priorizados em detrimento de outras medidas.

---

364 ARGENTINA. *Lei n. 26.743 de 23 de maio de 2012*. Establécese el derecho a la identidad de género de las personas. Buenos Aires: Ministerio de Justicia de la Nación, 2012: "ARTIGO 5 - Menores. No que diz respeito aos menores de dezoito (18) anos, o pedido do procedimento referido no artigo 4º será feito por meio dos seus representantes legais e com o consentimento expresso do menor, tendo em conta os princípios da capacidade progressiva e do interesse superior da criança, de acordo com as disposições da Convenção sobre os Direitos da Criança e da Lei 26.061 sobre a proteção integral dos direitos da criança e do adolescente. Da mesma forma, o menor deve ter a assistência do advogado da criança previsto no artigo 27 da Lei 26.061.
Quando, por qualquer motivo, o consentimento de qualquer um dos representantes legais do menor for negado ou impossível de obter, pode recorrer-se ao procedimento sumário para que os juízes correspondentes resolvam a questão, tendo em conta os princípios da capacidade progressiva e do interesse superior do menor, em conformidade com as disposições da Convenção sobre os Direitos da Criança e da Lei 26.061 sobre a proteção integral dos direitos da criança e do adolescente".

Entre todas as etapas de mudança na vida de crianças e adolescentes transgêneros, a retificação extrajudicial ou judicial mais célere seria a de mais fácil obtenção de resultados e a que poderia trazer maiores benefícios para a qualidade de vida daqueles.

4.5 O acesso à justiça em demandas envolvendo o ambiente digital

Atualmente temos uma geração de crianças e adolescentes que nasceram em um mundo digital e desconhecem, em sua maioria, o que é viver desconectado. A utilização da internet trouxe inúmeros benefícios para a vida das pessoas, mas não se pode desconsiderar que há também a exposição de crianças e adolescentes a situações em que podem ser vítimas de crimes ou de situações vexatórias.

Em relação ao acesso à justiça de crianças e adolescentes em questões relativas ao ambiente digital, o principal desafio é a ausência de legislação que regulamente especificamente essas situações, os empecilhos na obtenção de provas e a identificação da autoria.

Some-se a isso a dificuldade de conhecimento da prática delituosa, em razão de que as próprias vítimas resistem em denunciá-la, por medo de represálias pelo agressor ou mesmo de exclusão social.

Além disso, por se tratar de uma matéria recente, o sistema de justiça não detém estrutura adequada, seja de pessoal ou de equipamentos, para lidar com esse tipo de crime, em que há provas digitais.

Sobre o atendimento às vítimas desses delitos, cabe o mesmo tratamento previsto na Lei nº 13.431/2017 para que o sistema de justiça detenha uma estrutura intersetorial e amigável à criança, com proteções especializadas para a confidencialidade e para reparar os danos associados ao ambiente digital.

> As crianças e adolescentes devem ter garantido e facilitado o acesso à justiça, para que possam levar ao conhecimento do judiciário violações aos seus direitos perpetradas no ambiente digital. Mecanismos judiciais e não judiciais devem ser apropriados para as peculiaridades e maior vulnerabilidade ínsita à infância, evitando-se a vitimização secundária da criança em processos investigativos e judiciais.[365]

---

[365] SÃO PAULO. Ministério Púbico do Estado de São Paulo. *Comentário Geral sobre os direitos das crianças em relação ao ambiente digital*: versão comentada. São Paulo: MPSP: Instituto Alana, 2022.

Conforme o Comentário Geral nº 25/2021, do Comitê sobre os Direitos da Criança, da ONU, sobre os Direitos das Crianças em relação ao ambiente digital, os Estados Partes devem fornecer treinamento especializado para oficiais responsáveis pela aplicação da lei, promotores e juízes, sobre violações dos direitos da criança especificamente associadas ao ambiente digital, inclusive por meio da cooperação internacional.[366]

Uma situação peculiar é como se dá o acesso à justiça quando crianças ou adolescentes precisam demandar em face dos seus genitores ou representantes legais por fatos ocorridos em âmbito digital.

No que diz respeito às situações de violações de direitos que resultem na perda ou suspensão do poder familiar, o Ministério Público propõe a ação como representante da vítima. Entretanto, há uma situação ainda sem previsão legal na legislação brasileira, em razão de sua recenticidade.

Constata-se, cada vez mais, que a vida privada das pessoas se encontra exposta na internet, principalmente em redes sociais, e, como decorrência disso, crianças e adolescentes têm situações gravadas em vídeos, ou fotografias, por seus genitores e representantes legais, que podem ser consideradas vexatórias.

A questão a ser discutida é o limite do pátrio poder em detrimento do respeito à intimidade, direito à imagem e reserva sua vida privada dessas crianças e adolescentes.

Lembranças e recordações que anteriormente eram restritas ao âmbito familiar agora resultam em superexposição de crianças e adolescentes em redes sociais.

A Lei Geral de Proteção de Dados (LGPD) nº 13.709, de 14 de agosto de 2018, é restrita à menção ao direito de crianças e adolescentes e, apenas no art. 14, proclama que:

> *Do Tratamento de Dados Pessoais de Crianças e de Adolescentes*
>
> Art. 14. O tratamento de dados pessoais de crianças e de adolescentes deverá ser realizado em seu melhor interesse, nos termos deste artigo e da legislação pertinente.
>
> § 1º *O tratamento de dados pessoais de crianças deverá ser realizado com o consentimento específico e em destaque dado por pelo menos um dos pais ou pelo responsável legal.*

---

366 ORGANIZAÇÃO DAS NAÇÕES UNIDAS. *Comentário geral n. 25/2021, do Comitê dos direitos da criança.* [Nova York]: ONU, 2021.

> § 2º No tratamento de dados de que trata o § 1º deste artigo, os controladores deverão manter pública a informação sobre os tipos de dados coletados, a forma de sua utilização e os procedimentos para o exercício dos direitos a que se refere o art. 18 desta Lei.
>
> § 3º Poderão ser coletados dados pessoais de crianças sem o consentimento a que se refere o § 1º deste artigo quando a coleta for necessária para contatar os pais ou o responsável legal, utilizados uma única vez e sem armazenamento, ou para sua proteção, e em nenhum caso poderão ser repassados a terceiro sem o consentimento de que trata o § 1º deste artigo.
>
> § 4º Os controladores não deverão condicionar a participação dos titulares de que trata o § 1º deste artigo em jogos, aplicações de internet ou outras atividades ao fornecimento de informações pessoais além das estritamente necessárias à atividade.
>
> *§ 5º O controlador deve realizar todos os esforços razoáveis para verificar que o consentimento a que se refere o § 1º deste artigo foi dado pelo responsável pela criança, consideradas as tecnologias disponíveis.*
>
> § 6º As informações sobre o tratamento de dados referidas neste artigo deverão ser fornecidas de maneira simples, clara e acessível, consideradas as características físico-motoras, perceptivas, sensoriais, intelectuais e mentais do usuário, com uso de recursos audiovisuais quando adequado, de forma a proporcionar a informação necessária aos pais ou ao responsável legal e adequada ao entendimento da criança (grifo nosso).[367]

Vê-se, portanto, que os genitores ou responsáveis legais encontram-se no papel de resguardo da imagem dos indivíduos com menos de 18 anos, o que não impede que pratiquem a superexposição destes.

O Comentário Geral nº 25/2021, do Comitê sobre os Direitos da Criança, da ONU, discorre sobre a necessidade de educação digital dos pais e representantes legais para o respeito à privacidade de crianças e adolescentes:

> 21. *De acordo com o dever dos Estados de prestar assistência adequada às mães, pais e cuidadores no desempenho de suas responsabilidades para com seus filhos, Estados Partes devem promover a conscientização entre mães, pais e cuidadores da necessidade de respeitar o desenvolvimento progressivo da autonomia, das capacidades e da privacidade das crianças.* Eles devem apoiar as mães, pais e cuidadores na busca por uma alfabetização digital e na conscientização dos riscos para as crianças, com o objetivo de

---

[367] BRASIL. *Lei n. 13.709, de 14 de agosto de 2018*. Lei Geral de Proteção de Dados Pessoais (LGPD). Brasília, DF: Presidência da República, 2018c.

ajudá-los a auxiliar as crianças na efetivação de seus direitos, inclusive de proteção, em relação ao ambiente digital (grifo nosso).[368]

No Brasil, ainda não há legislação que regulamente a questão. Encontra-se em trâmite o Projeto de Lei nº 2.628, de 2022, que dispõe sobre a proteção de crianças e adolescentes em ambientes digitais.

O texto do PL trata do controle parental sobre a utilização de pessoas com menos de 18 anos na internet, mas nada trata sobre a superexposição de crianças e adolescentes pelos responsáveis legais em violação de direitos. Contudo, o texto menciona no art. 14, que: "As aplicações de redes sociais devem prever regras específicas para o tratamento de dados de crianças e ou de adolescentes, definidas de forma concreta e documentada e com base no seu melhor interesse".[369]

Ainda segundo o PL nº 2628, em seu art. 16, caberia aos serviços de tecnologia procederem à retirada do conteúdo que violasse os direitos de crianças e adolescentes, independentemente de ordem judicial, quando este tiver conteúdo ofensivo.

Surge então a dúvida do que seria conteúdo ofensivo, tendo em vista que a exposição partiu do próprio responsável legal, que pode não o considerar vexatório.

A Resolução nº 245, de 5 de abril de 2024, do CONANDA, dispõe sobre a proteção de crianças e adolescentes em ambiente digital e, em seu art. 3º, estabelece os princípios que pautam a garantia e efetivação dos direitos da criança e do adolescente em ambiente digital; entre eles, o livre desenvolvimento da personalidade, da dignidade, da honra, da imagem e da privacidade.[370]

A referida Resolução não é expressa sobre a responsabilização dos genitores ou responsáveis na exposição excessiva ou vexatória de crianças e adolescentes em âmbito digital, mas imputa a fiscalização às empresas provedoras:

---

368 ORGANIZAÇÃO DAS NAÇÕES UNIDAS. *Comentário geral n. 25/2021, do Comitê dos direitos da criança.* [Nova York]: ONU, 2021. Disponível em: https://digitallibrary.un.org/record/3906061?v=pdf. Acesso em: 4 abr. 2024.

369 BRASIL. *Projeto de Lei n. 2.628, de 2022.* Dispõe sobre a proteção de crianças e adolescentes em ambientes digitais. Brasília, DF: Presidência da República, 2022f.

370 BRASIL. Conselho Nacional dos Direitos da Criança e do Adolescente. *Resolução n. 245, de 4 de abril de 2024.* Dispõe sobre os direitos das crianças e adolescentes em ambiente digital. Brasília, DF: CONANDA, 2024f.b

> Art. 22 As empresas provedoras são responsáveis por identificar, medir, avaliar e mitigar preventiva e diligentemente os riscos reais ou previsíveis aos direitos e interesse superior de crianças e adolescentes relacionados às funcionalidades, à concepção, gestão e funcionamento de seus serviços e sistemas, inclusive os algorítmicos, de redes sociais, jogos, aplicativos e demais ambientes digitais, especialmente aqueles relacionados à:
>
> [...]
>
> V - inobservância dos direitos fundamentais previstos na Constituição da República, na legislação nacional e nos tratados internacionais dos quais o Brasil é signatário;
>
> VI - exposição da imagem de crianças e adolescentes de forma excessiva ou em contexto vexatório.[371]

Na França, há a Lei nº 2024-120, de 19 de fevereiro de 2024, que visa garantir o respeito pelos direitos de imagem das crianças, alterando o art. 372-1 do Código Civil francês, para que os pais protejam conjuntamente o direito à imagem do filho menor de 18 anos, respeitando o direito à reserva da intimidade da vida privada, e que envolve o filho no exercício do seu direito à imagem, consoante a sua idade e maturidade.[372]

Havendo divergência entre os genitores, pode, com a novel previsão na legislação francesa, um genitor se insurgir contra o outro.

Além disso, o art. 5º da Lei nº 2024-120 também alterou o Código Civil francês para que:

> Quando a divulgação da imagem da criança pelos seus pais for gravemente prejudicial para a sua dignidade ou integridade moral, *o indivíduo, o estabelecimento ou o serviço departamental de proteção da infância que acolheu a criança ou um membro da família pode igualmente requerer ao tribunal que delegue o exercício do direito de imagem da criança* (grifo nosso).[373]

Sendo assim, no direito francês, um terceiro poderia representar uma criança em juízo para acionar a justiça em face dos pais pelo conteúdo prejudicial à sua dignidade ou integridade moral.

---

371 BRASIL. Conselho Nacional dos Direitos da Criança e do Adolescente. *Resolução n. 245, de 4 de abril de 2024*. Dispõe sobre os direitos das crianças e adolescentes em ambiente digital. Brasília, DF: CONANDA, 2024f.

372 FRANÇA. Lei n. 2424-120, de 19 de fevereiro de 2024. *Journal Officiel de la République Française*, Paris, n. 0042, 20 fev. 2024.

373 FRANÇA. Lei n. 2424-120, de 19 de fevereiro de 2024. *Journal Officiel de la République Française*, Paris, n. 0042, 20 fev. 2024.

Tais normativas demonstram que os pais ou responsáveis legais não detêm direito absoluto sobre a imagem dos filhos e devem ser responsabilizados caso sua conduta ofenda direitos, resultando em danos.

O Comentário Geral nº 5/2003, do Comitê de Direitos da Criança, da ONU,[374] também especifica que, quando se verificar que os direitos foram violados, deve haver uma reparação adequada, incluindo uma indenização e, se for o caso, medidas para promover a recuperação física e psicológica, a reabilitação e a reintegração, tal como exigido pelo artigo 39 da Convenção Internacional dos Direitos da Criança.[375]

No Brasil, ainda não há nenhuma disposição legislativa autorizando terceiro a demandar em juízo para a responsabilização de pais e responsáveis diante do risco do uso mal-intencionado de imagens compartilhadas na internet.

Tal defesa seria feita pelo Ministério Público, com base nos princípios da proteção e da defesa do maior interesse da criança ou adolescente e da absoluta prioridade, ou pelo genitor ou responsável legal que divirja da exposição.

Na falta de atuação do Ministério Público, do outro genitor ou responsável legal, apenas após alcançar a maioridade poderia o jovem buscar a retirada de publicações vexatórias que se encontrem em redes sociais.

4.6 A defesa dos direitos difusos de crianças e adolescentes

Outra situação a ser exposta se evidencia quando não se trata de defesa de um direito apenas, mas de direitos difusos, em que crianças e adolescentes também dependem do sistema judiciário a fim de que as Ações Civis Públicas sejam propostas para que seus direitos sejam resguardados.

Verifica-se então que a atuação em sede de controle difuso visa à efetividade de políticas públicas relacionadas principalmente para a garantia de direitos à saúde, educação, lazer, entre outros.

---

374 ORGANIZAÇÃO DAS NAÇÕES UNIDAS. *Comentário geral n. 5/2003, do Comitê dos direitos da criança.* [Nova York]: ONU, 2003.

375 ORGANIZAÇÃO DAS NAÇÕES UNIDAS. *Comentário geral n. 5/2003, do Comitê dos direitos da criança.* [Nova York]: ONU, 2003.

> A regra mais emblemática e importante do direito da infância e da adolescência em tema de direito fundamental à vida e à saúde é a do art. 7º do ECA, que afirma a efetividade desse direito, isto é a realização concreta desse direito no mundo. Mais que isso, reza que essa efetivação deve ser qualificada, pois a exige por meio de políticas públicas que protejam a vida e a saúde de crianças e adolescentes, que possibilitem nascimento e desenvolvimento sadios e harmoniosos, em condições dignas. Dito de outro modo, as políticas públicas devem ser eficientes e de qualidade. Se não forem, estará autorizada a intervenção do poder judiciário para corrigir o problema.[376]

Nesse caso, enfrenta-se o problema da representação dos interesses difusos de crianças e adolescentes, não se vislumbrando o interesse apenas de um, e sim de muitos ou de todos, com lastro no princípio da universalidade.

A Lei nº 7.347, de 24 de julho de 1985, Lei da Ação Civil Pública, dispõe sobre os legitimados para a propositura de ações civis públicas de responsabilidade por danos morais e patrimoniais causados ao meio ambiente; ao consumidor; a bens e direitos de valor artístico, estético, histórico, turístico e paisagístico; à ordem urbanística; a bens e direitos de valor artístico, estético, histórico, turístico e paisagístico; a qualquer outro interesse difuso ou coletivo.[377]

Note-se que não há expressamente a menção ao direito de crianças e adolescentes, tal como disposto no ECA, no inciso V, do art. 201, no qual diz que compete ao Ministério Público promover o inquérito civil e a Ação Civil Pública (ACP) para a proteção dos interesses individuais, difusos ou coletivos relativos à infância e à adolescência, inclusive os definidos no art. 220, parágrafo 3º, inciso II, da Constituição Federal.[378]

> O ECA surge com o signo de conhecimento dessa indiferença normativa, derivado principalmente da constatação da dificuldade de crianças e adolescentes reclamarem pessoalmente a observância de seus direitos, bem como da visualização dramática da desigualdade no exercício de direitos fundamentais na infância e juventude. Assim,

---

376 AMARAL, Cláudio do Prado. *Curso de direito da infância e da adolescência*. São Paulo: Editora da Universidade de São Paulo, 2020. p. 244.

377 BRASIL. *Lei n. 7.347, de 24 de julho de 1985*. Disciplina a ação civil pública de responsabilidade por danos causados ao meio ambiente, ao consumidor, a bens e direitos de valor artístico, estético, histórico, turístico e paisagístico (VETADO) e dá outras providências. Brasília, DF: Presidência da República, 1985.

378 BRASIL. *Lei n. 8.069, de 13 de julho de 1990*. Dispõe sobre o Estatuto da Criança e do Adolescente e dá outras providências. Brasília, DF: Presidência da República, 1990b.

> procurou-se contribuir para a universalização dos direitos sociais, entre os quais o do acesso à justiça, mediante a previsão de direitos coletivos e difusos e da ação civil pública para a defesa judicial, inserindo-se em um amplo sistema de proteção aos direitos, do qual a proteção judicial é parte importantíssima.[379]

Ainda no Estatuto, no capítulo VI, relaciona-se diversos direitos materiais que podem ser objeto de atuação individual, difusa ou coletiva, entre outros: o ensino obrigatório; o atendimento especializado para pessoas com deficiência; atendimento em creche e pré-escola; o ensino noturno regular; transporte e assistência à saúde do educando do ensino fundamental; acesso às ações e serviços de saúde; escolarização e profissionalização dos adolescentes privados de liberdade; ações, serviços e programas de orientação, apoio e promoção social de famílias e destinados ao pleno exercício do direito à convivência familiar por crianças e adolescentes, políticas e programas integrados de atendimento à criança e ao adolescente vítima ou testemunha de violência.[380]

Assim, os outros legitimados que poderiam propor uma ACP em favor de crianças e adolescentes com base em qualquer outro direito difuso seriam a Defensoria Pública; a União, os estados, o Distrito Federal e os municípios; a autarquia, empresa pública, fundação ou sociedade de economia mista e associações que preencham os requisitos previstos nas alíneas do inciso V, do art. 5º da Lei nº 7.347/85.[381]

Vê-se que, em muitas situações envolvendo direitos de ordem social, tais como saúde e educação de crianças e adolescentes, os responsáveis legais desconhecem seus direitos ou não detêm condições financeiras de contratar advogados privados.

Na seara ambiental, é importante ressaltar que crianças e adolescentes são mais vulneráveis aos choques climáticos e ambientais do que os adultos, em razão de inúmeros fatores, entre eles as vulnerabilidades física e fisiológica e um maior risco de morte, o que exige

---

379 PAULA, Paulo Afonso Garrido de. *Curso de direito da criança e do adolescente*. São Paulo: Cortez, 2024. p. 253.

380 BRASIL. *Lei n. 8.069, de 13 de julho de 1990*. Dispõe sobre o Estatuto da Criança e do Adolescente e dá outras providências. Brasília, DF: Presidência da República, 1990b.

381 BRASIL. *Lei n. 7.347, de 24 de julho de 1985*. Disciplina a ação civil pública de responsabilidade por danos causados ao meio ambiente, ao consumidor, a bens e direitos de valor artístico, estético, histórico, turístico e paisagístico (VETADO) e dá outras providências. Brasília, DF: Presidência da República, 1985.

uma atuação em defesa do direito a um meio ambiente ecologicamente equilibrado para aqueles.[382]

O Comentário Geral nº 26/2023, do Comitê sobre os Direitos da Criança, da ONU, sobre os direitos da criança e o meio ambiente, com enfoque especial nas mudanças climáticas, enfatiza que:

> 82. Medidas judiciais eficazes devem estar disponíveis para reparar violações e promover a justiça social. Ainda que crianças estejam à frente de vários casos e movimentos relacionados ao meio ambiente e às mudanças climáticas, e embora a Convenção as reconheça como titulares de direitos, as crianças encontram barreiras para obter legitimidade processual em muitos Estados devido ao seu *status*, limitando, assim, seus meios para garantir seus próprios direitos relacionados ao meio ambiente.
>
> 85. Os Estados devem permitir denúncias coletivas, tais como ações coletivas e litígios de interesse público, bem como aumentar os prazos de prescrição relativos a violações dos direitos das crianças causados por danos ambientais.[383]

Assim, para a efetividade desses direitos, mesmo que dispostos em Texto Constitucional ou legislação esparsa, ou seja, existentes, válidos e eficazes, é necessária a atuação do Ministério Público, da Defensoria Pública ou dos outros legitimados para ser proposta própria para o Poder Judiciário poder atuar em prol dessas crianças e adolescentes.

Nesse ponto, surgem diversos problemas, dos quais destacamos dois: a) falta de número suficiente de integrantes dos legitimados e capacitados para acolher tantas demandas e b) demora no trâmite processual.

A reivindicação de alguns direitos, principalmente afetos às áreas da infância e juventude, exige qualificação técnica em áreas não jurídicas, tais como educação, saúde, contabilidade. Porém, muitas instituições, como o Ministério Público e a Defensoria Pública, não dispõem de treinamento, experiência ou corpo técnico necessários para serem eficientes nessas demandas de direitos difusos, o que pode acarretar prejuízos para as crianças e adolescentes beneficiários desses direitos.

---

382 FERREIRA, Eduardo Dias de Souza; TRENNEPOHL, Anna Karina O. V. A influência das emergências climáticas nos direitos fundamentais de crianças e adolescentes. *Revista da Escola Superior do Ministério Público do Ceará*, Fortaleza, ano 15, n. 1, p. 119-137, jan./jun. 2023. p. 126.

383 ORGANIZAÇÃO DAS NAÇÕES UNIDAS. *Comentário geral n. 26/2023, do Comitê dos direitos da criança*. [Nova York]: ONU, 2023.

No que se refere ao segundo ponto, há um vultoso número de demandas que se encontram em trâmite no país, o que pode ser extraído da análise dos relatórios *Justiça em números*, referente ao ano de 2023, publicado em 2024, que informa que, em geral, o tempo médio do acervo (processos pendentes) é maior que o tempo da baixa. As maiores faixas de duração estão concentradas no tempo do processo pendente, em específico na fase de Justiça Federal (7 anos e 1 mês) e da Justiça Estadual (5 anos e 6 meses).[384]

Em vista disso, e havendo a possibilidade de resolução de questões envolvendo direitos difusos de crianças e adolescente em sede extrajudicial, deveria o Ministério Público envidar esforços a fim de evitar a judicialização, sempre que possível, ou utilizando-a como *ultima ratio,* já que dispõe de procedimentos extrajudiciais, tais como o procedimento administrativo, o procedimento preparatório e o inquérito civil, com o intuito de dirimir tais questões em sede extrajudicial.

Uma vez solucionada a demanda de forma espontânea ou por meio de Termo de Ajustamento de Conduta, sua homologação se dá no Conselho Superior do Ministério Público ou na Câmara de Coordenação e Revisão, conforme disposto na Resolução nº 23, de 17 de setembro de 2007, do Conselho Nacional do Ministério Público,[385] não sendo necessário propor uma ACP.

Cappelletti e Garth já defendiam, na segunda onda renovatória de acesso à justiça, que fossem utilizadas as demandas coletivas para a facilitação do acesso à justiça, principalmente dos vulneráveis. Contudo, vimos que o assoberbamento do Poder Judiciário e a ausência de corpo técnico em número suficiente são empecilhos para que o trâmite processual corresponda à urgência de uma demanda envolvendo crianças e adolescentes.

Resulta, então, imperioso fazer uso do disposto na terceira onda renovatória, que são os meios alternativos de resolução de conflitos, como a utilização do TAC, que pode ser firmado extrajudicial ou judicialmente.

---

384 BRASIL. Conselho Nacional de Justiça. *Justiça em números 2024*. Brasília, DF: CNJ, 2024b. p. 210.

385 BRASIL. Conselho Nacional do Ministério Público. *Resolução n. 23, de 17 de setembro de 2007*. Regulamenta os artigos 6º, inciso VII, e 7º, inciso I, da Lei Complementar n. 75/93 e os artigos 25, inciso IV, e 26, inciso I, da Lei n.º 8.625/93, disciplinando, no âmbito do Ministério Público, a instauração e tramitação do inquérito civil. Brasília, DF: CNMP, 2007.

4.7 Conclusões parciais

As violações aos direitos de crianças e adolescentes afetam intensamente sua dignidade, já que vão desde o direito à convivência familiar e comunitária, o direito à paridade e a um processo para aplicação de medida socioeducativa justo, o direito a não sofrer revitimização quando vítima ou testemunha de crimes e a garantia dos direitos difusos.

Vê-se, portanto, que a meta dos ODS atrelada ao acesso à justiça, principalmente por crianças e adolescentes, encontra-se longe de ser alcançada para abranger a todas as crianças e adolescentes. Contudo cabe ao sistema de justiça o esforço de cumprir sua parte para que sejam buscados outros meios mais simplificados e céleres de chegar mais próximo desse objetivo.

O princípio norteador em todas as situações exemplificadas é o do maior interesse para crianças e adolescentes, presente no parágrafo 1º, do art. 3º da Convenção Internacional sobre os Direitos da Criança.[386] Assim, deve-se assegurar que todas as decisões judiciais e administrativas se fundamentem no maior interesse da criança como uma consideração primordial.

Isso inclui descrever como esse maior interesse foi examinado e avaliado, e qual o peso atribuído a ele na decisão.

Um ponto comum e necessário para o aprimoramento dessas situações descritas ao longo do estudo é a busca da simplificação das formas e celeridade na resolução das questões, por se tratar de ações que envolvem crianças e adolescentes, o que, por si só, resulta na prioridade absoluta do atendimento de suas demandas.

Entretanto, além disso, em que pese todo o esforço do sistema de justiça para propiciar o adequado acesso à justiça para crianças e adolescentes, vê-se, no caso da infância e adolescência, que muitas demandas poderiam ser evitadas se políticas públicas e sociais fossem mais efetivas e eficientes.

Essas políticas públicas auxiliam crianças em situação de risco e vulnerabilidade que resultam em acolhimento institucional, bem como evitaria o cometimento de atos infracionais e demandas envolvendo direitos difusos.

---

386 BRASIL. *Decreto n. 99.710, de 21 de novembro de 1990.* Convenção Internacional sobre os direitos da criança de 1989. Brasília, DF: Presidência da República, 1990a.

A inexistência ou inefetividade de políticas públicas fomenta uma atuação extrajudicial por parte do Ministério Público, para que esses direitos sejam resguardados, evitando a judicialização.

A ausência de número suficiente de defensores públicos, o princípio da inércia do juiz, o assoberbamento do Poder Judiciário, entre outros que dificultam o acesso à justiça de todos os vulneráveis, principalmente crianças e adolescentes, demonstram a relevância da atuação do Ministério Público, de forma extrajudicial, com o intuito de alcançar o fim pretendido, sem a necessidade do acesso ao sistema de justiça.

Verifica-se que existem situações que perduram há muito tempo, como o acolhimento institucional, defesa dos direitos difusos e a aplicação de medidas socioeducativas, e outras mais recentes, como a retificação de registro por pessoas transexuais menores de 18 anos e superexposição pelos genitores na internet, que precisam de resguardo pelo sistema de justiça.

O sistema de justiça precisa obter melhorias na celeridade e qualidade da prestação jurisdicional para crianças e adolescentes, para que a demora ou o desrespeito aos princípios norteadores da infância e juventude não sejam prejudiciais àqueles.

CONSIDERAÇÕES SOBRE A AUSÊNCIA DO ADEQUADO ACESSO À JUSTIÇA NA CORTE INTERAMERICANA DE DIREITOS HUMANOS

A privação fundamental dos direitos humanos manifesta-se, primeiro e acima de tudo, na privação de um lugar no mundo que torne a opinião significativa e a ação eficaz.[387]

A ausência de atuação do sistema de justiça em uma situação de violação a direitos de crianças ou adolescentes pode resultar em repercussão internacional negativa para o Brasil.

O Direito Internacional dos Direitos Humanos consiste, segundo Ramos, em um conjunto de direitos e faculdades que garante a dignidade da pessoa humana e se beneficia de garantias internacionais institucionalizadas.[388]

A Corte Interamericana de Direitos Humanos é o tribunal a quem compete a jurisdição nos casos de violações a direitos humanos envolvendo o Brasil, no âmbito do Sistema Interamericano de Proteção aos Direitos Humanos.

> Uma grande conquista notável e transcendental do Direito Internacional dos Direitos Humanos, em perspectiva histórica, tem sido, inquestionavelmente, o acesso dos indivíduos às instâncias

---

[387] ARENDT, Hannah. *Origens do totalitarismo*. Tradução: Roberto Raposo. São Paulo: Companhia das Letras, 2012. p. 254.

[388] RAMOS, André de Carvalho. *Processo Internacional de Direitos Humanos*: Análise dos sistemas de apurações de violações dos direitos humanos e a implementação das decisões no Brasil. Rio de Janeiro: Ed. Renovar, 2002. p. 25.

internacionais de proteção, a consolidação de sua personalidade jurídica e o reconhecimento de sua capacidade jurídico-processual internacional, em caso de violações de direitos humanos. Aqui consideramos o acesso à justiça *lato sensu,* abarcando inclusive a realização da justiça, em nível internacional.[389]

A grande questão é que, ao contrário do que ocorre na Corte de Direitos Humanos Europeia,[390] na Corte Interamericana de Direitos Humanos, o indivíduo não tem direito de petição diretamente, o que resulta na dependência da análise pela Comissão de Direitos Humanos, e, caso se entenda pela inadmissão do caso, não há recurso cabível ao peticionante, e o processo não segue para a Corte.

Na Corte Africana de Direitos Humanos, verifica-se que a Carta Africana é omissa em relação ao direito de petição dos indivíduos. Nesse sentido, é permitida a atuação direta dos peticionantes e ONGs na Comissão Africana, desde que o Estado Parte declare a permissão de petição por particulares, fazendo-se uma interpretação extensiva.[391]

Dessa forma, nem todas as petições apresentadas à Comissão chegam à Corte, o que pode incorrer em ausência de acesso à justiça por aquele que almeja a proteção do direito violado.

Para Cançado Trindade, o direito de petição individual é efetivamente o mais dinâmico, ao atribuir a iniciativa de ação ao próprio indivíduo, refletindo a especificidade dos direitos humanos.[392]

Tratando-se de crianças e adolescentes, em âmbito interamericano, por não lhes ser dado o direito de petição própria, também em âmbito internacional, ficam estes à mercê de quem os represente ou terceiros, para ser feita a denúncia de violação aos seus direitos à Comissão de Direitos Humanos.

---

389 CANÇADO TRINDADE, Antônio Augusto. *Tratado de Direito Internacional dos Direitos Humanos*: Volume 3. 2. ed. Porto Alegre: S. A. Fabris, 2003b. p. 514-515.

390 "Artigo 34.º (Petições individuais) O Tribunal pode receber petições de qualquer pessoa singular, organização não governamental ou grupo de particulares que se considere vítima de violação por qualquer Alta Parte Contratante dos direitos reconhecidos na Convenção ou nos seus protocolos. As Altas Partes Contratantes comprometem-se a não criar qualquer entrave ao exercício efectivo desse direito." UNIÃO EUROPEIA. *Convenção Europeia dos Direitos do Homem e Liberdades Fundamentais*. Roma: Conselho da Europa, 1950.

391 APRESENTAÇÃO de petições. *Tribunal Africano dos Direitos do Homem e dos Povos*, Aruxa, [2024].

392 CANÇADO TRINDADE, Antônio Augusto. *Tratado de Direito Internacional dos Direitos Humanos*: Volume 3. 2. ed. Porto Alegre: S. A. Fabris, 2003b. p. 494.

Essa pode ser uma das razões pelas quais inúmeras questões envolvendo violações de direitos de crianças e adolescentes deixem de ser analisadas pela Corte Interamericana de Direitos Humanos, porque falta representação para crianças e adolescentes para que o fato seja encaminhado para a Comissão de Direitos Humanos.

Tal questão tem sido vista como o empecilho para o direito ao acesso à justiça de crianças e adolescentes, em âmbito internacional, para a defesa principalmente dos direitos humanos em face dos Estados.

A Comissão de Direitos da Criança, da ONU, também discutirá e tentará disciplinar isso, por meio de orientações para os Estados Partes, em seu próximo Comentário Geral, como será a seguir exposto.

A PROPOSTA DE COMENTÁRIO GERAL DA ONU Nº 27, DA COMISSÃO DOS DIREITOS DA CRIANÇA

Durante a 95ª Sessão da Comissão de Direitos das Crianças, em janeiro de 2024, o Comitê das Nações Unidas para os Direitos da Criança adotou a Nota Conceitual para o Comentário Geral nº 27, cujo tema decidido foi: Direitos das Crianças ao Acesso à Justiça e Recursos Eficazes, tendo em vista que o acesso à justiça tem um papel importante a desempenhar no combate às desigualdades, na contestação de práticas discriminatórias e na recuperação de direitos que tenham sido negados.

Foi estabelecido o seguinte escopo para o próximo Comentário Geral:

> a) Esclarecimento de conceitos e terminologia em relação ao direito das crianças a recursos efetivos e ao acesso das crianças à justiça;
>
> b) Orientações sobre como garantir o empoderamento de todas as crianças como titulares de direitos, incluindo as crianças defensoras dos direitos humanos, bem como para as crianças que estão envolvidas em processos judiciais (tais como acusados, vítimas, incluindo vítimas de violência sexual, testemunhas, pessoas que necessitam de cuidado e proteção, requerentes e réus);
>
> c) Ênfase na necessidade de estabelecer mecanismos e procedimentos de reclamação eficientes e ordenados que sejam acessíveis a todas as crianças em todos os ambientes e no papel das instituições nacionais de direitos humanos a esse respeito;
>
> d) Esclarecimento do papel que as organizações da sociedade civil, os serviços sociais, os advogados e outros intervenientes podem desempenhar para apoiar proativamente as crianças na realização dos seus direitos;

> e) Foco principal na situação legal das crianças; o direito a assistência jurídica gratuita e de qualidade; o direito de ser ouvido e acompanhado durante todas as fases do processo e o direito de ser plenamente informado durante todo o processo;
>
> f) A necessidade de mobilizar recursos humanos, financeiros e técnicos suficientes para garantir o pleno acesso da criança ao direito à justiça e a recursos eficazes, incluindo para garantir um orçamento adequado aos níveis central, regional e local.[393]

Os princípios definidos como norteadores do novo Comentário Geral, são:

> 1. Garantir que o interesse superior da criança seja considerado em primeiro lugar;
> 2. Garantir um tratamento justo e equitativo de todas as crianças, sem qualquer tipo de discriminação;
> 3. Promover o direito da criança a exprimir livremente as suas opiniões e a ser ouvida;
> 4. Proteger todas as crianças contra o abuso, a exploração e a violência;
> 5. Tratar todas as crianças com dignidade e compaixão;
> 6. Respeitar as garantias e salvaguardas legais em todos os processos;
> 7. Prevenir os conflitos com a lei como um elemento crucial de qualquer política de justiça juvenil;
> 8. Utilizar a privação de liberdade das crianças apenas como medida de último recurso e pelo período de tempo mais curto e adequado;
> 9. Integrar as questões relacionadas com as crianças em todos os esforços no domínio do Estado de direito.[394]

Pela leitura desse escopo, vê-se que muitos desses pontos foram abordados no presente estudo. Todavia, como as discussões sobre o Comentário Geral nº 27, do Comitê dos Direitos da Criança, ainda são iniciais, não tem como precisar se a redação final trará outros pontos ainda não analisados.

A elaboração de um Comentário Geral sobre o tema demonstra a necessidade de normas orientativas para os Estados Partes, visto que o trabalho para implementar padrões de justiça infantojuvenil ainda

---

393 ORGANIZAÇÃO DAS NAÇÕES UNIDAS. *General Comment on Children's Rights to Access to Justice and Effective Remedies*. [Nova York]: ONU, 2024.

394 ORGANIZAÇÃO DAS NAÇÕES UNIDAS. *Guidance Note of the Secretary-General*: UN Approach to Justice for Children. [Nova York]: ONU, 2008.

é frequentemente tratado separadamente da reforma mais ampla da justiça e da segurança.

Ainda não há uma previsão de data para a publicação do referido Comentário Geral, uma vez que até agosto de 2024 estava aberto o prazo para o envio de sugestões que seriam posteriormente publicadas e analisadas.

Esperamos que, com a publicação do Comentário, prevista para o ano de 2026, haja um documento norteador da atuação extrajudicial e judicial, contemplando todas as hipóteses de acesso à justiça, para as instituições que operam na proteção e defesa de direitos de crianças e adolescentes.

CAPÍTULO 7

O ACESSO À JUSTIÇA COMO MEIO PARA O EXERCÍCIO DO DIREITO À FELICIDADE

O conceito de felicidade difere ao longo da história, e, neste estudo, utilizamos como diretriz o direito a uma vida digna, com bem-estar e respeito aos direitos fundamentais para crianças e adolescentes.

Para Aristóteles, as crianças não teriam aptidão para a felicidade, "pois não têm idade suficiente para serem capazes de atos nobres. Quando nos referimos às crianças como felizes, trata-se de um cumprimento pelas expectativas que alimentamos em relação a elas para o futuro".[395]

Hodiernamente, a ideia de que criança não teria direito à felicidade, na concepção aristotélica, não teria mais fundamento, tendo em vista que crianças e adolescentes são sujeitos de direitos e devem ter seus direitos fundamentais resguardados, em igualdade com os outros indivíduos, principalmente no que se refere ao seu bem-estar e felicidade.

O princípio do superior, maior ou melhor interesse da criança foi consagrado no 2º princípio da Declaração dos Direitos da Criança, de 1959.[396]

O direito à felicidade não se encontra de forma explícita no Texto Constitucional de 1988. No entanto, há uma proteção explícita ao bem-estar, e, em relação a crianças e adolescentes, o art. 227 elenca

[395] ARISTÓTELES. Ética a *Nicômaco*. Tradução: Edson Bini. 4. ed. São Paulo: Edipro, 2014. p. 56.

[396] FUNDO DAS NAÇÕES UNIDAS PARA A INFÂNCIA. *Declaração dos Direitos da Criança*. [Nova York]: ONU, 1959.

as premissas elementares para uma vida digna para estes,[397] o que também é reforçado pelo art. 4º do ECA.[398]

Um dos objetivos pelos quais há a necessidade de crianças e adolescentes pleitearem judicialmente a proteção de seus direitos – tais como à convivência familiar, à retificação do nome, à saúde e educação, ou punição de quem contra eles cometeu o delito – é a busca pelo direito à felicidade.

De acordo com o estudo anualmente desenvolvido na Universidade de Oxford, o *World Happiness Report 2024*, as adolescentes que se reconhecem do gênero feminino relatam menor satisfação com a vida do que os meninos por volta dos 12 anos de idade. Essa diferença aumenta nas idades de 13 e 15 anos, e a pandemia ampliou essa diferença.[399]

Os níveis de satisfação com a vida, as tendências e os dados correlatos variam de acordo com a idade, o gênero, as regiões, os países do mundo e os níveis de desenvolvimento econômico.

As razões para a infelicidade de crianças e adolescentes podem ser inúmeras. Protegê-los no sentido de resguardá-los e proporcionar-lhes condições para a felicidade atual e futura[400] deve nortear ações extrajudiciais e judiciais, com foco na prevenção e proteção.

Para crescerem e se desenvolverem felizes, crianças e adolescentes precisam de muitas coisas, entre elas: amor, atenção, disciplina, moral, alimentos nutritivos, água potável, roupas limpas para usar na escola, cuidados com a saúde adequados, lazer e oportunidades de desenvolverem suas capacidades.

A ideia da felicidade como elemento norteador de uma decisão pública, a exemplo de uma decisão judicial, não caminha afastada dos direitos fundamentais.[401] Nada impede que, diante de colisões

---

397 BRASIL. [Constituição (1988)]. *Constituição da República Federativa do Brasil de 1988*. Brasília, DF: Presidência da República, [2023c].

398 Art. 4º É dever da família, da comunidade, da sociedade em geral e do poder público assegurar, com absoluta prioridade, a efetivação dos direitos referentes à vida, à saúde, à alimentação, à educação, ao esporte, ao lazer, à profissionalização, à cultura, à dignidade, ao respeito, à liberdade e à convivência familiar e comunitária. BRASIL. *Lei n. 8.069, de 13 de julho de 1990*. Dispõe sobre o Estatuto da Criança e do Adolescente e dá outras providências. Brasília, DF: Presidência da República, 1990b.

399 HELLIWELL, John F.; LAYARD, Richard; SACHS, Jeffrey D.; DE NEVE, Jan-Emmanuel; AKNIN, Lara B.; WANG, Shun. *World Happiness Report 2024*. Oxford: University of Oxford, 2024.

400 PAULA, Paulo Afonso Garrido de. *Direito da criança e do adolescente e tutela jurisdicional diferenciada*. São Paulo: Editora Revista dos Tribunais, 2002. p. 25.

401 LEAL, Saul Tourinho. *Direito à felicidade*. São Paulo: Almedina, 2017. p. 105.

aparentes de direitos fundamentais, a felicidade da criança ou do adolescente seja o norteador do julgador no momento de buscar a solução adequada para o conflito da vida levado a julgamento.

Nesse sentido, há diversas decisões judiciais que priorizaram a felicidade (bem-estar) e o superior interesse de crianças e adolescentes em detrimento, inclusive, do ECA.

Conforme o princípio do superior interesse de crianças ou adolescentes, havendo diversos interesses em disputa, estes devem prevalecer sobre os demais e, entre os interesses em análise, deve-se eleger os mais benéficos para as crianças e os adolescentes.

Nesse sentido, o julgado elucidativo do STJ assim dispõe:

> FAMÍLIA. CÓDIGO CIVIL. ESTATUTO DA CRIANÇA E DO ADOLESCENTE. ADOÇÃO UNILATERAL. MEDIDA EXCEPCIONAL. DESTITUIÇÃO DO PODER FAMILIAR. NÃO OCORRÊNCIA DE NENHUMA DAS HIPÓTESES AUTORIZADORAS EM RELAÇÃO AO GENITOR. DESTITUIÇÃO APENAS DA GENITORA. BOA-FÉ DA POSTULANTE À ADOÇÃO. MELHOR INTERESSE DO MENOR. ECA ARTS 39, §3, 50 §13. RECURSO ESPECIAL PARCIALMENTE PROVIDO.
>
> 1. A adoção depende do devido consentimento dos pais ou da destituição do poder familiar (Estatuto da Criança e do Adolescente, art. 45).
>
> 2. Hipótese em que a menor foi entregue irregularmente pela genitora à postulante da adoção nos primeiros dias de vida e, somente no curso do processo de adoção e destituição de poder familiar, o pai biológico descobriu ser o seu genitor, ajuizando ação de investigação de paternidade para reivindicar o poder familiar sobre a criança. Incontroversa ausência de violação dos deveres legais autorizadores da destituição do poder familiar e expressa discordância paterna em relação à adoção.
>
> *3. Nos termos do art. 39, §3º do ECA, inserido pela Lei 13.509/2017, "em caso de conflito entre os direitos e interesses do adotando e de outras pessoas, inclusive seus pais biológicos, devem prevalecer os direitos e os interesses do adotando".*
>
> 4. Boa-fé da postulante à adoção assentada pela instância ordinária.
>
> 5. Adoção unilateral materna, com preservação do poder familiar do genitor, permitida, dadas as peculiaridades do caso, com base no art. 50, §13º, incisos I e III, do ECA, a fim de assegurar o melhor interesse da menor.
>
> 6. Recurso especial parcialmente provido (grifo nosso).[402]

---

[402] BRASIL. Superior Tribunal de Justiça. *Recurso Especial n. 1.410.478/RN*. Relatora: Min. Maria Isabel Gallotti. Pesquisa de Jurisprudência, Decisão Plenária, 5 de dezembro de 2019e.

RECURSOS ESPECIAIS - AÇÃO DE ADOÇÃO UNILATERAL SOCIOAFETIVA DE ENTEADO PROMOVIDA POR PADRASTO - INDEFERIMENTO DA PETIÇÃO INICIAL, POR IMPOSSIBILIDADE JURÍDICA DO PEDIDO, DADO O NÃO CUMPRIMENTO DO REQUISITO DA DIFERENÇA MÍNIMA DE 16 ANOS DE IDADE ENTRE ADOTANTE E ADOTANDO - DELIBERAÇÃO MANTIDA PELO TRIBUNAL DE ORIGEM EM FACE DO CARÁTER COGENTE DA NORMA PREVISTA NO ART. 42, § 3º DO ECA - IRRESIGNAÇÃO DO DEMANDANTE E DO ÓRGÃO DO MINISTÉRIO PÚBLICO DISTRITAL QUE ATUA NO FEITO COMO CUSTOS LEGIS.

Hipótese: Cinge-se a controvérsia em definir se a regra que estabelece a diferença mínima de 16 (dezesseis) anos de idade entre adotante e adotando (art. 42, § 3º do ECA) é norma cogente ou, na medida das peculiaridades do caso concreto, pode ser relativizada no interesse do adotando, à vista da situação fática efetivamente vivenciada de forma pública, estável, duradoura e contínua.

1. O dispositivo legal atinente à diferença mínima etária estabelecida no art. 42, § 3º do ECA, embora exigível e de interesse público, não ostenta natureza absoluta a inviabilizar sua flexibilização de acordo com as peculiaridades do caso concreto, pois consoante disposto no artigo 6º do ECA, na interpretação da lei deve-se levar em conta os fins sociais a que se dirige, as exigências do bem comum, os direitos e deveres individuais e coletivos, e a condição peculiar da criança e do adolescente como pessoas em desenvolvimento.

2. *O aplicador do Direito deve adotar o postulado do melhor interesse da criança e do adolescente como critério primordial para a interpretação das leis e para a solução dos conflitos. Ademais, não se pode olvidar que o direito à filiação é personalíssimo e fundamental, relacionado, pois, ao princípio da dignidade da pessoa humana.*

2.1 No caso em exame, o adotante é casado, por vários anos, com a mãe do adotando, razão por que esse se encontra na convivência com aquele desde tenra idade; o adotando possui dois irmãos que são filhos de sua genitora com o adotante, motivo pelo qual pode a realidade dos fatos revelar efetiva relação de guarda e afeto já consolidada no tempo, merecendo destaque a peculiaridade de tratar-se, na hipótese, de adoção unilateral, circunstância que certamente deve importar para a análise de uma possível relativização da referência de diferença etária 3. A justa pretensão de fazer constar nos assentos civis do adotando, como pai, aquele que efetivamente o cria e educa juntamente com sua mãe, não pode ser frustrada por apego ao método de interpretação literal, em detrimento dos princípios em que se funda a regra em questão ou dos propósitos do sistema do qual faz parte.

4. Recursos especiais providos (grifo nosso).[403]

---

403 BRASIL. Superior Tribunal de Justiça. *Recurso Especial n. 1.338.616/DF*. Relator: Min. Marco Buzzi. Pesquisa de Jurisprudência, Decisão Plenária, 15 de junho de 2021d.

Na petição de homologação de decisão estrangeira nº 5009, EX (2021/0065071-4), de relatoria do Ministro Humberto Martins, o STJ manifestou-se sobre: "a possibilidade de a pessoa ter no seu registro de nascimento o nome de duas mães ou de dois pais encontra amparo no princípio do direito à felicidade".

Além disso, aduziu que:

> A pluriparentalidade, no Direito Comparado, pode ser exemplificada pelo conceito de "dupla paternidade" (dual paternity), construído pela Suprema Corte do Estado da Louisiana, EUA, desde a década de 1980 para atender, ao mesmo tempo, ao melhor interesse da criança e ao direito do genitor à declaração da paternidade.[404]

O maior interesse da criança ou do adolescente para a concretização do seu direito à felicidade tem servido de fundamento para que o cadastro no Sistema Nacional de Adoção e Acolhimento (SNA) ou a ordem prevista em sua lista sejam desconsiderados, se a manutenção naquela família atender ao bem-estar da pessoa com menos de 18 anos. Nesse sentido:

> RECURSO ESPECIAL - AÇÃO DE ADOÇÃO PERSONALÍSSIMA - INSTÂNCIA ORDINÁRIA QUE EXTINGUIU O PEDIDO, SEM JULGAMENTO DO MÉRITO, POR CONSIDERAR INEXISTIR PARENTESCO ENTRE PRETENSOS ADOTANTES E ADOTANDO E BURLA AO CADASTRO NACIONAL DE ADOÇÃO - O TRIBUNAL A QUO CONFIRMOU A DECISÃO RECORRIDA E MANTEVE OS ADOTANTES HABILITADOS JUNTO AO CADASTRO - MENOR COLOCADO EM ESTÁGIO DE CONVIVÊNCIA EM FAMÍLIA SUBSTITUTA NO CURSO DO PROCEDIMENTO - INSURGÊNCIA DOS PRETENDENTES À ADOÇÃO INTRAFAMILIAR E DO CASAL TERCEIRO PREJUDICADO (FAMÍLIA SUBSTITUTA).
>
> Cinge-se a controvérsia em aferir a possibilidade de adoção personalíssima intrafamiliar por parentes colaterais por afinidade, sem desprezar a circunstância da convivência da criança com a família postulante à adoção.
>
> 1. A Constituição Federal de 1988 rompeu com os paradigmas clássicos de família consagrada pelo casamento e admitiu a existência e a consequente regulação jurídica de outras modalidades de núcleos familiares (monoparental, informal, afetivo), diante das garantias de liberdade,

404 BRASIL. Superior Tribunal de Justiça. *PET na Homologação de Decisão Estrangeira n. 5009 EX 2021/0065071-4*. Relator: Ministro Humberto Martins. Pesquisa de Jurisprudência, Decisão Plenária, 11 de outubro de 2021c.

pluralidade e fraternidade que permeiam as conformações familiares, sempre com foco na dignidade da pessoa humana, fundamento basilar de todo o ordenamento jurídico.

2. O conceito de "família" adotado pelo ECA é amplo, abarcando tanto a família natural (comunidade formada pelos pais ou qualquer deles e seus descendentes) como a extensa/ampliada (aquela constituída por parentes próximos com os quais a criança ou adolescente convive e mantém vínculos de afinidade e afetividade), sendo a *affectio familiae* o alicerce jurídico imaterial que pontifica o relacionamento entre os seus membros, essa constituída pelo afeto e afinidade, que por serem elementos basilares do Direito das Famílias hodierno devem ser evocados na interpretação jurídica voltada à proteção e melhor interesse das crianças e adolescentes.

3. Conforme explicitamente estabelecido no artigo 19 do ECA, é direito da criança a sua criação e educação no seio familiar, em ambiente que garanta seu desenvolvimento integral e assegure convivência com os seus, sendo a colocação em família substituta excepcional.

4. O legislador ordinário, ao estabelecer no artigo 50, § 13, inciso II, do ECA que podem adotar os parentes que possuem afinidade/afetividade para com a criança, não promoveu qualquer limitação (se aos consanguíneos em linha reta, aos consanguíneos colaterais ou aos parentes por afinidade), a denotar, por esse aspecto, que a adoção por parente (consanguíneo, colateral ou por afinidade) é amplamente admitida quando demonstrado o laço afetivo entre a criança e o pretendente à adoção, bem como quando atendidos os demais requisitos autorizadores para tanto.

5. Em razão do novo conceito de família - plural e eudemonista - não se pode, sob pena de desprestigiar todo o sistema de proteção e manutenção no seio familiar amplo preconizado pelo ECA, restringir o parentesco para aquele especificado na lei civil, a qual considera o parente até o quarto grau. Isso porque, se a própria Lei n. 8.069/90, lei especial e, portanto, prevalecente em casos dessa jaez, estabelece no § 1º do artigo 42 que "não podem adotar os ascendentes e os irmãos do adotando", a única outra categoria de parente próximo supostamente considerado pelo ditame civilista capacitado legalmente à adoção a fim de que o adotando permanecesse vinculado à sua "família" seriam os tios consanguíneos (irmãos dos pais biológicos), o que afastaria por completo a possibilidade dos tios colaterais e por afinidade (cunhados), tios-avós (tios dos pais biológicos), primos em qualquer grau, e outros tantos "parentes" considerados membros da família ampliada, plural, extensa e, inclusive, afetiva, muitas vezes sem qualquer grau de parentalidade como são exemplos os padrinhos e madrinhas, adotarem, o que seria um contrassenso, isto é, conclusão que iria na contramão de todo o sistema jurídico protetivo de salvaguarda do menor interesse de crianças e adolescentes.

6. Em hipóteses como a tratada no caso, critérios absolutamente rígidos previstos na lei não podem preponderar, notadamente quando em foco o interesse pela prevalência do bem-estar, da vida com dignidade do menor, recordando-se, a esse propósito, que no caso sub judice, além dos pretensos adotantes estarem

> *devidamente habilitados junto ao Cadastro Nacional de Adoção, são parentes colaterais por afinidade do menor "(...) tios da mãe biológica do infante, que é filha da irmã de sua cunhada" e não há sequer notícias, nos autos, de que membros familiares mais próximos tenham demonstrado interesse no acolhimento familiar dessa criança.*
>
> 7. Ademais, nos termos da jurisprudência do STJ, a ordem cronológica de preferência das pessoas previamente cadastradas para adoção não tem um caráter absoluto, devendo ceder ao princípio do melhor interesse da criança e do adolescente, razão de ser de todo o sistema de defesa erigido pelo Estatuto da Criança e do Adolescente, que tem na doutrina da proteção integral sua pedra basilar (HC n. 468.691/SC, Rel. Ministro Luis Felipe Salomão, Quarta Turma, DJe de 11/3/2019).
>
> 8. Recurso especial provido para determinar o processamento da ação personalíssima intrafamiliar.
>
> Agravo interno manejado pelo casal terceiro (família substituta) desprovido (grifo nosso).[405]

A prioridade absoluta da criança ou do adolescente pode, inclusive, resultar em julgamento *contra legem*, uma vez que seja demonstrado que é a melhor decisão a ser adotada para o bem-estar daquele, como na oportunidade em que se desconsiderou a vedação legal para a adoção por ascendente, prevista no art. 42, parágrafo primeiro, do ECA,[406] por não ser esta absoluta:

> CIVIL. DIREITO PROCESSUAL CIVIL. DIREITO DE FAMÍLIA. AÇÃO DE DESTITUIÇÃO DE PODER FAMILIAR CUMULADA COM ADOÇÃO DE NETA PELA AVÓ. VEDAÇÃO A ADOÇÃO DOS NETOS PELA AVÓ. VEDAÇÃO POR REGRA EXPRESSA. ILEGITIMIDADE ATIVA DA AVÓ. IMPOSSIBILIDADE JURÍDICA DO PEDIDO. INOCORRÊNCIA. FLEXIBILIZAÇÃO EXCEPCIONAL. POSSIBILIDADE. PRECEDENTES DO SUPERIOR TRIBUNAL DE JUSTIÇA. NECESSIDADE DE INVESTIGAÇÃO ACERCA DOS REQUISITOS PARA DESTITUIÇÃO DO PODER FAMILIAR E DOS PRESSUPOSTOS EXCEPCIONAIS QUE JUSTIFICAM A ADOÇÃO ENTRE AVÓS E NETOS. INCOMPATIBILIDADE DA INDISPENSÁVEL ATIVIDADE INSTRUTÓRIA PARA ESSES FINS E A EXTINÇÃO PREMATURA E LIMINAR DO PROCESSO. FATOS E CAUSAS DE PEDIR DELINEADAS NA PETIÇÃO INICIAL QUE

---

[405] BRASIL. Superior Tribunal de Justiça. *Recurso Especial n. 1.911.099/SP*. Relator: Min. Marco Buzzi. Pesquisa de Jurisprudência, Decisão Plenária, 29 de junho de 2021e.

[406] BRASIL. *Lei n. 8.069, de 13 de julho de 1990*. Dispõe sobre o Estatuto da Criança e do Adolescente e dá outras providências. Brasília, DF: Presidência da República, 1990b.

INDICAM, EM TESE, A POSSIBILIDADE DE ACOLHIMENTO DOS PEDIDOS. CASSAÇÃO DA SENTENÇA COM DETERMINAÇÃO DE EXAURIENTE INSTRUÇÃO.

1- Ação ajuizada em 07/11/2019. Recurso especial interposto em 02/01/2021 e atribuído à Relatora em 16/09/2021.

2- O propósito recursal é definir se a avó paterna é parte legítima para ajuizar ação de destituição de poder familiar da genitora biológica cumulada com pedido de adoção da neta.

3- Conquanto a regra do art. 42, § 1º, do ECA, vede expressamente a adoção dos netos pelos avós, o referido dispositivo legal tem sofrido flexibilizações nesta Corte, sempre excepcionais, por razões humanitárias e sociais, bem como para preservar situações de fato consolidadas.

4- A partir do exame dos precedentes desta Corte a respeito da matéria, verifica-se que os elementos que justificam a vedação à adoção por ascendentes são: (i) a possível confusão na estrutura familiar; (ii) problemas decorrentes de questões hereditárias; (iii) fraudes previdenciárias; e (iv) a inocuidade da medida em termos de transferência de amor/afeto para o adotando.

5- Dado que a vedação à adoção entre avós e netos não é absoluta, podendo ser flexibilizada a regra do art. 42, § 1º, do ECA, em circunstâncias excepcionais, é imprescindível que haja exauriente instrução acerca da presença dos requisitos justificadores da destituição do poder familiar pelos genitores biológicos e da presença dos requisitos traçados pela jurisprudência desta Corte e que justificariam, excepcionalmente, a adoção entre avós e netos.

6- Na hipótese, os fatos e as causas de pedir deduzidas na petição inicial apontam: (i) que a adotanda residiria com a avó desde tenra idade, uma vez que abandonada em definitivo pela mãe biológica alguns meses após o nascimento; (ii) que a paternidade biológica somente veio a ser reconhecida em ação investigatória post mortem;

(iii) que a avó mantém a guarda da adolescente desde janeiro/2007, tudo a sugerir a possibilidade de, em princípio, existir um vínculo socioafetivo não apenas avoengo, mas materno-filial.

7- Recurso especial conhecido e provido, a fim de, afastados os óbices da ilegitimidade ativa e da impossibilidade jurídica do pedido, anular a sentença e determinar que seja dado regular prosseguimento ao processo, com exauriente instrução acerca da matéria (grifo nosso).[407]

Esse entendimento recebe o reforço do Comentário Geral à Convenção sobre os Direitos da Criança nº 14/2013, do Comitê sobre os Direitos da Criança, da ONU, sobre o parágrafo 1º, do art. 3º:

---

[407] BRASIL. Superior Tribunal de Justiça. *Recurso Especial n. 1.957.849/MG*. Relatora: Min. Nancy Andrighi. Pesquisa de Jurisprudência, Decisão Plenária, 14 de junho de 2022h.

> Todas as ações relativas à criança, sejam elas levadas a efeito por instituições públicas ou privadas de assistência social, tribunais, autoridades administrativas ou órgãos legislativos, devem considerar primordialmente o melhor interesse da criança.[408]

A interpretação dos princípios do maior interesse da criança ou do adolescente e da prioridade absoluta restam, pois, imbricados ao direito à felicidade e ao bem-estar, quando da análise judicial de demandas envolvendo pessoas com menos de 18 anos.

> A aplicação completa do conceito dos melhores interesses da criança requer o desenvolvimento de uma abordagem baseada em direitos, envolvendo todos os atores, para garantir a integridade física, psicológica, moral e espiritual da criança e promover sua dignidade humana.[409]

Esse deve ser o elemento norteador de todo o sistema de justiça quando da análise dos interesses de crianças e adolescentes.

---

408 BRASIL. *Decreto n. 99.710, de 21 de novembro de 1990.* Convenção Internacional sobre os direitos da criança de 1989. Brasília, DF: Presidência da República, 1990a.

409 ORGANIZAÇÃO DAS NAÇÕES UNIDAS. *Comentário geral n. 14/2013, do Comitê dos direitos da criança.* [Nova York]: ONU, 2020.

CAPÍTULO 8

CONCLUSÕES

Após o estudo efetuado no presente trabalho, chegamos às seguintes conclusões.

O conceito de justiça evoluiu: de um que fazia distinção entre os indivíduos e sequer se aplicava a alguns, para a ideia de que todos devem ter o direito ao acesso à justiça.

Todavia, na prática, há inúmeros obstáculos e dificuldades a serem enfrentados pelas pessoas que precisam acessar a justiça para que seus direitos sejam garantidos, seja de forma extrajudicial ou judicial.

Entre as dificuldades encontradas há: a) o desconhecimento dos direitos; b) os entraves burocráticos para as resoluções extrajudiciais; c) a falta de assistência jurídica adequada, tendo em vista que, embora existente, a representação jurídica é insuficiente em termos globais, conforme se constatou durante as pesquisas na doutrina estrangeira; d) a ausência de disseminação das formas consensuais como a maneira mais viável; e) o acesso ao Poder Judiciário, em que pese previsto constitucionalmente como acesso a todos, distingue os que possuem recursos para o patrocínio pela advocacia privada; f) as ações coletivas, que não tocam aqueles que desconhecem os seus direitos; g) a dificuldade do Poder Judiciário em comportar todas as demandas, se o acesso ao Poder Judiciário fosse efetivamente buscado pela população.

A visão dos doutrinadores que se debruçaram há décadas sobre o estudo do acesso à justiça não difere do quadro com o qual nos deparamos recentemente. As ondas renovatórias de Cappelletti e Garth e suas dificuldades permanecem atualmente e a certeza de quem tem mais possui mais chances de acesso à justiça, como defendido por Galanter, demonstram que as mudanças operadas são poucas.

Além disso, apesar das mudanças trazidas pela modernidade, como o uso de audiências telepresenciais, processos digitais e procedimentos que pretendem ser mais céleres, a falta de conhecimento básico das pessoas acerca de seus direitos e falta de disponibilidade de recursos tecnológicos faz com que a maioria acredite que o acesso à justiça é algo inatingível.

Isso vai contra o entendimento de que o acesso à justiça possui intersecção com o princípio da dignidade da pessoa humana.

O conceito de dignidade não é estático e, tal como o de acesso à justiça, tem se ampliado com a evolução da humanidade para garantir que todos são iguais em direitos a uma vida digna.

Pessoas que não eram tidas como sujeitos de direitos, tais como crianças e adolescentes, vistos inicialmente como propriedade dos responsáveis, a ponto de poderem ser vendidas, hoje possuem seus direitos reconhecidos.

O problema levantado neste estudo foi que, apesar de o acesso à justiça ser direito de todos, como um direito fundamental, e ser necessário para uma existência digna, os problemas relacionados para a concretude impedem a sua efetividade.

Isso se agrava quando tratamos dos direitos de crianças e adolescentes, tendo em vista que, diante de sua vulnerabilidade, encontram-se mais expostos a diversas violações e não dispõem da capacidade postulatória dos maiores de 18 anos.

Crianças e adolescentes devem ser a principal preocupação na prestação deficitária do direito ao acesso à justiça porque devem ter proteção integral de todos, por serem sujeitos em desenvolvimento que detêm prioridade absoluta.

O desrespeito aos direitos de crianças e adolescentes afetam sobremaneira o seu presente e futuro, já que as violações atuais podem repercutir até a vida adulta.

O efetivo acesso à justiça é uma preocupação mundial e integra o ODS 17, da ONU, no qual se almeja instituições mais eficazes para que os direitos presentes nos outros ODS se concretizem.

Uma distinção importante, que foi feita neste estudo e que poderia muitas vezes parecer como se fossem a mesma coisa, é o acesso à justiça e o acesso ao Poder Judiciário.

Deve-se ter em mente que o acesso à justiça independe da atividade jurisdicional para que ocorra. Há inúmeras possibilidades extrajudiciais, inclusive com o auxílio de entes que não são atores do sistema de justiça, como o Conselho Tutelar, para que os obstáculos aos direitos violados sejam restituídos.

O papel da Defensoria Pública e, principalmente, do Ministério Público – este que possui legitimidade para a defesa de crianças e adolescentes, em sede de direitos individuais, individuais homogêneos e coletivos – foram destacados com exemplos de atuação extrajudicial que podem obter os efeitos esperados de forma célere, evitando assim a judicialização.

Por conta da necessidade de que as demandas de crianças e adolescentes sejam vistas de forma diferenciada, porque o tempo da criança é diferente do tempo do adulto, a proteção aos seus direitos deve ser priorizada mirando-se a prevenção, desde a primeira infância.

O sistema de justiça é a "engrenagem" na qual muitos direitos podem se tornar efetivos, principalmente quando referentes a crianças e adolescentes, razão pela qual é importante ter em mente que ele não pode ser engessado e tem que se adequar às necessidades de cada tempo.

A absoluta prioridade, prevista na Constituição Federal de 1988 e esmiuçada no ECA, justifica a existência de uma tutela jurídica diferenciada quando for necessária a judicialização para que o acesso à justiça seja efetivo.

Atualmente, não há mais como defender a utilização da linguagem técnica no sistema de justiça, quando se reconhece que essa forma de comunicação repele a parte vulnerável de um entendimento do que se passa e do seu interesse. No caso de crianças e adolescentes, em todas as situações de defesa dos seus direitos, é importante a utilização de uma comunicação simples e não violenta. Quando se tratar da escuta de crianças e adolescentes vítimas ou testemunhas de crimes, deve ser adotado o procedimento previsto na Lei nº 13.431/2017.

O Estado, por seus poderes, no caso específico deste estudo, por meio dos integrantes do sistema de justiça, viola a dignidade de crianças e adolescentes quando: a) não propicia os meios necessários para a efetividade de seus direitos, pelo acesso à justiça; b) não prioriza o retorno de crianças ou adolescentes às suas famílias ou seu processo de adoção; c) não busca os meios menos danosos para a aplicação de medidas socioeducativas; d) não realiza o depoimento especial; e) cria empecilhos na retificação do registo civil de crianças ou adolescentes transexuais; f) não protege crianças ou adolescentes de danos à sua privacidade, até mesmo em face dos seus responsáveis ou genitores; g) possui um trâmite processual menos célere do que o desejado, tendo em vista o abarrotamento do Poder Judiciário, inclusive em sede de direitos difusos ou coletivos.

Há, de modo geral, uma falta de estrutura física, de pessoal e de capacitação do sistema de justiça, o que dificulta o acesso de todos à justiça. Entretanto, quando tratamos do acesso à justiça por crianças e adolescentes, há diversos princípios que devem nortear a atuação dos atores do sistema de justiça, tais como: proteção integral, prioridade absoluta, celeridade, maior interesse e condição de pessoa em desenvolvimento.

Não há que se afirmar que há efetividade dos direitos previstos na Convenção Internacional dos Direitos da Criança, na Constituição Federal e no Estatuto da Criança e do Adolescente quando analisamos as diversas dificuldades encontradas nas situações expostas neste trabalho.

Muitas crianças e adolescentes são retirados do convívio familiar e comunitário, que deveria ser priorizado, como uma solução adequada para sua situação de vulnerabilidade. Contudo, a institucionalização deve ser a última opção, após terem sido adotadas todas as medidas disponíveis, inclusive as extrajudiciais, para que não ocorra o rompimento do vínculo familiar.

Demonstrou-se não apenas os danos resultantes da colocação de crianças e adolescentes em instituições de acolhimento, mas também a dificuldade de essas serem colocadas em famílias substitutas e a conclusão do processo ocorrer no prazo previsto em lei.

Por esse motivo, sugeriu-se que a conduta adotada seja a destituição do familiar como a última opção e a atuação proativa e preventiva em políticas públicas que protejam as pessoas menores de 18 anos e suas famílias.

No que pertine aos adolescentes que cometem atos infracionais, embora o sistema socioeducativo seja diferenciado do previsto no sistema penal, em verdade vê-se adolescentes tratados como adultos, sem assistência jurídica adequada, com uso de comunicação violenta e sem a priorização de medidas que busquem o caráter protetivo das medidas socioeducativas.

Assim, para que possa ser compreendido e averiguado o motivo ensejador do ato infracional, analisando o caso concreto para eleger a medida socioeducativa necessária, a escuta do adolescente é extremamente relevante.

Outra hipótese analisada neste estudo foi a revitimização de crianças e adolescentes que tem se operado diante da não aplicabilidade do depoimento especial, ainda que a legislação correspondente, qual seja a Lei nº 3.431/2017, já detenha anos de vigência.

Por serem vulneráveis e estarem em fase de desenvolvimento, a proteção de crianças e adolescentes deve ser responsabilidade de todos, mas, quando a violação acontece, não se pode deixar que outras violações sejam dali decorrentes.

Outros problemas foram exemplificados neste estudo, tais como a dificuldade extrajudicial e judicial de crianças e adolescentes transexuais procederem à retificação do nome, a fim de que possam identificar-se de acordo com o gênero com o qual se reconhecem e não sofram os danos causados pela não modificação, com realce para o bullying.

Com a tecnologia cada vez mais presente na sociedade, crianças e adolescentes podem ter sua imagem e privacidade violadas, inclusive por seus genitores, quando se faz necessária a intervenção de outros atores para resguardar aqueles direitos.

Sobre estes dois últimos exemplos, demonstrou-se que outros países, como a Argentina e a França, possuem legislação sobre o tema, que podem servir de norte para as mudanças a serem operadas na legislação pátria.

A última questão trazida entre os exemplos eleitos para estudo foi a defesa dos direitos de crianças e adolescentes em sede difusa e coletiva, suas vantagens e dificuldades, principalmente em razão da morosidade do trâmite processual.

Todavia, ao mesmo tempo que foram apresentadas as dificuldades de acesso à prestação jurisdicional, foram postas diversas formas de atuação e caminhos que podem ser trilhados para que, cada vez mais, direitos previstos em âmbito nacional e internacional se aproximem da efetividade desejada, principalmente por meio da atuação do Ministério Público.

A dificuldade de acesso à justiça em sede internacional foi um dos pontos enfrentados, já que, no sistema interamericano de direitos humanos, a petição é avaliada por uma Comissão e, se for acatada, é encaminhada para a Corte Interamericana de Direitos Humanos.

A garantia da proteção e remoção das violações a direitos de crianças e adolescentes deve ser a prioridade do Estado, da família e da sociedade, de forma a se atingir uma vida digna que materialize o direito à felicidade daqueles.

Há inúmeras decisões judiciais que reforçam a necessidade de garantia ao bem-estar e felicidade para crianças e adolescentes. Deve-se, no entanto, reforçar que esse direito deve ser protegido não apenas quando violado, mas também mediante uma atuação preventiva.

A importância desse tema restou consubstanciada com o processo de elaboração do próximo Comentário Geral da ONU, de nº 27, do Comitê de Direitos da Criança, que vai tratar justamente do acesso à justiça e instituições mais eficazes.

A eleição desse tema para o próximo Comentário Geral demonstra que essa é uma questão global, que afeta crianças e adolescentes e que deve ser priorizada, razão pela qual necessita ser corporificada para que sirva de norte para todos.

REFERÊNCIAS

ALLENDE, Isabel. *Paula*. Tradução: Irene Moutinho. Rio de Janeiro: Bertrand Brasil, 2023.

ALVARES, Amanda de Melo; LOBATO, Gledson Régis. Um estudo exploratório da incidência de sintomas depressivos em crianças e adolescentes em acolhimento institucional. *Temas em psicologia*. [*s. l.*]. v. 21, n. 1, p. 151-164. 2013. Disponível em: https://pepsic.bvsalud.org/scielo.php?script=sci_arttext&pid=S1413-389X2013000100011. Acesso em: 25 mar. 2024.

AMARAL, Cláudio do Prado. *Curso de direito da infância e da adolescência*. São Paulo: Editora da Universidade de São Paulo, 2020.

AMIN, Andréa Rodrigues. Evolução histórica do direito da criança e do adolescente. *In:* MACIEL, Kátia Regina Ferreira Lobo Andrade (coord.). *Curso da criança e do adolescente*: aspectos teóricos e práticos. 14. ed. atual. São Paulo: Saraiva, 2022. p. 51-61.

APRESENTAÇÃO de petições. *Tribunal Africano dos Direitos do Homem e dos Povos*, Aruxa, [2024]. Disponível em: https://www.african-court.org/wpafc/how-to-file-a-case/?lang=pt-pt. Acesso em: 20 maio 2024.

ARENDT, Hannah. *Origens do totalitarismo*. Tradução: Roberto Raposo. São Paulo: Companhia das Letras, 2012.

ARGENTINA. [Constituição (1853)]. Constituição da Argentina de 1853 (reinstaurada em 1983, revisada em 1994). *Jus*, [*s. l.*], 19 maio 2022. Disponível em: https://jus.com.br/artigos/97941/constituicao-da-argentina-de-1853-reinstaurada-em-1983-revisada-em-1994. Acesso em: 28 ago. 2024.

ARGENTINA. *Lei n. 26.743 de 23 de maio de 2012*. Establécese el derecho a la identidad de género de las personas. Buenos Aires: Ministerio de Justicia de la Nación, 2012. Disponível em: https://servicios.infoleg.gob.ar/infolegInternet/anexos/195000-199999/197860/norma.htm. Acesso em: 10 abr. 2024.

ARISTÓTELES. *A política*. Tradução: Nestor Silveira Chaves. 2. ed. rev. Bauru: Edipro, 2009.

ARISTÓTELES. *Ética a Nicômaco*. Tradução: Edson Bini. 4. ed. São Paulo: Edipro, 2014.

ÁVILA, Humberto. *Constituição, liberdade e interpretação*. 3. ed. São Paulo: Malheiros, 2022.

BAHIA. *Decreto Judiciário n. 740, de 25 de outubro de 2022*. Regulamenta a implantação do uso da Linguagem Simples no âmbito do Tribunal de Justiça do Estado da Bahia. Salvador, 2022. Disponível em: http://www7.tj.ba.gov.br/secao/lerPublicacao.wsp?tmp.mostrarDiv=sim&tmp.id=29770&tmp.secao=9. Acesso em: 13 ago. 2023.

BALERA, Wagner. ODS 16: Paz e Justiça. *In*: BALERA, Wagner; SILVA, Roberta Soares da (org.). *Comentários aos Objetivos do Desenvolvimento Sustentável*. São Paulo: Verbatim, 2018. p. 251-265.

BARBOSA, Rui. *Oração aos moços*. 5. ed. Rio de Janeiro: Fundação Casa de Rui Barbosa, 1997.

BARROSO, Luís Roberto. *Curso de direito constitucional contemporâneo*: os preceitos fundamentais e a construção do novo modelo. 11. ed. São Paulo: SaraivaJur, 2023.

BARROSO, Luís Roberto. *O direito constitucional e a efetividade de suas normas*: limites e possibilidades da Constituição brasileira. 9. ed. Rio de Janeiro: Renovar, 2009.

BENTHAM, Jeremy. *Principles of morals and legislation*. Kitchener: Batoche Books, 2000.

BEVILÁQUA, Clovis. *Teoria geral do Direito Civil*. 2. ed. Rio de Janeiro: Editora Rio, 1980.

BÍBLIA. *Antigo Testamento*. Ex 21, 12-17. Disponível em: https://www.churchofjesuschrist.org/bc/content/shared/content/portuguese/pdf/language-materials/83800_por.pdf. Acesso: 22 mar. 2024.

BITENCOURT, Luciane Pötter. *Vitimização secundária infanto-juvenil e violência sexual intrafamiliar*: por uma política pública de redução de danos. Rio de Janeiro: Lumen Juris, 2009.

BITTAR, Eduardo C. B; ALMEIDA, Guilherme Assis de. *Curso de filosofia do Direito*. 16. ed. Barueri: Atlas, 2022.

BOBBIO, Norberto. *A era dos Direitos*. Tradução: Carlos Nelson Coutinho. Rio de Janeiro: Grupo Editora Nacional, 2022.

BRASIL. [Constituição (1934)]. *Constituição da República dos Estados Unidos do Brasil de 1934*. Brasília, DF: Presidência da República, [2023a]. Disponível em: https://www.planalto.gov.br/ccivil_03/constituicao/constituicao34.htm. Acesso em: 17 jan. 2024.

BRASIL. [Constituição (1967)]. *Constituição da República Federativa do Brasil de 1967*. Brasília, DF: Presidência da República, [2023b]. Disponível em: https://www.planalto.gov.br/ccivil_03/constituicao/constituicao67.htm. Acesso em: 17 jan. 2024

BRASIL. [Constituição (1988)]. *Constituição da República Federativa do Brasil de 1988*. Brasília, DF: Presidência da República, [2023c]. Disponível em: http://www.planalto.gov.br/ccivil_03/constituicao/constituicao.htm. Acesso em: 19 maio 2023.

BRASIL. Câmara dos Deputados. Comissão de Previdência, Assis. Social, Infância, Adolescência e Família (CPASF). PL n. 5.619, de 2020, *Parecer da Relatora Deputada Laura Carneiro* (PSD/RJ). 2024a. Disponível em: https://www.camara.leg.br/proposicoesWeb/fichadetramitacao?idProposicao=2432772. Acesso em: 19 maio 2024.

BRASIL. Conselho Nacional de Justiça. *Justiça em números 2024*. Brasília, DF: CNJ, 2024b. Disponível em: https://www.cnj.jus.br/wp-content/uploads/2024/05/justica-em-numeros-2024.pdf. Acesso em: 12 jun. 2024.

BRASIL. Conselho Nacional de Justiça. *Pacto Nacional ao Judiciário para o uso da linguagem simples*. Brasília, DF: CNJ, 2023a. Disponível em: https://www.cnj.jus.br/wp-content/uploads/2023/11/pacto-nacional-do-judiciario-pela-linguagem-simples.pdf. Acesso em: 13 mar. 2024.

BRASIL. Conselho Nacional de Justiça. *Provimento n. 118, de 29 de junho de 2021*. Brasília, DF: CNJ, 2021a. Disponível em: https://atos.cnj.jus.br/atos/detalhar/4013. Acesso em: 11 ago. 2023.

BRASIL. Conselho Nacional de Justiça. *Provimento n. 73, de 28 de junho de 2018*. Dispõe sobre a averbação da alteração do prenome e do gênero nos assentos de nascimento e casamento de pessoa transgênero no Registro Civil das Pessoas Naturais (RCPN). Brasília, DF: CNJ, 2018a. Disponível em: https://atos.cnj.jus.br/atos/detalhar/2623. Acesso em: 11 ago. 2023.

BRASIL. Conselho Nacional de Justiça. *Recomendação n. 33, de 23 de novembro de 2010*. Recomenda aos tribunais a criação de serviços especializados para escuta de crianças e adolescentes vítimas ou testemunhas de violência nos processos judiciais. Brasília, DF: CNJ, 2010. Disponível em: https://atos.cnj.jus.br/atos/detalhar/878. Acesso em: 13 ago. 2023.

BRASIL. Conselho Nacional de Justiça. *Relatório analítico propositivo*: a oitiva de crianças no Poder Judiciário. Brasília, DF: CNJ, 2019a. Série Justiça Pesquisa. Disponível em: https://www.cnj.jus.br/wp-content/uploads/2011/02/efd93a2e429d1b77e6b35d5628ee9802.pdf. Acesso em: 13 ago. 2023.

BRASIL. Conselho Nacional de Justiça. *Resolução n. 299, de 05 de novembro de 2019*. Dispõe sobre o sistema de garantia de direitos da criança e do adolescente vítima ou testemunha de violência, de que trata a Lei n 13.431, de 4 de abril de 2017. Brasília, DF: CNJ, 2019b. Disponível em: https://atos.cnj.jus.br/files/original000346201912045de6f7e29dcd6.pdf. Acesso em: 12 mar. 2024.

BRASIL. Conselho Nacional de Justiça. *Resolução n. 325, de 29 de junho de 2020*. Dispõe sobre a Estratégia Nacional do Poder Judiciário 2021-2026 e dá outras providências. Brasília, DF: CNJ, 2020a. Disponível em: https://atos.cnj.jus.br/files/original182343202006305efb832f79875.pdf. Acesso em: 13 ago. 2023.

BRASIL. Conselho Nacional de Justiça. *Resolução n. 470 de 31 de agosto de 2022*. Institui a Política Judiciária Nacional para a Primeira Infância. Brasília, DF: CNJ, 2022a. Disponível em: https: https://atos.cnj.jus.br/atos/detalhar/4712. Acesso em: 12 mar. 2024.

BRASIL. Conselho Nacional do Ministério Público. *Mapa do Depoimento Especial no Brasil em 2023*. Brasília, DF: CNMP, 2024c. No prelo.

BRASIL. Conselho Nacional do Ministério Público. *Resolução n. 174, de 04 de julho de 2017*. Disciplina, no âmbito do Ministério Público, a instauração e a tramitação da Notícia de Fato e do Procedimento Administrativo. Brasília, DF: CNMP, 2017a. Disponível em: https://www.cnmp.mp.br/portal/images/Resolucoes/Resoluo-174-1.pdf. Acesso em: 19 ago. 2024.

BRASIL. Conselho Nacional do Ministério Público. *Resolução n. 204, de 16 de dezembro de 2019*. Dispõe sobre a uniformização das fiscalizações, pelos membros do Ministério Público dos Estados e do Distrito Federal, junto aos programas municipais de atendimento para a execução das medidas socioeducativas em meio aberto, aplicadas a adolescentes em decorrência da prática de ato infracional. Brasília, DF: CNMP, 2019c. Disponível em: https://www.cnmp.mp.br/portal/images/Resolucoes/Resoluo-n-204-2019.pdf. Acesso em: 19 ago. 2024.

BRASIL. Conselho Nacional do Ministério Público. *Resolução n. 23, de 17 de setembro de 2007*. Regulamenta os artigos 6º, inciso VII, e 7º, inciso I, da Lei Complementar n. 75/93 e os artigos 25, inciso IV, e 26, inciso I, da Lei n.º 8.625/93, disciplinando, no âmbito do Ministério Público, a instauração e tramitação do inquérito civil. Brasília, DF: CNMP, 2007. Disponível em: https://www.cnmp.mp.br/portal/images/Normas/Resolucoes/Resoluo-0232.pdf. Acesso em: 15 jun. 2023.

BRASIL. Conselho Nacional do Ministério Público. *Resolução n. 287, de 12 de março de 2024*. Dispõe sobre a atuação integrada do Ministério Público para a efetiva defesa e proteção das crianças e adolescentes vítimas ou testemunhas de violência, conforme Lei n. 13.431, de 4 de abril de 2017, e Lei n. 14.344, de 24 de maio de 2022. Brasília, DF: CNMP, 2024b. Disponível em: https://www.cnmp.mp.br/portal/images/CALJ/resolucoes/Resoluo-n-287.pdf. Acesso em: 4 abr. 2024.

BRASIL. Conselho Nacional do Ministério Público. *Resolução n. 293, de 18 de maio de 2024*. Dispõe sobre a atuação dos membros do Ministério Público na defesa do direito fundamental à convivência familiar e comunitária de crianças e adolescentes em serviços de acolhimento. Brasília, DF: CNMP, 2024e. Disponível em: https://www.cnmp.mp.br/portal/images/CALJ/resolucoes/Resoluo-n-293.pdf. Acesso em: 19 ago. 2024.

BRASIL. Conselho Nacional do Ministério Público. *Resolução n. 67, de 16 de março de 2011*. Dispõe sobre a uniformização das fiscalizações em unidades para cumprimento de medidas socioeducativas de internação e de semiliberdade pelos membros do Ministério Público e sobre a situação dos adolescentes que se encontrem privados de liberdade em cadeias públicas. Brasília, DF: CNMP, 2011. Disponível em: https://www.cnmp.mp.br/portal/images/Resolucoes/Resolu%C3%A7%C3%A3o-0671_Vers%C3%A3o_atualizada.pdf. Acesso em: 19 ago. 2024.

BRASIL. Conselho Nacional dos Direitos da Criança e do Adolescente. *Resolução n. 113, de 19 de abril de 2006*. Estabelece os parâmetros para a institucionalização e fortalecimento do Sistema de Garantia dos Direitos da Criança e do Adolescente. Brasília, DF: CONANDA, 2006a. Disponível em: https://www.legisweb.com.br/legislacao/?id=104402. Acesso em: 9 set. 2023.

BRASIL. Conselho Nacional dos Direitos da Criança e do Adolescente. *Resolução n. 245, de 4 de abril de 2024*. Dispõe sobre os direitos das crianças e adolescentes em ambiente digital. Brasília, DF: CONANDA, 2024f. Disponível em: https://www.in.gov.br/en/web/dou/-/resolucao-n-245-de-5-de-abril-de-2024-552695799. Acesso em: 12 jun. 2024.

BRASIL. *Decreto n. 591, de 6 de julho de 1992*. Atos Internacionais. Pacto Internacional sobre Direitos Econômicos, Sociais e Culturais. Promulgação. Brasília, DF: Presidência da República, 1992a. Disponível em: http://www.planalto.gov.br/ccivil_03/decreto/1990-1994/d0591.htm. Acesso em: 19 maio 2023.

BRASIL. *Decreto n. 678, de 6 de novembro de 1992*. Promulga a Convenção Americana sobre Direitos Humanos (Pacto de São José da Costa Rica), de 22 de novembro de 1969. Brasília, DF: Presidência da República, 1992b. Disponível em: https://www.planalto.gov.br/ccivil_03/decreto/d0678.htm. Acesso em: 19 maio 2023.

BRASIL. *Decreto n. 9.603, de 10 de dezembro de 2018*. Regulamenta a Lei n. 13.431, de 4 de abril de 2017, que estabelece o sistema de garantia de direitos da criança e do adolescente vítima ou testemunha de violência. Brasília, DF: Presidência da República, 2018b. Disponível em: http://www.planalto.gov.br/ccivil_03/_ato2015-2018/2018/Decreto/D9603.htm. Acesso em: 13 ago. 2023.

BRASIL. *Decreto n. 99.710, de 21 de novembro de 1990*. Convenção Internacional sobre os direitos da criança de 1989. Brasília, DF: Presidência da República, 1990a. Disponível em: http://www.planalto.gov.br/ccivil_03/decreto/1990-1994/d99710.htm. Acesso em: 13 ago. 2023.

BRASIL. *Decreto-Lei n. 3.689, de 3 de outubro de 1941*. Código de Processo Penal. Brasília, DF: Presidência da República, 1941. Disponível em: https://www.planalto.gov.br/ccivil_03/decreto-lei/del3689.htm. Acesso em: 13 ago. 2023.

BRASIL. *Lei n. 1.060, de 5 de fevereiro de 1950*. Estabelece normas para a concessão de assistência judiciária aos necessitados. Brasília, DF: Presidência da República, 1950. Disponível em: https://www.planalto.gov.br/ccivil_03/leis/l1060.htm. Acesso em: 22 abr. 2024.

BRASIL. *Lei n. 10.406, de 10 de janeiro de 2002*. Código Civil. Brasília, DF: Presidência da República, 2002. Disponível em: https://www.planalto.gov.br/ccivil_03/leis/2002/l10406compilada.htm. Acesso em: 7 set. 2023.

BRASIL. *Lei n. 12.594, de 18 de janeiro de 2012*. Institui o Sistema Nacional de Atendimento Socioeducativo - SINASE, regulamenta a execução das Medidas Socioeducativas destinadas a adolescente que pratique Ato Infracional; e altera as Leis n. 8.069, de 13 de julho de 1990 (Estatuto da Criança e do Adolescente); 7.560, de 19 de dezembro de 1986,

7.998, de 11 de janeiro de 1990, 5.537, de 21 de novembro de 1968, 8.315, de 23 de dezembro de 1991, 8.706, de 14 de setembro de 1993, os Decretos-Leis n. 4.048, de 22 de janeiro de 1942, 8.621, de 10 de janeiro de 1946, e a Consolidação das Leis do Trabalho (CLT), aprovada pelo Decreto-Lei n. 5.452, de 1º de maio de 1943. Brasília, DF: Presidência da República, 2012. Disponível em: https://planalto.gov.br/ccivil_03/_ato2011-2014/2012/lei/l12594.htm. Acesso em: 13 ago. 2023.

BRASIL. *Lei n. 13.105, de 16 de março de 2015*. Código de Processo Civil. Brasília, DF: Presidência da República, 2015a. Disponível em: http://www.planalto.gov.br/ccivil_03/_ato2015-2018/2015/lei/l13105.htm. Acesso em: 1 set. 2023.

BRASIL. *Lei n. 14.344, de 24 de maio de 2022*. Cria mecanismos para a prevenção e o enfrentamento da violência doméstica e familiar contra a criança e o adolescente [...] e dá outras providências. Brasília, DF: Presidência da República, 2022c. Disponível em: https://www.planalto.gov.br/ccivil_03/_ato2019-2022/2022/lei/l14344.htm. Acesso em: 10 maio 2024.

BRASIL. *Lei n. 13.431, de 4 de abril de 2017*. Estabelece o sistema de garantia de direitos da criança e do adolescente vítima ou testemunha de violência e altera a Lei n. 8.069, de 13 de julho de 1990 (Estatuto da Criança e do Adolescente). Brasília, DF: Presidência da República, 2017b. Disponível em: http://www.planalto.gov.br/ccivil_03/_ato2015-2018/2017/lei/l13431.htm. Acesso em: 18 ago. 2023.

BRASIL. *Lei n. 13.709, de 14 de agosto de 2018*. Lei Geral de Proteção de Dados Pessoais (LGPD). Brasília, DF: Presidência da República, 2018c. Disponível em: https://www.planalto.gov.br/ccivil_03/_ato2015-2018/2018/lei/l13709.htm. Acesso em: 9 abr. 2024.

BRASIL. *Lei n. 14.340, de 18 de maio de 2022*. Altera a Lei n. 12.318, de 26 de agosto de 2010, para modificar procedimentos relativos à alienação parental, e a Lei n. 8.069, de 13 de julho de 1990 (Estatuto da Criança e do Adolescente), para estabelecer procedimentos adicionais para a suspensão do poder familiar. Brasília, DF: Presidência da República, 2022d. Disponível em: https://www.planalto.gov.br/ccivil_03/_Ato2019-2022/2022/Lei/L14340.htm#art3. Acesso em: 13 ago. 2023.

BRASIL. *Lei n. 14.382, de 27 de junho de 2022*. Altera a Lei de Registros Públicos e outras providências. Brasília, DF: Presidência da República, 2022e. Disponível em: https://www.planalto.gov.br/ccivil_03/_ato2019-2022/2022/lei/l14382.htm. Acesso em: 13 ago. 2023.

BRASIL. *Lei n. 14.811, de 12 de janeiro de 2024*. Institui medidas de proteção à criança e ao adolescente contra a violência nos estabelecimentos educacionais ou similares, prevê a Política Nacional de Prevenção e Combate ao Abuso e Exploração Sexual da Criança e do Adolescente e altera o Decreto-Lei n. 2.848, de 7 de dezembro de 1940 (Código Penal), e as Leis nº 8.072, de 25 de julho de 1990 (Lei dos Crimes Hediondos), e 8.069, de 13 de julho de 1990 (Estatuto da Criança e do Adolescente). Brasília, DF: Presidência da República, 2024g. Disponível em: https://www.planalto.gov.br/ccivil_03/_ato2023-2026/2024/lei/l14811.htm. Acesso em: 10 maio 2024.

BRASIL. *Lei n. 7.347, de 24 de julho de 1985*. Disciplina a ação civil pública de responsabilidade por danos causados ao meio ambiente, ao consumidor, a bens e direitos de valor artístico, estético, histórico, turístico e paisagístico (VETADO) e dá outras providências. Brasília, DF: Presidência da República, 1985. Disponível em: https://www.planalto.gov.br/ccivil_03/leis/l7347orig.htm.Acesso em: 12 jun. 2023.

BRASIL. *Lei n. 8.069, de 13 de julho de 1990*. Dispõe sobre o Estatuto da Criança e do Adolescente e dá outras providências. Brasília, DF: Presidência da República, 1990b. Disponível em: http://www.planalto.gov.br/ccivil_03/leis/l8069.htm. Acesso em: 13 ago. 2023.

BRASIL. *Lei n. 9.099, de 26 de setembro de 1995*. Dispõe sobre os Juizados Especiais Cíveis e Criminais e dá outras providências. Brasília, DF: Presidência da República, 1995. Disponível em: https://www.planalto.gov.br/ccivil_03/leis/l9099.htm. Acesso em: 13 ago. 2023.

BRASIL. *Pacto nacional pela implementação da lei n. 13.431, de 4 de abril de 2017*. Estabelece o sistema de garantia de direitos da criança e do adolescente vítima ou testemunha de violência. Brasília, DF: Presidência da República, 2019d. Disponível em: https://www.cnmp.mp.br/portal/images/Termosdecooperacao/Pacto_Nacional___Lei_13.431_de_04.04.2017-1.pdf. Acesso em: 13 ago. 2023.

BRASIL. *Projeto de Lei n. 2.628, de 2022*. Dispõe sobre a proteção de crianças e adolescentes em ambientes digitais. Brasília, DF: Presidência da República, 2022f. Disponível em: https://legis.senado.leg.br/sdleg-getter/documento?dm=9205524&ts=1711542026605&disposition=inline. Acesso em: 9 abr. 2024.

BRASIL. *Projeto de Lei n. 3.326, de 2021*. Altera o artigo 489 da Lei n. 13.105, de 16 de março de 2015 – Código de Processo Civil. Brasília, DF: Câmara dos Deputados, 2021b. Disponível em: https://www.camara.leg.br/proposicoesWeb/prop_mostrarintegra?codteor=2103682&filename=Avulso%20PL%203326/2021. Acesso em: 14 ago. 2023.

BRASIL. *Projeto de Lei n. 3.792, de 2015*. Estabelece o sistema de garantia de direitos de crianças e adolescentes vítimas e testemunhas de violência, e dá outras providências. Brasília, DF: Câmara dos Deputados, 2015b. Disponível em: https://www.camara.leg.br/proposicoesWeb/fichadetramitacao?idProposicao=2057263. Acesso em: 13 ago. 2023.

BRASIL. *Projeto de Lei n. 5.619, de 2020*. Altera a Lei n. 8.069, de 13 de julho de 1990, Estatuto da Criança e do Adolescente, para estabelecer medidas para assegurar o integral respeito ao direito à representação processual da criança, do adolescente e do jovem em situação de acolhimento institucional. Brasília, DF: Câmara dos Deputados, 2020b. Disponível em: https://www.camara.leg.br/proposicoesWeb/prop_mostrarintegra?codteor=1955085&filename=Tramitacao-PL%205619/2020. Acesso em: 19 maio 2024.

BRASIL. *Projeto de Lei n. 6.256, de 2019*. Institui a Política Nacional de Linguagem Simples nos órgãos e entidades da administração pública direta e indireta. Brasília, DF: Câmara dos Deputados, 2019d. Disponível em: https://www.camara.leg.br/proposicoesWeb/fichadetramitacao?idProposicao=2231632. Acesso em: 14 ago. 2023.

BRASIL. *Projeto de Lei n° 3.555, de 2023*. Altera a Lei 8.069 de 13 de julho de 1990 - Estatuto da Criança e do Adolescente - para dispor sobre atribuições da Defensoria Pública. Brasília, DF: Presidência da República, 2023c. Disponível em: https://www25.senado.leg.br/web/atividade/materias/-/materia/158779. Acesso em: 19 maio 2024.

BRASIL. Secretaria Especial dos Direitos Humanos. *Sistema Nacional de Atendimento Socioeducativo*: SINASE. Brasília, DF: CONANDA, 2006b. Disponível em: https://www.gov.br/mdh/pt-br/navegue-por-temas/crianca-e-adolescente/acoes-e-programas/sinase_integra.pdf. Acesso em: 13 ago. 2023.

BRASIL. Sistema Nacional de Acolhimento e Adoção. *Painel de Acompanhamento*. Brasília, DF: SNA, 2022g. Disponível em: https://paineisanalytics.cnj.jus.br/single/?appid=ccd72056-8999-4434-b913-f74b5b5b31a2&sheet=4f1d9435-00b1-4c8c-beb7-8ed9dba4e45a&opt. Acesso em: 12 jun. 2023.

BRASIL. Superior Tribunal de Justiça. *AgInt no Resp n. 2.051.144/RJ*. Relator: Min. Ricardo Villas Bôas Cueva. Pesquisa de Jurisprudência, Decisão Plenária, 8 de abril de 2024h. Disponível em: https://scon.stj.jus.br/SCON/GetInteiroTeorDoAcordao?num_registro=202300362272&dt_publicacao=11/04/2024. Acesso em: 13 maio 2024.

BRASIL. Superior Tribunal de Justiça. *Agravo Regimental no Habeas Corpus n. 772.228/SC*. Relatora Ministra Laurita Vaz. Pesquisa de Jurisprudência, Decisão Plenária, 28 de fevereiro de 2023e. Disponível em: https://scon.stj.jus.br/SCON/GetInteiroTeorDoAcordao?num_registro=202202978161&dt_publica-cao=09/03/2023. Acesso em: 13 set. 2023.

BRASIL. Superior Tribunal de Justiça. *Agravo Regimental no Habeas Corpus n. 778.988/SC*. Relator: Min. Jesuíno Rissato. Pesquisa de Jurisprudência, Decisão Plenária, 28 de agosto de 2023f. Disponível em: https://scon.stj.jus.br/SCON/GetInteiroTeorDoAcordao?num_registro=202203341462&dt_publicacao=30/08/2023. Acesso em: 13 set. 2023.

BRASIL. Superior Tribunal de Justiça. *PET na Homologação de Decisão Estrangeira n. 5009 EX 2021/0065071-4*. Relator: Ministro Humberto Martins. Pesquisa de Jurisprudência, Decisão Plenária, 11 de outubro de 2021c. Disponível em: https://www.jusbrasil.com.br/jurisprudencia/stj/1296276279. Acesso em: 22 set. 2023.

BRASIL. Superior Tribunal de Justiça. *Recurso Especial n. 1.338.616/DF*. Relator: Min. Marco Buzzi. Pesquisa de Jurisprudência, Decisão Plenária, 15 de junho de 2021d. Disponível em: https://scon.stj.jus.br/SCON/GetInteiroTeorDoAcordao?num_registro=201201706911&dt_publicacao=25/06/2021. Acesso em: 22 set. 2023.

BRASIL. Superior Tribunal de Justiça. *Recurso Especial n. 1.410.478/RN*. Relatora: Min. Maria Isabel Gallotti. Pesquisa de Jurisprudência, Decisão Plenária, 5 de dezembro de 2019e. Disponível em: https://scon.stj.jus.br/SCON/GetInteiroTeorDoAcordao?num_registro=201303449720&dt_publicacao=04/02/2020. Acesso em: 22 set. 2023.

BRASIL. Superior Tribunal de Justiça. *Recurso Especial n. 1.911.099/SP*. Relator: Min. Marco Buzzi. Pesquisa de Jurisprudência, Decisão Plenária, 29 de junho de 2021e. Disponível em: https://scon.stj.jus.br/SCON/GetInteiroTeorDoAcordao?num_registro=202003236599&dt_publicacao=03/08/2021. Acesso em: 22 set. 2023.

BRASIL. Superior Tribunal de Justiça. *Recurso Especial n. 1.957.849/MG*. Relatora: Min. Nancy Andrighi. Pesquisa de Jurisprudência, Decisão Plenária, 14 de junho de 2022h. Disponível em: https://scon.stj.jus.br/SCON/GetInteiroTeorDoAcordao?num_registro=202102792993&dt_publicacao=21/06/2022. Acesso em: 10 abr. 2024.

BRASIL. Superior Tribunal de Justiça. *Súmula n. 594*. O Ministério Público tem legitimidade ativa para ajuizar ação de alimentos em proveito de criança ou adolescente independentemente do exercício do poder familiar dos pais, ou do fato de o menor se encontrar nas situações de risco descritas no art. 98 do Estatuto da Criança e do Adolescente, ou de quaisquer outros questionamentos acerca da existência ou eficiência da Defensoria Pública na comarca. Diário de Justiça Eletrônico, Brasília, DF, n. 2314, 6 nov. 2017c. Disponível em: https://www.stj.jus.br/internet_docs/biblioteca/clippinglegislacao/Sumula_594_595_2017_segunda_secao.pdf. Acesso em: 19 maio 2024.

BRASIL. Supremo Tribunal Federal. *ADI n. 3.943*. Relatora: Min. Cármen Lúcia. Pesquisa de Jurisprudência, Decisão Plenária, 7 de maio de 2015c. Disponível em: https://redir.stf.jus.br/paginadorpub/paginador.jsp?docTP=TP&docID=9058261. Acesso em: 13 maio 2024.

BRASIL. Supremo Tribunal Federal. *ADI n. 4.275/DF*. Relator: Min. Marco Aurélio. Pesquisa de Jurisprudência, Decisão Plenária, 1 de março de 2018d. Disponível em: https://redir.stf.jus.br/paginadorpub/paginador.jsp?docTP=TP&docID=749297200. Acesso em: 13 set. 2023.

BRASIL. Supremo Tribunal Federal. *RE n. 733.433/MG*. Relator: Min. Dias Toffoli. Pesquisa de Jurisprudência, Decisão Plenária, 07 de abril de 2016a. Disponível em: https://redir.stf.jus.br/paginadorpub/paginador.jsp?docTP=TP&docID=10669457. Acesso em: 13 maio 2024.

BRASIL. Supremo Tribunal Federal. *HC n. 127.900*. Relator: Min. Dias Toffoli. Pesquisa de Jurisprudência, Decisão Plenária, 03 de agosto de 2016b. Disponível em: https://portal.stf.jus.br/processos/detalhe.asp?incidente=4763912. Acesso em: 13 set. 2023.

BRASIL. Supremo Tribunal Federal. *RHC n. 225.053*. Relator: Min. Roberto Barroso. Pesquisa de Jurisprudência, Decisão Plenária, 24 de fevereiro de 2023g. Disponível em: https://jurisprudencia.stf.jus.br/pages/search/despacho1379613/false. Acesso em: 13 set. 2023.

BRASIL. Supremo Tribunal Federal. *RHC n. 229.041*. Relator: Min. Dias Toffoli. Pesquisa de Jurisprudência, Decisão Plenária, 5 de abril de 2022j. Disponível em: https://portal.stf.jus.br/processos/detalhe.asp?incidente=6662032. Acesso em: 13 set. 2023.

BRASÍLIA. Tribunal de Justiça do Distrito Federal e dos Territórios. *Portaria Conjunta n. 91, de 1º de setembro de 2021*. Regulamenta o uso de linguagem simples e de direito visual no Tribunal de Justiça do Distrito Federal e dos Territórios - TJDFT. Brasília, DF: TJDFT, 2021. Disponível em: https://bernardodeazevedo.com/wp-content/uploads/2021/09/Portaria-Conjunta-91.2021.pdf. Acesso em: 14 ago. 2023.

BUTÃO. [Constituição (2008)]. Constituição do Butão de 2008. *Jus*, [*s. l.*], 18 maio 2022. Disponível em: https://jus.com.br/artigos/97906/constituicao-do-butao-de-2008. Acesso em: 28 ago. 2024.

CABO VERDE. [Constituição (1980)]. Constituição da República de Cabo Verde. *Centro de I&D sobre Direito e Sociedade*, [*s. l.*], [2024]. Disponível em: https://cedis.novalaw.unl.pt/wp-content/uploads/2021/01/CONST-CV-1980.pdf. Acesso em: 28 ago. 2024.

CANADÁ. [Constituição (1867)]. Constituição do Canadá de 1867 (revisada em 2011). *Jus*, [*s. l.*], 19 maio 2022. Disponível em: https://jus.com.br/artigos/97962/constituicao-do-canada-de-1867-revisada-em-2011. Acesso em: 28 ago. 2024.

CANÇADO TRINDADE, Antônio Augusto. *Tratado de Direito Internacional dos Direitos Humanos*: Volume 3. 2. ed. Porto Alegre: S. A. Fabris, 2003.

CANOTILHO, José Joaquim Gomes. *Direito Constitucional e Teoria da Constituição*. 4. ed. Coimbra: Almedina, 2000.

CAPPELLETTI, Mauro; GARTH, Bryant. *Acesso à justiça*. Tradução: Ellen Gracie Northfleet. Porto Alegre: S. A. Fabris, 1988.

CEARÁ. *Lei n. 18.246, de 01 de dezembro de 2022*. Institui a política estadual de linguagem simples nos órgãos e nas entidades da administração direta e indireta do estado do Ceará. Fortaleza: Casa Civil, 2022. Disponível em: http://imagens.seplag.ce.gov.br/PDF/20221205/do20221205p01.pdf. Acesso em: 14 ago. 2022.

CÍCERO, Marco Túlio. *Sobre as leis (DeLegibus)*. Tradução: Bruno Amaro Lacerda e Charlene Martins Miotti. Juiz de Fora: Editora UFJF, 2021.

CÓDIGO de Hamurabi. *Boletim Informativo Jurídico*, [*s. l.*], [2024]. Disponível em: https://boletimjuridico.ufms.br/files/2021/09/Codigo-de-Hamurabi.pdf. Acesso em: 22 mar. 2024.

COLÔMBIA. [Constituição (1991)]. Constituição da Colômbia de 1991 (revisada em 2015). *Jus*, [*s. l.*], 19 maio 2024. Disponível em: https://jus.com.br/artigos/97967/constituicao-da-colombia-de-1991-revisada-em-2015. Acesso em: 28 ago. 2024.

COMPARATIVE CONSTITUTIONS PROJECT. *Constitute Project*, [*s. l.*], [2024]. Disponível em: https://www.constituteproject.org/. Acesso em: 3 abr. 2024.

COMPARATO, Fábio Konder. *A afirmação histórica dos direitos humanos*. São Paulo: Saraiva, 2017.

CONSELHO NACIONAL DE PROCURADORES-GERAIS DE JUSTIÇA. Grupo Nacional de Direitos Humanos. *Nota técnica n. 14/2022*. Brasília, DF: CNPG, 2022. Disponível em: https://cnpg.org.br/wp-content/uploads/2024/10/Nota_Tcnica_-_MINISTRIO_PBLICO_COMO_SUBSTITUTO_PROCESSUAL.pdf. Acesso em: 4 jul. 2025.

CORTE INTERAMERICANA DE DIREITOS HUMANOS. *Opinião Consultiva n. 24/2017*. San José: CIDH, 2017. Disponível em: https://www.corteidh.or.cr/docs/opiniones/seriea_24_por.pdf. Acesso em: 10 abr. 2024.

COSTA, Camilla Danielle Soares. *Brincando de gênero*: o direito à retificação do registro civil de crianças e adolescentes trans. Belo Horizonte: Fórum, 2023.

COSTA DO MARFIM. [Constituição (2016)]. Constituição da Costa do Marfim (Côte d'Ivoire) de 2016. *Jus*, [*s. l.*], 19 maio 2022. Disponível em: https://jus.com.br/artigos/97972/constituicao-da-costa-do-marfim-cote-d-ivoire-de-2016. Acesso em: 28 ago. 2024.

COULANGES, Fustel de. *A cidade antiga*. Tradução: Roberto Leal Ferreira. São Paulo: Martin Claret, 2021.

COUNCIL OF EUROPE. *Guidelines of the Committee of Ministers of the Council of Europe on child-friendly justice*. Strasbourg: COE, 2011. Disponível em: www.coe.int/children. Acesso em: 10 maio 2024.

DALLARI, Dalmo de Abreu. *Direitos humanos e cidadania*. 2. ed., São Paulo: Moderna, 2004.

DE CICCO, Cláudio. *História do Direito e do pensamento jurídico*. 9. ed. São Paulo: SaraivaJur, 2023.

DIAS, Maria Berenice. *Homoafetividade e os direitos LGBTI*. 6. ed. São Paulo: Revista dos Tribunais, 2014.

DUGUIT, León. *Las transformaciones generales del derecho privado desde el código de Napoleón*. Ciudad de México: Ediciones Coyoacán, 2007.

EQUADOR. [Constituição (2008)]. Constituición del Ecuador. *Supremo Tribunal Federal*, Brasília, DF, [2023]. Disponível em: https://www.stf.jus.br/repositorio/cms/portalStfInternacional/newsletterPortalInternacionalFoco/anexo/ConstituicaodoEquador.pdf. Acesso em: 28 ago. 2024.

ESTADOS UNIDOS DA AMÉRICA. [Constituição (1789)]. Constituição dos Estados Unidos da América de 1789 (Revisada em 1992). *Jusbrasil*, [*s. l.*], [2022]. Disponível em: https://www.jusbrasil.com.br/artigos/constituicao-dos-estados-unidos-da-america-de-1789-revisada-em-1992/1632915304. Acesso em: 28 ago. 2024.

ESTEVES, Diogo *et al*. *Cartografia da Defensoria Pública no Brasil, 2022*. Brasília, DF: DPU, 2023. Disponível em: https://pesquisanacionaldefensoria.com.br/download/cartografia-da-defensoria-publica-no-brasil-2022-ebook.pdf. Acesso em: 4 jul. 2025.

ETIÓPIA. [Constituição (1994)]. Constituição da Etiópia de 1994. *Jus*, [*s. l.*], 19 maio 2022. Disponível em: https://jus.com.br/artigos/97987/constituicao-da-etiopia-de-1994. Acesso em: 28 ago. 2024.

FARIAS, Cristiano Chaves de; BRAGA NETTO, Felipe; ROSENVALD, Nelson. *Manual de direito civil*: volume único. 8. ed. Salvador: Juspodivm, 2023.

FERREIRA, Eduardo Dias de Souza. *Liberdade assistida no Estatuto da Criança e do Adolescente*: aspectos da luta na implementação de direitos fundamentais. São Paulo: FABESP: EDUC, 2010.

FERREIRA, Eduardo Dias de Souza; HIROMOTO, Carolina Magnani. Convenções de Direitos Humanos sobre direitos das crianças. *In*: BALERA, Wagner; LIMA, Carolina de Souza (org.). *Enciclopédia Jurídica da PUC/SP* - Tomo XI de Direitos Humanos. 1. ed. São Paulo: PUC-SP, v. 12, 2022. p. 1-19. Disponível em: https://enciclopediajuridica.pucsp.br/verbete/517/edicao-1/convencoes-de-direitos-humanos-sobre-direitos-das-criancas. Acesso em: 20 maio 2024.

FERREIRA, Eduardo Dias de Souza; TRENNEPOHL, Anna Karina O. V. A influência das emergências climáticas nos direitos fundamentais de crianças e adolescentes. *Revista da Escola Superior do Ministério Público do Ceará*, Fortaleza, ano 15, n. 1, p. 119-137, jan./jun. 2023. Disponível em: https://raesmpce.emnuvens.com.br/revista/article/view/303. Acesso em: 4 abr. 2024.

FERREIRA, Eduardo Dias de Souza; TRENNEPOHL, Anna Karina O. V. A atuação do Ministério Público na discussão sobre o momento da oitiva de adolescente infrator em juízo e o atual entendimento dos tribunais superiores. *Revista da Escola Superior do Ministério Público do Ceará*, Fortaleza, ano 15, n. 2, p. 162-184, jul./dez. 2023. Disponível em: https://revistaacademica.mpce.mp.br/revista/article/view/341/212. Acesso em: 4 abr. 2024.

FIJI. [Constituição (2013)]. Constituição de Fiji de 2013. *Jus*, [*s. l.*], 19 maio 2022. Disponível em: https://jus.com.br/artigos/97989/constituicao-de-fiji-de-2013. Acesso em: 28 ago. 2024.

FRANÇA. Lei n. 2424-120, de 19 de fevereiro de 2024. *Journal Officiel de la République Française*, Paris, n. 0042, 20 fev. 2024. Disponível em: https://www.legifrance.gouv.fr/jorf/id/JORFTEXT000049163317#:~:text=%C2%AB%20Art.,et%20son%20degr%C3%A9%20de%20maturit%C3%A9.%20%C2%BB. Acesso em: 9 abr. 2024.

FUNDO DAS NAÇÕES UNIDAS PARA A INFÂNCIA. *Declaração dos Direitos da Criança*. [Nova York]: ONU, 1959. Disponível em: https://www.unicef.org/brazil/media/22026/file/declaracao-dos-direitos-da-crianca-1959.pdf. Acesso em: 14 ago. 2023.

GALANTER, Marc. Acesso à justiça em um mundo de capacidade social em expansão. *Revista brasileira de Sociologia do Direito*, Porto Alegre, v. 2, n. 1, p. 37-49, jan./jun. 2015.

GALANTER, Marc. *Por que "quem tem" sai na frente*: especulações sobre os limites da transformação no direito. Tradução: Ana Carolina Chasin. São Paulo: FGV, 2018.

GOIÁS. Tribunal de Justiça. *Termo de Cooperação Técnica para implementação da linguagem simples nas decisões judiciais e atos processuais em geral*. Goiânia: TJGO, 2022. Disponível em: https://www.oabgo.org.br/oab-goias-e-tj-go-assinam-termo-inedito-para-implementacao-da-linguagem-juridica-simples-nas-decisoes-judiciais-e-atos-processuais-em-geral/. Acesso em: 4 jul. 2025.

GRAU, Eros Roberto. *A ordem econômica na Constituição de 1988 (interpretação e crítica)*. 19. ed. atual. São Paulo: Malheiros, 2018.

HABERMAS, Jürgen. *Sobre a Constituição da Europa*: um ensaio. Tradução: Denilson Luis Werle, Luiz Repa e Rúrion Melo. São Paulo: Editora Unesp, 2012.

HELLIWELL, John F.; LAYARD, Richard; SACHS, Jeffrey D.; DE NEVE, Jan-Emmanuel; AKNIN, Lara B.; WANG, Shun. *World Happiness Report 2024*. Oxford: University of Oxford, 2024. Disponível em: https://happiness-report.s3.amazonaws.com/2024/WHR+24.pdf. Acesso em: 24 ago. 2024.

HOBBES, T. *Leviatã*. Tradução: João Paulo Monteiro e Maria Beatriz Nizza da Silva. São Paulo: Martins Fontes, 2003.

HOMERO. *Ilíada*. Tradução: Haroldo de Campos. São Paulo: Arx, 2002.

HUME, David. *Investigações sobre o entendimento humano e sobre os princípios da moral*. Tradução: José Oscar de Almeida Marques. 1. ed. São Paulo: Unesp, 2004.

IHERING, Rudolf Von. *A luta pelo Direito*. Tradução: Edson Bini. 2. ed. São Paulo: Edipro, 2019.

JAPÃO. [Constituição (1946)]. *A Constituição do Japão*. Brasília, DF: Embaixada do Japão no Brasil, [2023]. Disponível em: https://www.br.emb-japan.go.jp/cultura/pdf/constituicao.pdf. Acesso em: 21 dez. 2023.

JOHNSTON, David. *A brief history of justice*. Nova Jersey: Wiley-Blackwell, 2011.

JOYCE, Richard. *The evolution of morality*. Cambridge: MIT, 2006.

KANT, Immanuel. *Fundamentação da metafísica dos costumes*. Tradução: Inês A. Lohbauer. São Paulo: Martin Claret, 2019.

KANT, Immanuel. Theory and practice. *In:* KANT, Immanuel. *Kant*: political writings. Tradução: H. B. Nisbet. 2. ed. Cambridge: Cambridge University Press, 1991.

KELSEN, Hans. *A ilusão da justiça*. São Paulo: Martins Fontes, 1995.

KELSEN, Hans. *O que é justiça?* A justiça, o direito e a política no espelho da ciência. Tradução: Luís Carlos Borges. São Paulo: Martins Fontes, 1998.

KOSOVO. [Constituição (2008)]. Constituição do Kosovo de 2008 (revisada em 2016). *Jus*, [*s. l.*], 21 maio 2022. Disponível em: https://jus.com.br/artigos/98053/constituicao-do-kosovo-de-2008-revisada-em-2016. Acesso em: 28 ago. 2024.

LACERDA, Bruno Amaro. A dignidade humana em Giovanni Pico Della Mirandola. *Legis Augustus*, Rio de Janeiro, v. 1, n. 1, p. 13-20, ago. 2010.

LAFER, Celso. *A Reconstrução dos Direitos Humanos*: um diálogo com o pensamento de Hannah Arendt. São Paulo: Companhia das Letras, 1988.

LANDA, César. Dignidad de la persona humana. *In*: TRINDADE, Antônio Augusto Cançado; LEAL, César Barros (coord.). *El respeto a la dignidad de la persona humana*. Fortaleza: 2015. Disponível em: https://ibdh.org.br/wp-content/uploads/2016/10/2015f-book.pdf. Acesso em: 2 abr. 2024.

LEAL, Saul Tourinho. *Direito à felicidade*. São Paulo: Almedina, 2017.

LEPARGNEUR, Hubert. A dignidade da pessoa no desenrolar cultural. *Revista Bioética*, [*s. l.*], v. 12, n. 1, p. 33-38, 2004. Disponível em: https://revistabioetica.cfm.org.br/index.php/revista_bioetica/article/view/119. Acesso em: 30 mar. 2023.

LIGA DAS NAÇÕES. *Declaração sobre os Direitos da Criança*. Genebra: Liga das Nações, 1924. Disponível em: https://www.unicef.org/brazil/media/22021/file/Declaracao-de-Genebra-1924.pdf. Acesso em: 20 maio 2024.

LIMA, Carolina Alves de Souza. A Relação Intrínseca entre Direitos Humanos, Dignidade e Cidadania no Mundo Contemporâneo. *APMP Revista*, v. 1, p. 82-89, 2011.

LIMA, Carolina Alves de Souza; SANTARÉM, Vivian Netto Machado. A proteção integral à criança no Sistema Internacional de Direitos Humanos e seu Impacto no Direito brasileiro. *Revista Brasileira de Direitos Humanos*, [*s. l.*], n. 33, p. 32-56, 2020.

MALAWI. [Constituição (1994)]. Constituição do Malawi 1994 (revisada em 2017). *Jus*, [*s. l.*], 19 maio 2022. Disponível em: https://jus.com.br/artigos/98063/constituicao-do-malawi-1994-revisada-em-2017/2. Acesso em: 28 ago. 2024.

MARROCOS. [Constituição (2011)]. Constituição do Marrocos de 2011. *Jus*, [*s. l.*], 21 maio 2022. Disponível em: https://jus.com.br/artigos/98071/constituicao-do-marrocos-de-2011. Acesso em: 28 ago. 2024.

MAXERA, Rita. Mecanismos Restaurativos en las nuevas legislaciones penales juveniles: Latinoamérica y España. *In*: DAVID, Pedro (coord.). *Justicia Reparadora*: mediación penal y probation. 1. ed. Buenos Aires: LexisNexis, 2005.

MCMAHON, Chris Curtin C. The social networks of young people in Ireland with experience of long-term foster care: some lessons for policy and practice. *Child & Family Social Work*, [*s. l*], v. 18, n. 3, p. 329-340, 2012. Disponível em: https://onlinelibrary.wiley.com/doi/abs/10.1111/j.1365-2206.2012.00849.x. Acesso em: 25 mar. 2024.

MÉXICO. [Constituição (1917)]. Constituição do México de 1917 (revisada em 2015). *Jus*, [*s. l.*], 21 maio 2022. Disponível em: https://jus.com.br/artigos/98076/constituicao-do-mexico-de-1917-revisada-em-2015. Acesso em: 28 ago. 2024.

MEYER, Cristiane Carvalho Beresford. *Fundamentos das práticas restaurativas e da comunicação não violenta na abordagem de adolescentes em conflito com a lei*. 2020. Trabalho de Conclusão do Curso (Especialização em Sistema de Justiça: Conciliação, Mediação e Justiça Restaurativa) – Universidade do Sul de Santa Catarina, Tubarão, 2020. Disponível em: https://repositorio.animaeducacao.com.br/bitstream/ANIMA/3922/1/artigo%20final%20CRISTIANE%20CARVALHO%20BERESFORD%20MEYER%20-a.pdf. Acesso em: 13 ago. 2023.

MINAS GERAIS. Tribunal de Justiça. *Portaria Conjunta n. 1391/PR/2022*. Regulamenta o uso de linguagem simples e de direito visual no âmbito do Poder Judiciário do Estado de Minas Gerais. Belo Horizonte: TJMG, 2022. Disponível em: https://comunicasimples.com.br/wp-content/uploads/2022/12/TJMG_Portaria_Conjunta_da_Presidencia_1391_2022-1.pdf. Acesso em: 14 ago. 2023.

MOLDÁVIA. [Constituição (1994)]. Constituição da República da Moldávia de 1994 (revisada em 2016). *Jus*, [*s. l.*], 21 maio 2022. Disponível em: https://jus.com.br/artigos/98074/constituicao-da-republica-da-moldavia-de-1994-revisada-em-2016. Acesso em: 28 ago. 2024.

MORAES, José Carlos Sturza de (org.). *Vozes (in)escutadas e rompimento de vínculos*: pesquisa sobre crianças e adolescentes em cuidados alternativos, egressos/as e risco de perda de cuidado parental no Brasil: relatório da pesquisa. Poá: Instituto Bem Cuidar, 2023.

NELSON, Charles A.; FOX, Nathan A.; ZEANAH, Charles H. *Romania's Abandoned Children*: Deprivation, Brain Development, and the Struggle for Recovery. Cambridge: Harvard University Press, 2014.

NICARÁGUA. [Constituição (1987)]. Constituição da Nicarágua de 1987 (revisada em 2014). *Jus*, [*s. l.*], 22 maio 2022. Disponível em: https://jus.com.br/artigos/98095/constituicao-da-nicaragua-de-1987-revisada-em-2014. Acesso em: 28 ago. 2024.

NOVA ZELÂNDIA. [Constituição (1852)]. Constituição da Nova Zelândia de 1852 (rev. 2014). *Jus*, [*s. l.*], 22 maio 2022. Disponível em: https://jus.com.br/artigos/98097/constituicao-da-nova-zelandia-de-1852-rev-2014. Acesso em: 28 ago. 2024.

ORGANIZAÇÃO DAS NAÇÕES UNIDAS. *Comentário geral n. 12/2009, do Comitê dos direitos da criança*. [Nova York]: ONU, 2009. Disponível em: https://digitallibrary.un.org/record/671444?v=pdf. Acesso em: 4 abr. 2024.

ORGANIZAÇÃO DAS NAÇÕES UNIDAS. *Comentário geral n. 14/2020, do Comitê dos direitos da criança*. [Nova York]: ONU, 2020. Disponível em: https://digitallibrary.un.org/record/425041?v=pdf. Acesso em: 4 abr. 2024.

ORGANIZAÇÃO DAS NAÇÕES UNIDAS. *Comentário Geral n. 20/2016, do Comitê dos direitos da criança.* [Nova York]: ONU, 2016. Disponível em: https://digitallibrary.un.org/record/855544?v=pdf. Acesso em: 4 abr. 2024.

ORGANIZAÇÃO DAS NAÇÕES UNIDAS. *Comentário geral n. 24/2019, do Comitê dos direitos da criança.* [Nova York]: ONU, 2019. Disponível em: https://digitallibrary.un.org/record/3899429?v=pdf. Acesso em: 4 abr. 2024.

ORGANIZAÇÃO DAS NAÇÕES UNIDAS. *Comentário geral n. 25/2021, do Comitê dos direitos da criança.* [Nova York]: ONU, 2021. Disponível em: https://digitallibrary.un.org/record/3906061?v=pdf. Acesso em: 4 abr. 2024.

ORGANIZAÇÃO DAS NAÇÕES UNIDAS. *Comentário geral n. 26/2023, do Comitê dos direitos da criança.* [Nova York]: ONU, 2023. Disponível em: https://www.ohchr.org/en/documents/general-comments-and-recommendations/crccgc26-general-comment-no-26-2023-childrens-rights. Acesso em: 4 abr. 2024.

ORGANIZAÇÃO DAS NAÇÕES UNIDAS. *Comentário geral n. 5/2003, do Comitê dos direitos da criança.* [Nova York]: ONU, 2003. Disponível em: https://digitallibrary.un.org/record/513415?v=pdf. Acesso em: 4 abr. 2024.

ORGANIZAÇÃO DAS NAÇÕES UNIDAS. *Declaração do Milênio.* Lisboa: United Nations Information Centre, 2000. Disponível em: https://www.oas.org/dil/port/2000%20Declara%C3%A7%C3%A3o%20do%20Milenio.pdf. Acesso em: 25 maio 2023.

ORGANIZAÇÃO DAS NAÇÕES UNIDAS. *Declaração Universal dos Direitos Humanos.* Paris: ONU, 1948. Disponível em: https://www.un.org/en/about-us/universal-declaration-of-human-rights. Acesso em: 29 fev. 2023.

ORGANIZAÇÃO DAS NAÇÕES UNIDAS. *General Comment on Children's Rights to Access to Justice and Effective Remedies.* [Nova York]: ONU, 2024. Disponível em: chrome-extension://efaidnbmnnnibpcajpcglclefindmkaj/https://www.ohchr.org/sites/default/files/documents/hrbodies/crc/gcomments/gc27/gc27-concept-note.pdf. Acesso em: 7 maio 2024.

ORGANIZAÇÃO DAS NAÇÕES UNIDAS. *Guidance Note of the Secretary-General*: UN Approach to Justice for Children. [Nova York]: ONU, 2008. Disponível em: https://www.unodc.org/pdf/criminal_justice/Guidance_Note_of_the_SG_UN_Approach_to_Justice_for_Children.pdf. Acesso em: 7 maio 2024.

ORGANIZAÇÃO DAS NAÇÕES UNIDAS. *The 2030 Agenda for Sustainable Development.* Nova York: ONU, 2015. Disponível em: https://www.undp.org/sustainable-development-goals/no-poverty?gclid=Cj0KCQiArsefBhCbARIsAP98hXS8BqXLvXi0rW_Zi-tvnN4Qfrhmmyr8LJHG1IzomTodCs1DjEZGTtAaAmZWEALw_wcB. Acesso em: 29 maio 2023.

ORGANIZAÇÃO DAS NAÇÕES UNIDAS. *United Nations Guidelines for the Prevention of Juvenile Delinquency (The Riyadh Guidelines).* [Nova York]: ONU, 1990. Disponível em: https://www.ohchr.org/en/instruments-mechanisms/instruments/united-nations-guidelines-prevention-juvenile-delinquency-riyadh. Acesso em: 14 ago. 2023

ORGANIZAÇÃO DAS NAÇÕES UNIDAS. *United Nations Standard Minimum Rules for the Administration of Juvenile Justice (The Beijing Rules).* [Nova York]: ONU, 1985. Disponível em: https://digitallibrary.un.org/record/120958. Acesso em: 14 ago. 2023.

PARAGUAI. [Constituição (1992)]. Constituição do Paraguai de 1992 (revisada em 2011). *Jus*, [*s. l.*], 22 maio 2022. Disponível em: https://jus.com.br/artigos/98106/constituicao-do-paraguai-de-1992-revisada-em-2011. Acesso em: 28 ago. 2024.

PARK, Stephen Kim. Social Bonds for Sustainable Development: A Human Rights Perspective on Impact Investing. *Business and human rights journal*, Cambridge, v. 3, p. 233-255, 2018. Disponível em: https://www.cambridge.org/core/journals/business-and-human-rights-journal/article/social-bonds-for-sustainable-development-a-human-rights-perspective-on-impact-investing/F202A63D487ADE03969CAD317C06CA61?utm_campaign=shareaholic&utm_medium=copy_link&utm_source=bookmark. Acesso em: 1 mar. 2023.

PAULA, Fausto Junqueira de; SOUZA, Andréa Santos. O Ministério Público na garantia do direito à participação. *In*: SARRUBBO, Mário Luiz (coord.). *Ministério Público Estratégico*: Volume 5: Direitos da criança e do adolescente. Indaiatuba: Editora Foco, 2023.

PAULA, Paulo Afonso Garrido de. *Curso de direito da criança e do adolescente*. São Paulo: Cortez, 2024.

PAULA, Paulo Afonso Garrido de. *Direito da criança e do adolescente e tutela jurisdicional diferenciada*. São Paulo: Editora Revista dos Tribunais, 2002.

PERELMAN, Chaïm. *De la justice*. Bruxelas: Office de Publicité, 1945.

PERELMAN, Chaïm. *Tratado da argumentação*. Tradução: Maria Ermantina Galvão G. Pereira. São Paulo: Martins Fontes, 1996.

PÉREZ LUÑO, A. E. *Los derechos fundamentales*. Madrid: Tecnos, 2004.

PEREZ, Luciana Cassarino (org.). *Minha vida fora dali*: escuta de jovens egressos de serviços de acolhimento. Curitiba: Movimento Nacional Pró-Convivência Familiar e Comunitária, Curitiba: ECD, 2022.

PICO DELLA MIRANDOLA, Giovanni. *Discurso sobre a dignidade do homem*. Tradução: Maria de Lurdes Sirgado Ganho. Lisboa: Edições 70, 1998.

PIOVESAN, Flávia. *Direitos Humanos e o Direito Constitucional Internacional*. 20. ed. São Paulo: SaraivaJur, 2022.

PLATÃO. *A justiça*. Tradução: Edson Bini. 4. ed. São Paulo: Edipro, 2016.

PLATÃO. *República*. Tradução: Enrico Corvisieri. Rio de Janeiro: Editora Best Seller, 2002.

PONTES DE MIRANDA. *Tratado de Direito Privado*. Rio de Janeiro: Borsoi, t. 7, 1955.

PÖTTER, Luciana. Lei 13.431/2017: a escuta protegida e os desafios para a implantação do sistema de garantia de direitos para crianças e adolescentes vítimas ou testemunhas de violência. *In*: PÖTTER, Luciana (org.). *A escuta protegida de crianças e adolescentes*: os desafios da implantação da Lei 13.431/2017. Porto Alegre: Livraria do Advogado, 2019. p. 25-48.

QUÊNIA. [Constituição (2010)]. *Jus*, [*s. l.*], 19 maio 2022. Disponível em: https://jus.com.br/artigos/98057/constituicao-do-quenia-de-2010. Acesso em: 28 ago. 2024.

RAMOS, André de Carvalho. *Curso de Direitos Humanos*. 4. ed. São Paulo: Saraiva, 2017.

RAMOS, André de Carvalho. *Processo Internacional de Direitos Humanos*: Análise dos sistemas de apurações de violações dos direitos humanos e a implementação das decisões no Brasil. Rio de Janeiro: Ed. Renovar, 2002.

REALE, Giovanni. *História da filosofia antiga*. São Paulo: Loyola, 1994.

REALE, Miguel. *Filosofia do Direito*. 20. ed. São Paulo: SaraivaJur, 2022.

REINO UNIDO. Access to Justice Act 1999. *Legislation*, [*s. l.*], [2024]. Disponível em: https://www.legislation.gov.uk/ukpga/1999/22/contents. Acesso em: 3 abr. 2024.

REINO UNIDO. Magna Carta de 1215. *The National Archives*, [*s. l.*], [2024]. Disponível em: https://www.nationalarchives.gov.uk/education/resources/magna-carta/british-library-magna-carta-1215-runnymede/. Acesso em: 13 abr. 2024.

REIS, Francisca Silvia da Silva. O atendimento do adolescente autor de ato infracional nas promotorias de justiça sob a perspectiva da comunicação não violenta. *Revista Eletrônica do Ministério Público do Estado do Piauí*, [*s. l.*], ano 1, v. 1 p. 401-414, jan./jun. 2021.

RHODE, Deborah L. *Access to justice*. New York: Oxford University Press, 2004.

RIO GRANDE DO SUL. *Ato n. 024/2022*. Institui a Política de utilização de Linguagem Simples no Poder Judiciário Estadual. Porto Alegre: TJRS, 2022. Disponível em: https://www.tjrs.jus.br/static/2022/08/Ato-24-2022-P-Guia-da-linguagem-simples.pdf. Acesso em: 14 ago. 2023.

ROCHA, Cármen Lúcia Antunes. *Direitos de/para todos*. Rio de Janeiro: Bazar do tempo, 2024.

ROCHA, Cármen Lúcia Antunes; SADEK, Maria Tereza Aina. Transparência do Poder Judiciário. *In*: SADEK, Maria Tereza *et al.* (org.). *O judiciário do nosso tempo*: grandes nomes escrevem sobre o desafio de fazer justiça no Brasil. Rio de Janeiro: Globo Livros, 2021. p. 21-36.

ROQUE, Nathaly Campitelli. O direito fundamental ao acesso à justiça: muito além da celeridade processual. *Revista Pensamento Jurídico*, São Paulo, v. 15, n. 1, p. 1-28, jan./abr. 2021.

ROMÊNIA. [Constituição (1991)]. Constituição da Romênia de 1991 (revisada em 2003). *Jus*, [*s. l.*], 22 maio 2022. Disponível em: https://jus.com.br/artigos/98115/constituicao-da-romenia-de-1991-revisada-em-2003. Acesso em: 28 ago. 2024.

ROSENBERG, Marshall B. *Comunicação não violenta*: técnicas para aprimorar relacionamentos pessoais e profissionais. São Paulo: Ágora, 2003.

ROSENBERG, Marshall B. *Vivendo a comunicação não violenta*: como estabelecer conexões sinceras e resolver conflitos de forma pacífica e eficaz. Rio de Janeiro: Sextante, 2019.

ROSENFELD, Anatol. O problema da paz universal: Kant e as Nações Unidas. *In*: GUINSBURG, J. (org.). *A paz perpétua*: um projeto para hoje. Tradução: J. Guinsburg. São Paulo: Perspectiva, 2004. p. 89-99.

ROTTERDAM, Erasmo de. *Elogio da loucura*. São Paulo: Martins Fontes, 1997.

ROUSSEAU, Jean-Jacques. *Emílio, ou da educação*. 3. ed. Tradução: Roberto Leal Ferreira. São Paulo: Martins Fontes, 2004.

RÚSSIA. [Constituição (1993)]. Constituição da Federação Russa de 1993 (revisada em 2014). *Jus*, [*s. l.*], 15 maio 2022. Disponível em: https://jus.com.br/artigos/97845/constituicao-da-federacao-russa-de-1993-revisada-em-2014. Acesso em: 28 ago. 2024.

SACHS, Jeffrey D. From Millennium Development Goals to Sustainable Development Goals. *The Lancet*, [*s. l.*], v. 379, p. 2206-2211, jun. 2012. Disponível em: https://doi.org/10.1016/S0140-6736(12)60685-0. Acesso em: 28 maio 2023.

SADEK, Maria Tereza Aina. O sistema de justiça. *In*: SADEK, Maria Tereza Aina (org.). *O sistema de justiça*. Rio de Janeiro: Centro Edelstein de Pesquisas Sociais, 2010. Disponível em: https://static.scielo.org/scielobooks/59fv5/pdf/sadek-9788579820397.pdf. Acesso em: 14 nov. 2023.

SANDEL, Michael J. *Justiça*: o que é fazer a coisa certa. Tradução: Heloísa Matias e Maria Alice Máximo. 27. ed. Rio de Janeiro: Civilização Brasileira, 2019.

SÃO PAULO. *Lei n. 17.316 de 6 de março de 2020.* Institui a Política Municipal de Linguagem Simples nos órgãos da administração direta e indireta. São Paulo: Casa Civil, 2020. Disponível em: https://legislacao.prefeitura.sp.gov.br/leis/lei-17316-de-6-de-marco-de-2020. Acesso em: 4 abr. 2024.

SÃO PAULO. Ministério Púbico do Estado de São Paulo. *Comentário Geral sobre os direitos das crianças em relação ao ambiente digital*: versão comentada. São Paulo: MPSP: Instituto Alana, 2022. Disponível em: https://mpsp.mp.br/documents/20122/0/direitos%20das%20crian%C3%A7as%20em%20rela%C3%A7%C3%A3o%20ao%20ambiente%20digital.pdf/. Acesso em: 5 abr. 2024.

SARES-JÄSKE, Laura; CZIMBALMOS, Mercédesz; MAJLANDER, Satu; SIUKOLA, Reetta; KLEMETTI, Reija; LUOPA, Pauliina; LEHTONEN, Jukka. Gendered Differences in Experiences of Bullying and Mental Health Among Transgender and Cisgender Youth. *Journal of Youth and Adolescence*, [s. l.], v. 52, n. 8, p. 1531-1548, 2023. Disponível em: https://www.ncbi.nlm.nih.gov/pmc/articles/PMC10276116/. Acesso em: 4 abr. 2024.

SARLET, Ingo. *Dignidade da pessoa humana e Direitos Fundamentais na Constituição Federal de 1988*. 9. ed. Porto Alegre: Livraria do Advogado, 2012.

SCHMIDT, Flávio. *A escuta das crianças em juízo.* São Paulo: Mizuno, 2020.

SICHES, Luiz Recaséns. *Nueva filosofia de la interpretación del derecho.* 3. ed. Cidade do México: Editorial Porruá, 1980.

SILVA JUNIOR, Walter; HOSSNE, William Saad; SILVA, Franklin Leopoldo e. Dignidade humana e bioética: uma abordagem filosófica. *Bioethikos*, [s. l.], v. 2, n. 1, p. 50-64, 2008. Disponível em: https://saocamilo-sp.br/assets/artigo/bioethikos/60/05.pdf. Acesso em: 21 mar. 2023.

SILVEIRA, Everton; REIS, Patrícia Lane Araújo. Comunicação não violenta e justiça restaurativa como estratégia de linguagem na resolução de conflitos. *In*: SEMINÁRIO INTERNACIONAL DE POLÍTICAS PÚBLICAS, INTERSETORIALIDADE E FAMÍLIA, 4., 2019. *Anais* [...]. Porto Alegre: EDIPUCRS, 2019. Disponível em: https://editora.pucrs.br/edipucrs/acessolivre/anais/sipinf/assets/edicoes/2019/artigo/26.pdf. Acesso em: 14 ago. 2023.

SOUSA SANTOS, Boaventura de. Introdução à Sociologia da Administração da Justiça. *Revista Crítica de Ciências Sociais*, [s. l.], n. 31, nov. 1986.

SOUZA, Motauri Ciocchetti de. Direitos Humanos em Juízo. *In*: BALERA, Wagner; LIMA, Carolina Alves de Souza (org.). *Direitos Humanos em Juízo.* 1. ed. São Paulo: PUC/SP, v. XII, 2022. p. 1-24. Disponível em: https://enciclopediajuridica.pucsp.br/verbete/520/edicao-1/direitos-humanos-em-juizo-. Acesso em: 20 maio 2024.

SOUZA, Motauri Ciocchetti de; PUOSSO, Desiree Garção. O objetivo de Desenvolvimento Sustentável n. 16 e a garantia dos Direitos Fundamentais. *Revista do Instituto Brasileiro de Segurança Pública*, v. 3, n. 7, p. 1-20, 2020. Disponível em: https://revista.ibsp.org.br/index.php/RIBSP/article/view/81/81. Acesso em: 20 maio 2024.

SOUZA, Roberta Kelly Silva. O direito ao acesso à justiça no Brasil: um estudo acerca de sua evolução nas constituições brasileiras. *Interfaces Científicas*, Aracaju, v. 9, n. 2, p. 319-332, 2023.

TABAJASKI, Betina; VICTOLLA, Cláudia Tellini; VISNIEVSKI, Vanea Maria. Depoimento Especial: a difícil tarefa do pioneirismo. *In*: PÖTTER, Luciana (org.). *A escuta protegida de crianças e adolescentes*: os desafios da implantação da Lei 13.431/2017. Porto Alegre: Livraria do Advogado, 2019. p. 65-78.

TAILÂNDIA. [Constituição (2017)]. Constituição da Tailândia de 2017. *Jus*, [*s. l.*], 15 maio 2022. Disponível em: https://jus.com.br/artigos/97843/constituicao-da-tailandia-de-2017. Acesso em: 28 ago. 2024.

TAYLOR, Charles. A política do reconhecimento. *In:* TAYLOR, Charles. *Multiculturalismo*: examinando a política de reconhecimento. Lisboa: Instituto Piaget, 1998. p. 45-94.

TRENNEPOHL, Anna Karina O. V. ODS e sua repercussão no ESG: Uma Perspectiva Pós-Pandemia. *In*: TRENNEPOHL, Terence; TRENNEPOHL, Natascha (org.). *ESG e Compliance*: Interfaces, Desafios e Oportunidades. São Paulo: SaraivaJur, 2023a. p. 115-134.

TRENNEPOHL, Anna Karina O. V. Riscos de revitimização de crianças e adolescentes e a necessária implantação do depoimento especial. *In*: RIBEIRO, Carlos Vinícius Alves; FELIX, Juliana Nunes; SOUZA, Marcelo Weitzel Rabello de (coord.). *Os direitos das vítimas*: reflexões e perspectivas. Brasília, DF: ESMPU, 2023b. p. 171-181.

TUNÍSIA. [Constituição (2014)]. Constituição da Tunísia de 2014. *Jus*, [*s. l.*], 22 maio 2022. Disponível em: https://jus.com.br/artigos/98133/constituicao-da-tunisia-de-2014j. Acesso em: 28 ago. 2024.

UNIÃO EUROPEIA. *Convenção Europeia dos Direitos do Homem e Liberdades Fundamentais*. Roma: Conselho da Europa, 1950. Disponível em: https://www.echr.coe.int/documents/convention_por.pdf. Acesso em: 12 jun. 2023.

WARPECHOWSKI, Ana Cristina Moraes *et al. Políticas Públicas e os ODS da Agenda 2030*. Belo Horizonte: Fórum, 2021.

Esta obra foi composta em fonte Palatino Linotype, corpo 10
e impressa em papel Pólen Bold 70g (miolo) e Supremo 250g (capa)
pela Gráfica Formato.